성공한 사람들의
가면증후군

THE IMPOSTER CURE

자기 의심을 멈추고 마음의 함정에서 벗어나는 방법!

성공한 사람들의
가면증후군

Dr JESSAMY HIBBERD

제사미 히버드(임상심리학자) 지음 | 청송재 편집부 옮김

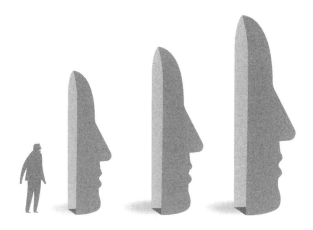

당신은 '가짜'가 아니다

내가 이 책에 대해 가족과 친구들에게 열심히 이야기했을 때, 그들의 반응은 보통 이랬다. "나도 그런 것 같아. 그게 정상 아냐?" 그러고 나서 그들의 얼굴에 '나만 그런 게 아니었구나!'라는 안도의 표정이 스치는 것도 자주 봤다.

모두가 사연이 있었다.

"우리 언니는 직업적으로 아주 뛰어난데, 동료들이 자신을 좋게 생각하는 이유를 모르겠다고 늘 얘기해."

"박사과정에 합격했을 때 그렇게 느꼈어."

"하루는 직장동료가 자신이 살아남으려고 안간힘을 쓰는 것 같다는 얘기를 했어. 그는 애가 셋이고, 직장에서도 매우 성공했지만 자신이 잘리기 일보 직전이라고 생각했지."

당신만 가면증후군에 시달리는 것이 아니다. 우리 모두가 어느 정도는 느끼는 것이다. 늘 그런지, 특정 상황에서만 그런지의 차이가 있을 뿐, 우리 모두가 느끼는 그 기분을 안다. 새 직장에 처음 출근했을 때, 승진했을 때, 학교에 합격했을 때 이런 느낌이 든다. 그것은 일에 집중하면서 잘하고 싶지만, 그렇게 하지 못할까 봐 걱정된다는 기분일 뿐이다.

이 책을 위해 조사를 하고 이 세계를 더 깊이 파고들자, 가면증후군에 단순히 '사기꾼' 혹은 '가짜' 같다는 감정보다 훨씬 많은 것이 포함되어 있으며, 이러한 심리적 현상이 매우 다양한 방식으로 나타난다는 것을 깨닫게 되었다. 그것은 불안감, 자기 의심, 실패에 대한 두려움, 완벽주의 등으로 나타날 수 있다. 그리고 자기비판, 자존감 부족, 칭찬을 못 받아들임, 자신의 단점에 초점을 맞추는 성향 등으로도 나타날 수 있다. 그것은 오만함을 막고, 모든 일이 잘못될 경우를 대비한 안전망도 제공한다. 여기서 나열한 목록들은 '가면증후군'에 관한 것이라기보다는 '인간 존재의 문제점'을 나열한 것에 가깝다. 이것이 집단적 경험이므로, 이제 공개적으로 이야기할 때가 왔다. 많은 사람이 삶에 온전히 참여하지 못하게 가로막고 있기 때문이다.

내가 이 책을 쓰기 시작하기 전에는 친구나 가족과 나누었던 대화가 아니었다. 가면증후군에 덧붙여진 두려움과 부끄러움 때문에 이러한 심리적 현상에 대해 이야기할 기회가 거의 없었으며, 자신만 경험하는 것이 아니라는 사실을 알게 될 것이다.

이 책은 가면증후군에 대한 대화의 장을 여는 것을 목표로 한다. 이 사기꾼 신드롬이 어떤 방식으로든 '결핍'을 의미하지 않는다는 것(단지 당신이 아직 하고자 하는 일을 할 수 있을지 '확신할 수 없다는 것'을 의미한다)을 당신과 다른 많은 사람이 이해하는 데 도움이 되기를 바란다. 이 감정이 당신이 사기꾼이라는 증거가 아니라 모두가 경험하는 정상적인 불편함이라는 것을 인식하게 될 때, 당신은 다르게 반응할 수 있을 것이다. 자각과 실천을 통해 두려움, 상처받기 쉬움, 실패 등과 건강한 관계를 발전시키는 것이 가능하다는 것을 알게 될 것이고, 이런 감정들 때문에 더 이상 움츠러들지 않게 될 것이다. 또한 지금 그리고 미래에 무엇이 되고 싶은지에 대해 생각하면서, 자신의 삶을 새로운 시각에서 바라볼 수 있을 것이다.

이 책을 즐겁게 읽어주기를 바란다. 그리고 이것을 기억하기 바란다. '당신이 이룬 것이고, 당신은 사기꾼 혹은 가짜가 아니며, 당신은 성공할 자격이 있다. 그리고 당신은 자신을 믿어도 된다.' 이제 가면증후군의 마음의 덫에서 벗어날 때다!

제사미 히버드

당신만 그런 것이 아니다

우리는 서로를 모를 것이다. 그리고 나는 당신의 이야기를 들을 기회도 없었다. 하지만 나는 이미 당신에 대해 많은 것을 알고 있다고 확신한다.

당신에게는 비밀이 있다. 그 때문에 당신은 자신의 정체가 언제 발각될지 불안해하면서 약간의 두려움 속에서 항상 살아가고 있다. 당신은 자신이 실제보다 더 나아 보이도록 포장하여 다른 사람들을 속여 왔다. 자신이 무슨 일을 하고 있는지 잘 아는 것처럼 가장하기도 하고, 자신의 정체가 즉 자신의 능력과 업적의 실체가 탄로나지 않도록 열심히 노력한다. 사람들이 진짜 당신의 능력과 업적의 실체를 파악하게 된다면, 그들은 겉으로 드러난 당신의 허상과의 차이를 보게 될 것이다.

당신의 큰 업적의 대부분은 운이 좋았거나 적절한 타이밍에, 적절한 장소에 있었던 결과일 뿐이다. 그러므로 진실은 당신이 가면을 쓰고 당신의 실제 능력을 속이는 것에 지나지 않는다는 것이다.

늘 이런 식으로 느끼지 않을 수도 있지만 그런 느낌이 닥쳐오면, 이 압도적인 자기 의심과 불안감이 당신이 하는 모든 일을 뒤덮는다. 스트레스와 불안에 계속 시달리게 되어, 당신의 일과 관계에 악영향을 미친다. 이 때문에 완벽에 도달하기 위해 애쓸 수도 있다. 그러나 실제로 모든 일에서 완벽함은 존재하지 않으므로, 자신의 성취나 자기 자신에게 만족감을 느끼는 순간은 드물다.

가족과 친구, 동료들은 당신을 능력 있고 성공한 사람으로 본다. 당신 내면의 혼란은 알지 못한다. 그들의 눈에는 모든 것이 괜찮거나 훌륭해 보이며, 그들은 당신이 아주 잘하고 있다고 생각한다. 심지어 그들 자신도 당신만큼 잘했으면 좋겠다고 생각할 수도 있다. 하지만 당신은 그들이 잘못 알고 있다고 생각한다. 당신은 그냥 가장하고 있다. 사람들에게 유능하다는 인상을 주는 데 능할 뿐이며, 그들이 보는 모습은 진실과는 거리가 멀다고 생각한다.

아주 가끔 가족이나 가까운 친구에게 속마음을 드러내도 그들은 당신의 고민을 무시한다. 당신이 하는 이야기가 그들의 눈에 보이는 능력 있는 당신의 모습과는 너무 다르기 때문이다. 당신의 실제 두려움에도 불구하고, 그들은 당신의 마음이 약해져서 그렇다고 생각할 수 있다. 그 결과 당신은 사람들이 자신을 이해하지 못한다고 느끼게 된다. 누구도 자신의 감정을 제대로 알지 못한다고 생각한다.

오직 당신만 진실을 안다. 당신이 간신히 버티고 있다는 것 말이다. 자신의 본모습이 알려지지 않게 하려면, 당신은 누구보다 더 열심히 일해야 한다. 혹은, 큰 과제를 받고서 끔찍이 꾸물거리다가 마감 일보 직전에도 절반밖에 못 끝내기도 한다. 당신은 결코 특별한 사람이 아니며, 당신이 지금 자리에 있는 것은 운이나 인맥 덕분이거나 남들보다 더 열심히 일했기 때문이다. 당신은 뭔가를 잘해도(아마 당신은 거의 늘 잘할 것이다), 누구나 잘할 수 있는 일이라고 자신에게 이야기한다. 이번에는 용케도 잘 해냈지만, 이런 식으로 얼마나 더 갈 수 있을까? 일이 계획대로 되지 않으면 나쁜 생각만 난다. 잘못했던 일들이 머릿속에 계속 떠오르면서 스스로를 나무라게 된다.

긍정적인 피드백을 받아도, 그건 그들이 자신을 좋아하기 때문이거나 예의상 하는 말이라고 생각한다. 자신의 성공이 아니라 팀의 성공으로 여긴다. 반면 실수를 저지르면, 모두 당신 잘못이다. 일련의 반응들이 늘 준비되어 있으며, 당신은 금방 그것을 사용한다. 따라서 무슨 일을 하든 성공했다는 느낌이 들지 않는다.

자신이 불충분하다는 믿음을 고수하고, 이 믿음을 뒷받침하는 논거를 여러 해 동안 머릿속에 차곡차곡 쌓아왔다. 이 믿음에 부합하는 증거가 어쩌다 들리면 한껏 귀를 기울인다. 하지만 그것에 부합하지 않는 얘기는 무시한다. 이런 시각을 반박하는 증거가 아무리 많아도 자신이 이룬 것을 스스로 했다고 느낄 수 없으며, 칭찬을 받아도 편안하지 않다. 이 때문에 자신의 성취를 받아들일 수 없으며, 스스로 능력 있는 사람이라는 생각도 들지 않는다. 여러 해 동안 그 직업에 종사했더라도, 이런 느낌이 계속 들고 스스로에 관한 시각도 바뀌지 않는다.

또 다시 무언가를 잘하거나 일이 잘 풀려도 상황이 좋아지기는커녕 나빠질 뿐이다. 성공할수록 압박은 커진다. 책임이 늘어나고 유명해지기 때문이다. 자신이 어떻게 했기에 이러한 성공을 거두었는지에 대해 스스로 자문해보거나 자신의 노력이 성공을 거두는 데 밑거름이 되었다는 시각을 바꾸는 대신, 이번에도 간신히 성공했고 누구도 진실을 발견하지 못했다는 데 안도한다. 다시 한번 위기를 넘긴 것이다.

이 느낌 때문에 목표를 달성하는 순간이나 그냥 무언가를 잘 해낸 순간을 온전히 즐길 수 없다. 그 덕분에 정체가 탄로 날 가능성이 더 커졌다고 확신하면서, 조용히 그것을 마음 한구석에 처박는다. 심지어 최고의 순간들도 이런 마음 때문에 망쳐진다. 자신의 성취를 자축하기도 힘들고, 일이 잘 풀리는 것을 편안한 마음으로 받아들이기도 어렵다. 이런 마음의 짐이 있으면 삶을 즐기기 훨씬 더 어렵다.

이브Eve는 이러한 사실을 너무 잘 안다.

합격했다는 얘기를 듣자, 이브는 순간 충격을 받았다. 그 자리에 지원하기는 했지만, 실제로 합격하리란 생각은 전혀 하지 못했다. 그녀는 분명히 다른 지원자들과 같은 수준이 아니었다. 그들은 모두 대학 졸업자들이었지만, 그녀는 실무경험만 있을 뿐이었다. 고등학교 때 성적도 형편없었는데 정규직 직장을 구한 것은 행운이었다.

그녀는 열심히 일했고 인간관계도 좋았지만, 그렇다고 특별한 것은 아니었다. 그녀가 이 일을 할 수 있다면, 누구나 가능한 일이었다.

사람들은 늘 이브에게 친절했다. 면접에서 좋은 인상을 줬다고는 생각했지만, 그건 그냥 겉치레일 뿐이었다. 함께 있는 시간이 한 시간뿐이라면, 누구라도 자신이 무언가를 할 수 있다는 믿음을 사람들에게 줄 수 있다. 하지만 회사에 합류해서 이 사람들을 매일 봐야 한다면, 그런 믿음을 지속시키는 것이 훨씬 어렵다. 그녀는 감당하기 힘든 상황에 봉착했다.

회사가 그녀를 너무 좋아해서 성적을 눈여겨보지 않았을 수도 있었다. 하지만 그녀가 다른 사람들만큼 일을 잘하지 못해도, 과연 그들이 계속 그녀를 좋아할까? 그녀는 그들이 크게 실수했다고 생각했다. 이 강렬한 느낌과 함께, 스스로에 대한 의구심이 스멀스멀 올라왔다. 이 난관을 돌파하는 방법은 사람들이 그녀에게 주의를 기울이지 않게 하는 것뿐이었다. 모든 일을 혼자 해내고, 열심히 일하고, 순조롭게 아무 실수도 하지 말아야 했다.

이브는 새로운 프로젝트를 시작할 때마다 공포에 사로잡혔지만, 용케도 매번 시한에 맞춰서 일을 잘 마무리했다. 그녀는 자신이 고전하고 있다는 사실을 숨기기 위해, 밤에도 일하고 주말에도 일했다. 이메일을 쓸 때도 단어와 내용이 올바른지 점검하느라 오랜 시간을 보냈으며, 완벽해지기 전까지는 자신이 하는 일을 누구에게도 보여줄 수 없었다.

회의 때는 겁에 질렸다. 자신의 생각을 이야기하고 싶었지만, 그러면 사람들에게 노출될 위험이 있었기에, 한 번도 그렇게 하지 않았다. 프로젝트 발표를 해야 했을 때는 오랜 시간 힘들게 프레젠테이션을 준비한 후, 내용을 완전히 암기할 때까지 연습을 반복했다. 그녀는 휴가도 거의 쓰지 않았다. 자리를 비우면 사람들이 실제 상황을 알아차릴 가능성이 있었기 때문이다. 상사의 격려에도 불구하고 그녀는 큰 프로젝트는 맡지 않으려 했다.

가끔 부정적인 피드백을 받으면, 들은 말을 몇 주 동안 곱씹으며 상심했다. 긍정적인 피드백을 아무리 많이 받아도, 아무리 많은 것을 이뤄도, 실패의 느낌이 결코 사라지지 않는 것 같았다.

간신히 일을 제대로 마무리했지만, 이렇게 허들을 넘을 때마다 이 짓을 처음부터 또 반복해야 한다는 생각 때문에 맥이 빠졌다. 중압감 때문에 더 나아가지 못하는 순간이 올 것이라 생각했다.

모든 사람이 그녀가 훌륭하다고 생각했지만, 그건 상황을 더욱 악화시킬 뿐이었다. 그들이 진실을 알게 되는 건 이제 시간문제였다. 이브는 자신의 성공이 부당한 것이라고 느꼈고, 애당초 그들이 자신에게 기회를 주지 말았어야 했다고 생각하기에 이른다.

이런 두려움에 사로잡히면 매우 외롭다. 과로하게 되고 자신의 실수에만 초점을 맞추며, 목소리를 높이거나 실수하는 것은 겁내게 된다. 가끔씩 모든 것을 회피하기도 한다. 이브의 경험이 당신의 경험과 어느 정도 일치하지만, 그녀가 자신을 올바르게 판단하고 있지 않다는 것은 알 수 있을 것이다. 그녀가 실제로 일을 잘하지 못한다면, 이렇게 좋은 성과를 거두고 긍정적인 피드백을 받고 동료들이 그녀를 훌륭한 사람으로 간주하는 것이 어떻게 가능하겠는가? 과연 사람들이 누군가를 좋아하면 다른 모든 것은 간과하게 될까?

이브의 이러한 느낌과 감정을 잘 설명하는 용어가 있다. 가면증후군이라는 심리학 용어가 바로 그것이다. 그러나 이 증후군의 문제점은 당신에게 전혀 앞뒤가 맞지 않는 결론(왜곡된 믿음으로 인한 자기 의심)에 도달하게 할 수 있다는 것이다. 믿기 어렵겠지만 사실이다!

당신은 지적이고, 이미 많은 것을 이뤘으며(그렇지 않다면 이런 의구심을 가졌겠는가?), 아마 입증된 성공 기록도 충분할 것이다. 당신은 자격도 충분하고 일자리도 훌륭하다. 심지어 학위도 여러 개일 수 있다. 가면증후군을 겪는 사람은 일에 아주 능숙해져야, 비로소 자신이 전문가임을 인정한다!

이브처럼 대학에 가지 않았더라도 일을 매우 잘할 수도 있다. 하지만 대학 졸업자들에 둘러싸여서, 자신이 여기 어떻게 입사했는지 주위의 모두가 어리둥절해 한다. 당신은 예상했던 것보다 일을 잘하고 있을 것이며, 상상했던 것보다 승진도 빠를 것이다. 당신이 자신보다 더 지적이고 성공 가능성도 높다고 생각했던 동료들과 비교해서도 그럴 것이다. 누구도 당신이 잘하리라 기대하지 않았을 수도 있고, 심지어 당신 자신도 그렇게 믿었을 것이다.

대부분의 사람들 기준에서 당신은 성공한 것으로 간주되지만, 당신 자신은 그렇게 생각하지 않는다. 바로 거기에 문제가 있다. 다른 사람의 기준에서는 당신에게 아무 문제도 없다. 자기 자신을 바라보는 방식이 문제인 것이다.

이 책을 통해서 앞으로 알게 되듯이, 당신이 성공을 정의하는 방식이 열쇠다. 그리고 성공의 정의는 사람마다 다르다. 반드시 하는 일마다 최고가 되어야 성공한 것은 아니다. 성공이 일류 학위, 사회적 지위, 명성, 재산을 뜻하지 않을 수도 있다. 하지만 그런 것들이 당신에게 중요하더라도 그런 성공을 자신의 것으로 받아들일 수 없다면, 자신에 대한 시각은 결코 바뀌지 않는다.

마음 한구석에서는 당신도 자신이 잘하고 있음을 안다. 당신도 자신의 성취를 슬쩍 보고 가끔은 성취감도 느낀다. 하지만 이런 순간은 오래가지 않는다. 순식간에 지나가므로 지속시키기 어렵다. 그간 수백 번도 더 들었던 내면의 목소리가 더 큰 소리로 더 자신 있게 '이것은 사기야!'라고 외치기 때문이다. 이것은 다른 사람들이 당신을 바라보는 객관적 시각처럼, 자기 자신을 바라보는 당신의 관점을 변화시키기 어렵게 만든다.

가면증후군 극복하기

우리가 서로 만난 적도 없으면서 내가 당신에 대해 어떻게 당신이 이렇다는 것을 있을까? 바로 이것은 가면증후군이 어떻게 작동하는지를 알기 때문이다. 그것을 그대로 방치한다면 당신의 삶을 좀먹는 악영향을 미칠 수 있다는 것이 일반적인 견해이다. 나는 그것이 당신에게만 악영향을 끼치지 않기 때문에 안다. 자신을 '가짜' 같다고 느끼는 사람은 당신만이 아니다. 실제로 이런 사람이 매우 많아서, 심리학자들이 거기에 이름을 붙이고 일련의 증상들도 열거했다. 이 얘기를 듣고 당신이 안도했으면 좋겠다. 무언가에 이름을 붙이면 그 힘이 줄어든다. 그것의 정체를 알면 대응방식이 생기고 판별하기도 쉽다. 또한 잘못된 믿음을 바꿀 방법도 찾을 수 있다. 이것이 우리가 이 책에서 할 일이다.

가면증후군은 사람을 차별하지 않는다. 대학생에서 CEO까지 모든 사람에게 영향을 미친다. 똑똑한 사람, 성취욕이 강한 사람, 말을 잘하는 사람, 창조적인 사람, 성공한 사람 모두가 자신의 성취를 인정하는 데 어려움을 겪고 있다.

임상심리학자로서 나는 가면증후군을 겪는 사람을 자주 만난다. 그들은 흥미롭고 열심히 일하며 성취 목록도 늘 인상적이다. 삶을 즐기는 데 필요한 모든 것을 갖췄지만, 항상 '가짜' 같다는 느낌 때문에 그것을 알아차리지 못한다. 자신이 불충분하다는 마음 깊은 곳의 두려움이 진짜 문제인 경우도 많다. 내 임무는 내 눈에 보이는 것을 그들도 볼 수 있도록 함으로써, 그들이 이 새로운 시각과 연결될 수 있도록 돕는 것이다. 그리하여 그들의 자신감과 자신에 대한 믿음이 커져서 삶을 다시 즐길 수 있게 된다.

그것을 위해서 우리는 가면증후군이 그들의 삶에서 작동하는 방식을 함께 식별하고, 그들의 과거를 살펴서 그 원인을 파악하며, 오래된 믿음들도 재평가한다. 우리는 가면증후군에 반하는 논거를 구축하고, 능력competence에 관한 새롭고 더 현실적인 시각을 창조한다. 지금까지 나는 많은 사람이 이 느낌을 극복하도록 도왔으므로, 당신도 도울 수 있다는 것을 안다. 이 책에서 나는 심리치료에서 사용하는 모든 아이디어와 전략을 알려줄 것이다. 당신이 앞으로 나아가서 자신감을 되찾고, 자신에 관한 새로운 시각을 발전시킬 수 있도록 도울 것이다.

내가 클리닉에서만 가면현상을 보는 것은 아니다. 친구와 가족들에게서도 보고, 심지어 내 자신도 그것을 경험했다. 이 책에 관한 첫 번째 회의는 매우 잘 진행되었고, 나는 출판사와 내가 진정으로 공감대를 형성했다고 느꼈다. 하지만 회의실 밖으로 나오자마자, 나는 내 훌륭한 출판 에이전트인 제인Jane에게 이렇게 말했다. "제가 이 일을 제대로 해내려면 정말 좋은 편집자가 있어야 할 것 같아요. 제 글쓰기 실력이 신통찮으니까요."

우리는 앞서 이브를 통해 가면증후군의 사례를 살펴봤다. 당신은 또 다른 사람들에게서도 그것을 느꼈을 것이다. 실제로 누군가가 당신에게 자신의 속마음을 털어놓는다면 당신은 충격받을 수 있다. 하지만 자신도 그렇다는 것은 쉽게 알아차리지 못한다.

이 책에서는 이브 같은 사례연구를 자주 소개할 것이다. 자기 자신의 감정이 개입되지 않으면, 가면증후군의 작동방식을 더 쉽게 파악할 수 있기 때문이다. 다른 사람들의 이 가면현상을 더 잘 인식할수록, 자신의 가면현상도 더 잘 알아차리게 된다. 각 사례연구는 실제 인터뷰에 기반하지만, 개인정보 보호를 위해 이름과 몇 가지 세부사항은 바꿨다.

이 책을 읽음으로써 당신만 가면증후군에 빠져 있는 것이 아니라는 것을 알아차리길 바란다. 당신 자신에게 내린 판단이 틀렸을 가능성도 인식하게 될 수 있다. 우리 모두가 다 가짜일 수는 없지 않은가?

당신은 '가짜'가 아니다

우선 당신에게 잘못된 것이 없다는 것을 알았으면 좋겠다. 부끄러워할 필요가 없다. 잘못된 믿음 때문에 당신은 고통받았으며, 목소리를 높이지도 못했다. 이제는 이런 두려움을 조명해서 질문을 던지고, 그것이 잘못된 믿음 때문임을 밝혀야 한다.

당신이 이 책을 집어 들거나 다운로드받았다는 사실은 정말 좋은 신호다. 당신은 더 이상 이렇게 살고 싶지 않다. 다시 말해 가면을 쓴 것 같은 느낌, 곧 정체가 발각되어 망신을 당할 것이라는 두려움 속에서 살고 싶지 않다는 의미다. 이제 당신은 변화할 준비가 되었다. 그렇지만 당신의 생각이 단지 변화를 원하는 것만으로는 해결되지 않을 것이란 것도 안다. 그렇게 쉽다면 이미 오래전에 이런 느낌들을 떠나보냈을 것이다.

따라서 아직 나와 함께 갈 수 없다면, 다른 방법으로 생각해보길 바란다. '지금은 상황이 안 좋아!' 이런 생각들이 당신을 볼모로 잡고 있다. 부정적인 내면의 목소리가 당신을 안전하게 지켜주고 있다고 속삭일지도 모르지만, 당신은 그 대가로 삶에서 멀어지고 삶의 모든 즐거움도 누리지 못한다.

당신은 진정 끊임없는 초조함 때문에 자신을 비난하면서 이렇게 계속 살고 싶은가? 새로운 승진, 직업 변화, 연봉 인상 때마다 기쁨을 별로 느끼지 못하는 건 아닌가? 그것이 당신의 관계에도 영향을 미치게 되어, 가면이 벗겨질 것이라는 두려움 때문에 자신의 진정한 모습을 보여줄 수 없게 만드는가?

당신은 경험을 통해 더 많은 훈련이나 성공이 이것을 바꾸지 못한다는 것을 안다. 이것을 바꿀 수 있는 유일한 사람은 바로 당신이다.

당신이 삶의 마지막 순간이 되어 삶을 되돌아보면서 변화할 시도조차 하지 않았던 모습을 떠올린다면, 약간의 후회는 없을까? 최소한 시도는 했다고 느끼는 것이 더 낫지 않을까? 할 수 있는 일은 모두 했다고 느끼면 좀 더 안심이 되고 편안하지 않을까? 그런다고 잃을 것이 무엇인가? 시도하지 않는다면 아무것도 바꿀 수 없다. 시도라도 해야 다른 삶을 살 기회가 생긴다. 매우 두려운 일처럼 보이겠지만 얻을 수 있는 보상은 클 것이다. 내가 당신에게 이런 변화의 기회를 얻을 수 있도록 도와주었으면 한다.

우리가 함께 수행할 일과 당신에게 '어떻게 도움을 줄 것인가'는 다음과 같다.

- 가면증후군 때문에 발생하는 모든 문제(감정 낭비, 중압감, 정신 에너지 고갈 등)를 더 이상 신경 쓰지 않아도 되어 마음의 여유가 생긴다.
- 우리는 당신이 가짜가 아니라는 것을 보여줄 여러 증거자료를 만들어낼 것이다. 이것은 생각과 감정보다는 사실에 기초할 것이므로, 오랫동안 자신을 지탱해온 낡은 신념과 대응방식을 다 털어버릴 수 있다.
- 자신에 대한 연민을 키울 것이다. 연민은 스트레스, 불안, 우울증을 초래할 수 있는 자기 비판적이고 완벽주의적 사고에 대한 완벽한 해독제이다. 이것은 당신이 필요로 하는 변화를 만들도록 도와줄 것이므로, 당신은 더 이상 매여 있다고 느끼지 않을 것이다.
- 실수해도 괜찮다는 것을 알게 될 것이며, 실패를 받아들이는 법도 배울 것이다. 실수와 실패를 정상적인 것으로 받아들이고, 배움과 성장, 회복력 향상의 기회로 인식하게 되면, 실수와 실패에 얽매이지 않는 것이 훨씬 쉬워진다.
- 불안감과 자신감이 동떨어져 있지 않고 서로 얽혀 있음을 보여줄 것이다. 모든 사람이 불안감과 자신감 없음을 때때로 경험하지만, 나약함 속에 강함이 있다. 늘 완벽한 사람은 없음을 알게 될 것이다.
- 다시 삶을 즐기게 될 것이다. 자기 의심, 과로, 꾸물대기는 먼 옛날의 일이 될 것이다. 불안은 감소될 것이고, 관계들은 더 가

까워질 것이며, 도전에 정면으로 맞설 것이다. 그리하여 자신 있게 마음을 열고 위험을 받아들여 새로운 일을 시도하는 데 도움이 될 것이다.

- 무엇보다도 자신이 실제로 능력을 갖추었다는 사실을 확인할 기회를 갖게 될 것이다. 그리고 훌륭히 해낼 수 있다는 것을 깨달은 작은 부분에까지 자신의 목소리를 낼 수 있을 것이다. 그러면서 자신과 세상에 대해 새로운 것을 배울 수 있는 기회, 즉 자신의 삶을 받아들이고 그것을 추구할 기회가 생길 것이다.

당신이 무슨 생각을 하는지 알고 있다. '하지만 나는 정말로 가짜인 걸!'이라고 생각했을 것이다. 다른 현실을 상상하는 것이 지금은 불가능한 일처럼 느껴질 수 있다. 내가 당신에게 요구하는 것은 변화의 가능성을 받아들이라는 것뿐이다. 쉽지는 않겠지만, 변화를 원하는 것만으로도 엄청난 차이를 만든다. 다른 대안이 있다는 것을 알게 되면 희망, 동기부여, 그리고 다르게 살 수 있는 가능성을 가질 수 있을 것이다.

나는 당신이 다른 사람들처럼 자기 자신을 객관적으로 볼 수 있기를 바라지만, 궁극적으로 나와 다른 사람들이 어떻게 생각하는지는 중요하지 않다. 중요한 것은 '자기 자신을 어떻게 바라보는가?'이다. 나는 이제 당신을 변화시킬 것이다. 스스로를 믿으며, 당신이 얼마나 능력이 있는지 알 수 있게 할 것이다.

그러기 위해서는 나를 믿고 당신을 설득할 기회를 나에게 줘야한다. 이를 수행하기 위한 전략과 기법들은 나의 15년간 임상경험과 훈련 그리고 이 분야의 모든 증거 기반 연구에 기초하고 있다. 당신은 오랫동안 자신에 관한 이런 아이디어를 갖고 있었을지 모르지만, 그것이 변화를 일으키지는 못했다. 이 책을 읽을 때는 그 생각들을 염두에 두고 직접 시험해보라. 전략들을 시도해보고 다르게 생각해볼 기회를 자신에게 주기 바란다.

이 책을 가장 잘 활용하는 방법

이 책은 가면증후군에 관한 지식과 이해를 늘릴 것이다. 그것이 작동하는 방식과 이유를 이해할 수 있도록 도움으로써, 오래된 생각의 패턴을 깨고 그 마수에서 탈출할 수 있게 할 것이다. 가면증후군을 극복하고 자신감을 높이는 기술을 가르쳐줄 것이며, 위험을 감수하고 실수와 실패를 받아들이는 방법도 알려줄 것이다. 비록 지금은 나의 얘기를 믿지 못할지도 모르지만, 가장 중요한 것은 더 안정적이고 정확한 자기 이미지를 구축하도록 도움으로써, 자기 자신을 더 잘 이해하고 긍정적인 피드백을 받아들이는 법을 배우며 더 친밀한 관계를 맺게 할 것이다. 그것을 통해 결국 자신을 믿기 시작할 것이다.

내 목표는 자신을 다른 시각에서 바라보고 새로운 관점을 얻도록 돕는 것이다. 등산을 한다고 상상해보라. 지금까지 산중턱에 있으면서 삶의 모습을 정확히 보고 있다고 믿었다. 나는 당신을 더 높은 조망점까지 데려가고 싶다. 그곳에서 당신은 훨씬 더 나은 시야를 갖게 되고, 세상을 있는 그대로 볼 수 있게 될 것이기 때문이다.

이것이 효과가 있으려면, 당신은 이 책을 읽는 것 이상의 일을 해야 한다. 이 방법들을 자신의 삶 속으로 가져가서, 모든 전략을 시도해봐야 한다. 이것은 운전을 배우는 것과 약간 비슷하다. 운전면허 필기시험을 통과하는 것은 매우 잘된 일이지만, 그것으로는 차를 운전하는 방법을 배우지 못한다. 심리학도 똑같다. 이론은 실제로 도움이 되고, 자신의 마음을 더 잘 이해하는 첫걸음이기는 하지만, 자신의 생각을 정말로 바꾸려면 이 방법들을 실천하고 전략들도 수행해야 한다.

가면증후군의 왜곡된 믿음

내가 더 열심히 일하게 만든다.

나를 겸허하게 만든다.

내가 더 높은 기준을 지향한다는 뜻이다.

나에게 동기를 부여해준다.

거만한 것보다는 겸손한 것이 낫다.

내가 선을 넘지 않게 한다.

사람들이 가면증후군에 좋은 점도 있다는 것을 나에게 납득시키려고 애쓰면서 그게 모두 나쁜 것은 아니라고 얘기하는 경우도 많다. 그들은 그것이 몇 가지 장점을 가져다주며, 불충분하다는 느낌 때문에 거만해지지 않는다고 믿는다. 또한 이런 식으로 자신을 과소평가하면 나아지려는 동기가 생긴다고 생각한다. 더 열심히 일하고, 더 높은 곳을 지향하며, 더 잘 행동하게 된다는 뜻이다. 늘 정신을 바짝 차리게 되고, 자만하거나 자기도취에 빠지지 않게 되어 모든 일이 잘못되어도 보호받을 수 있다고 생각한다. 그것이 자기 자신에 해당되는 경우라고 느끼면서 이 정체성에 집착할 수 있다. 지금까지 자신을 이끌어왔으므로 좋은 것일 수밖에 없다는 얘기다. 다른 길을 시도하는 것은 위험해 보인다.

　　따라서 우리가 가면증후군 치료를 시작하기 전에, 먼저 가면증후군에는 아무런 이점이 없다는 것을 분명히 밝히고 싶다! 당신을 돕기보다는 가면증후군이 당신의 발목을 잡아왔다. 그것은 당신을 더 불안하게 만들고, 당신이 한 좋은 일을 자신의 것으로 받아들이지 못하게 하며, 당신이 좋아하는 것들을 즐기기 어렵게 만든다. 이 책에서 나는 자신에게 강요한 희생과 자신의 성취를 제한해온 방식에 대해 보여줄 것이다.

　　물론 오만하거나 통찰력이 부족하기를 원하는 사람은 없지만, 가면증후군을 극복하는 것이 이런 일을 유발하지는 않을 것이다. 하지만 당신이 자신에게 하는 것은 겸손한 것이 아니라 자책하는 것이다. 자신의 능력, 지식과 경험을 인정하는 것은 오만함이 아니다.

가면증후군이 자신에게 동기를 부여하거나 자신이 하는 일을 잘하게 만드는 것이 아니다. 자신이 그것을 하는 사람이다. 열심히 일하고 양심적인 사람이다. 엉터리 같다는 느낌이 가져올 수 있는 불안과 그것이 자신의 건강과 행복에 끼치는 손해 없이도, 야심차게 도전을 받아들이면서 겸손과 용기를 갖추는 것이 더 낫지 않겠는가? 당신을 붙잡고 있는 이러한 오랜 두려움 없이, 성공을 즐기고 자신이 원하는 것을 추구할 수 있기를 바라는가? 이제 당신은 그것이 없는 삶이 얼마나 더 나은지 깨닫게 될 것이다.

성공의 3가지 핵심 단계

1단계 : 변화를 원한다

2단계 : 이론을 이해한다

3단계 : 전략을 시험해본다

좋은 논리로는 충분치 않다. 그것이 효과가 있으려면 3단계를 모두 밟아야 한다. 변화를 원하고, 새로운 증거에 진정으로 귀를 기울이고, 그것을 시험해봐야 한다. 가장 중요한 것은 항상 옳아야 한다는 마음을 내려놓아야 한다. 몇몇 사람에게는 이것이 가장 어려운 부분이다.

타성에 젖은 생각을 멈추고 연습을 하는 것이 어렵다는 것은 잘 알지만, 내가 제안하는 방식대로 수행해주기 바란다. 아이디어보다는 실제 증거가 더 설득력이 있는 법이다. 그리고 당신에게는 증거가 필요하다. 자신이 가짜가 아니라는 얘기는 이미 너무나 많이 들었지만, 지금까지 아무 효과도 없었다.

모든 전략을 시도해보기 바란다. 자신이 좋아하지 않는 방법도 시도해야 한다. 어떤 방법이 자신에게 가장 효과가 좋은지 알고 나서 사람들이 깜짝 놀라는 모습을 심리치료 때 흔히 본다. 새 옷을 사는 것과 약간 비슷하다. 마음에 드는 옷을 골랐더라도 입어보기 전까지는 그것이 실제 어떤 모습일지, 자신이 그것을 좋아할지 잘 알 수 없다. 입어봐야 어떤 옷이 자신에게 가장 잘 맞는지 알 수 있다.

그리고 옷과 마찬가지로 '모두에게 맞는 것'은 이 세상에는 없다. 각자가 자신에게 가장 적합한 것을 찾아야 한다. 사람마다 효과가 있는 접근법이 다르므로, 모든 전략을 시도해봐야 자신에게 효과가 있는 옵션을 발견할 수 있다. 더 많이 시도할수록 자신에게 맞는 전략을 발견할 수 있는 가능성이 높아지고, 가면증후군의 메시지에 대항하는 데 사용할 수 있는 논거도 더 많이 저장할 수 있다.

그것에 관해 다른 사람들에게 이야기하고, 적극적으로 대화를 시도하는 것도 중요하다. 당신처럼 느끼는 사람이 얼마나 많은지 알면 (안도하며) 놀랄 것이다. 일상생활에서 그것에 주의를 기울이고, 그것을 경험하는 사람들을 찾아라. 유명인, 친구, 동료, 가족, 지인 등을 모두 살펴라. '가면증후군' 혹은 '임포스터 신드롬'을 온라인에서 검색하거나, 인스타그램이나 트위터에서 검색해보면 수천 개의 포스트가 나올 것이다. 게시판, 뉴스 기사, 개인적 경험 등이 많다. 이것은 우리 주변에 타인의 높은 기대 속에서 실패의 두려움을 갖고 있는 사람들이 그만큼 많다는 것을 뜻한다.

마지막으로, 이 책의 한 장chapter을 다 읽었거나 전략 하나를 시도해봤다면, 잠시 그 의미를 반추해보는 시간을 가져라. 성찰은 우리의 생각을 가다듬고 능력을 평가하며 현실적인 목표를 정하는 데 도움이 되므로, 진행 상황을 파악하고 자신에게 성공할 능력이 있다는 자신감을 키울 수 있다. 우리는 우리가 한 일을 되돌아볼 때, 우리의 경험에서 훨씬 더 많은 것을 배운다.

당신이 시도하는 전략을 최대한 활용하려면 메모를 하라. 이 책과 함께 사용할 수 있는 노트(수첩)를 한 권 구입해라. 글을 쓰는 것은 자신을 되돌아보는 데 도움이 된다. 그것은 훌륭한 동기부여가 될 것이고, 앞의 기록을 보며 지금까지 자신이 어떻게 해왔는지 살펴볼 수도 있다. 나는 수첩을 좋아한다. (수첩에는 무언가 특별한 느낌이 있다.) 당신이 스마트폰을 사용하는 쪽을 선호한다면 스마트폰의 메모장에 글을 쓸 수 있다. 자신이 가장 쉽고 편하게 사용할 수 있는 쪽을 택하면 된다. 이것은 당신이 현재 하고 있는 일에 전념하고 전략을 기억하는 데 도움이 될 것이다.

메모를 하는 것은 당신에게 새로운 관점을 얻게 하고, 자기 자신과 자신의 성취에 대해 생각할 수 있는 대안적인 방법을 고려하도록 기회를 줄 것이다. 만약 당신이 이 의견을 수용한 것이라면, 당신은 이미 몇몇 주장들을 알고 있기 때문에 이 책이 필요하지 않을 것이다. 따라서 그것들을 그냥 무시하기로 한 것일 수도 있다. 당신의 성공에 대한 증거는 당신 주변에 어디든지 있다. 이제 당신도 그것을 인식할 때가 왔다.

아직은 내 방식이 제대로 작동할 것이라는 생각이 들지 않더라도, 당신은 지금까지 실행해 온 자신의 방식이 확실히 효과가 없다는 것을 분명히 알 수 있을 것이다. 그동안 당신이 가면증후군에 빠져 낭비하고 있는 시간, 노력, 에너지를 생각해보라. 이제 자신에게 새로운 것을 시도할 때가 왔다. 이 기회에 제대로 시작해보는 것이 오히려 좋을 수 있다. 당신은 다시 인생을 즐길 자격이 충분히 있다. 당신이 나의 제안을 받아들여서, 이 책에 있는 모든 전략을 시험해본다면 당신은 그렇게 자신의 삶을 다시 누릴 수 있을 것이다.

처음에는 불편하겠지만 걱정하지 마라. 성장은 불편함을 동반한다. 나는 당신을 자율주행 모드에서 밀어내서, 미지의 영역 속에 집어넣고 있다. 당신은 새로운 기술을 배울 것이며, 그것들은 당신을 한계 너머로 밀어붙일 것이다. 새로운 언어를 배우는 것과 비슷하다. 처음에는 발음이 이상하고 투박하지만 정기적으로 연습하고 열심히 노력하면, 나중에는 많이 좋아져서 자연스러워진다.

내가 내담자(상담을 받는 사람)들과 대화를 나누면서 발견한 것은, 변화를 원하고 변화의 준비만 되어 있으면 꽤 빠른 속도로 사람들의 관점이 바뀌어서 다른 사고방식으로 전환할 수 있다는 것이다. 그렇지만 느끼는 감정까지 바뀌려면 시간이 다소 걸릴 수 있다. '알지만 아직 느끼지는 못하겠어!'의 상황인 것이다. 자신에게 시간을 주어라. 당신은 오랫동안 자신을 고정된 관점에서 바라봤다. 그것이 하룻밤에 바뀌지는 않으므로, 느낌이 새로운 생각을 따라잡을 때까지 기다려야 한다.

이 과정에 대한 믿음을 갖고 다른 관점이 있다는 희망을 놓지 마라. 그럴만한 가치가 있다고 말해 두고 싶다. 믿기 힘들겠지만, 당신은 자신이 원하는 삶에서 그리 멀리 있지 않다.

이 책을 더 읽기 전에, 당신이 변화를 원하는 이유를 다시 한번 숙고해보라. 이 책에서 무엇을 얻고 싶은가? 무엇이 달라지고 싶은가? 그것이 어떤 영향을 미칠지 생각해 보아야 한다. 다음의 약속을 노트의 첫 페이지나 스마트폰 메모장에 적어두라.

나 자신과의 약속

나 _____는
이 책에 쓰인 모든 전략을 읽고 시험해볼 것을 약속한다.

나는 그것을 제대로 시도해볼 것이다. 나는 가면증후군에 관해 이야기할 것이며, 배우는 모든 것을 반추해볼 것이다.

이 책에서 내가 가장 바라는 세 가지는 다음과 같다.

1. ....

....

2. ....

....

3. ....

....

서명 _____

| 차례 |

3

**가면증후군에
영원히 작별을
고하는 방법**

1

가면증후군 이해하기

UNDERSTANDING IMPOSTER SYNDROME

제
1
장

가면증후군이란?

"가면증후군에 대해 더 많이 알수록,
그것을 물리칠 가능성도 더 커진다.
친구는 가까이 두고, 적은 더 가까이 두라."

체크 포인트 수행할 목표

- 가면증후군이 삶의 여러 단계에서 많은 사람에게
  영향을 미치고 있음을 이해한다.
- 가면증후군의 부정적인 영향을 인식한다.
- 가면증후군의 '5가지 유형' 중 어떤 유형에 속하는지
  파악한다.

우리는 가면증후군을 이해하기 위해 그 원인과 증상을 살펴보기 전에, 약간의 배경지식과 그 이면의 과학적 근거도 확인해볼 것이다. 가면증후군에 대해 더 많이 알수록, 그것을 물리칠 가능성도 더 커진다. 친구는 가까이 두고, 적은 더 가까이 두라.

가면증후군이라는 용어는 1978년에 임상심리학자인 폴린 클랜스Pauline Clance와 수잔 임스Suzanne Imes가 처음으로 언급했다. 그들은 여자 제자들이 자신의 능력에 대한 의구심이 가득해서 계속 성공할 수 있을지 걱정하고 있음을 알아차렸다.

한 여학생은 이렇게 말했다. "박사학위 논문제출자격시험을 치를 당시 저는 저의 무능함이 밝혀지리라 확신했어요. 그럴 가능성 때문에 좀 안도하기도 했어요. 가장하는 일이 마침내 끝날 테니까요. 심사위원장이 제가 쓴 답들이 아주 훌륭하고, 제 연구논문이 지금까지 본 것 중 최고라고 이야기했을 때 저는 충격받았습니다."

클랜스와 임스는 매우 성공적인 여성 150명(학생과 직장인)을 인터뷰해서 다음을 발견했다. "학위, 학술상, 표준화된 시험에서의 높은 성적, 칭찬, 동료 및 존경받는 권위자의 인정 등에도 불구하고, 이 여성들은 내면적으로 성공했다고 느끼지 못했다. 그들은 자신을 가짜라고 여겼다."

연구 결과, 클랜스와 임스는 '가면현상imposter phenomenon'이란 용어를 만들어 냈다. 이것은 사람들이 '자신이 성취한 모든 것을 받아들일 자격이 없다고 생각하며, 자신에게 지적 능력이나 기술, 또는 재능이 부족하다는 믿음을 고수하는 상태'를 가리킨다. (물론 실제로는 충분한 실력을 갖추고 있다.) 그들은 또 이 여성들이 "지적 가식*의 내적 경험"을 한다고도 말했다. 이 여성들은 성공을 거두었음에도 불구하고 그것을 불편하게 느꼈고, 실수나 운 때문에 자신이 거기 도달한 것은 아닌지 두려워했다. 그 결과 그들은 자신이 이런 것을 누릴 만한 사람이 아니라고 강하게 느꼈으며, 모든 것이 허물어질 것이라는 엄청난 공포에 휩싸였다.

이 가면현상은 증후군(신드롬)이라 부르기는 하지만 병적인 증상은 아니다.** '가짜'라는 생각과 느낌을 특정 순간에만 경험할 뿐 늘 그렇지는 않기 때문이다.

- 지적 가식(intellectual phoniness): 무언가를 안다는 가식(허위, 거짓된 교양 등). 알 수 없는 것을 안다고 꾸미는 것.
- 다운증후군, 아스퍼스증후군 등과는 달리 보편적인 현상으로 보고 있다.

누가 영향을 받는가?

처음에는 가면증후군이 많은 것을 이룬 소수의 여성에게만 영향을 미친다고 생각했지만, 심리학자들은 이제 그것이 훨씬 더 광범위한 현상임을 인식하게 되었다. 특히 똑똑하고 성공했으며 불안감을 느낄 명백한 이유가 없는 사람들에게서 두드러진다. 이들 중 다수는 자신의 성취를 받아들여 내면화하거나 자신의 유능한 부분을 인정하는 데 어려움을 겪는다. 가면증후군은 그들의 일상생활의 많은 측면(직업, 관계, 우정, 부모로서의 자신감 등)에 깊은 영향을 미친다. 그럼에도 불구하고 그들의 고군분투는 다른 사람들이 쉽게 알아차리기 어렵다.

연구에 따르면 70% 이상의 사람들이 경력의 어느 시점에서 한 번쯤은 가면증후군을 경험한다고 말한다. 이는 거의 모든 사람들에게 해당될 수 있음을 말해준다. 따라서 이 가면현상*은 사회 모든 계층의 사람들에게 악영향을 미칠 수 있으며, 남성과 여성도 가리지 않고, 문화의 장벽도 뛰어넘는다. 그것은 학부생, 성인 대학생**, 박사과정 학생, 그리고 심지어 교수와 같은 학업 환경의 사람들에게 영향을 미친다. 모든 작업 환경에서 흔히 볼 수 있으며, 특히 성과를 끊임없이 평가하고 경쟁을 장려하는, 매우 경쟁이 치열한 비즈니스 문화에서 두드러진다. 자영업자들도 그것을 경험하며, 특히 프

● 　현대 사회에서 나타나는 정체성 상실 현상.
●● 　mature students: 25세 이상의 대학생(정상적인 입학 연령을 넘긴 학생).

로젝트를 기반으로 일하여 '일거리를 적극적으로 따내야하는 사람'들이 많이 경험한다. 그것은 또한 개인적인 삶으로 스며들어 인간관계에 여러 가지 영향을 미치기도 한다. 당신 자신이 친구들 보다 훌륭하지 않다고 느끼는데, 그들이 왜 당신과 함께 시간을 보내려 하는지 의구심을 갖게 할 수도 있다. 아니면 그들은 바로 당신의 아내가 자신과의 결혼생활을 후회하게 될 것이라고 생각하는 남편일 수도 있고, 자녀의 모든 학교 행사에 참석할 수 없기 때문에 실패로 여기는 워킹맘일 수도 있다.

나는 이 가면현상의 근본원인은 단순히 '불충분하다'고 느끼는 것 때문이라고 생각한다. 이것을 인식하고 극복하려고 노력하는 대신, 당신의 두뇌는 당신이 엉터리가 틀림없다고 결론짓는다. 가면증후군의 함정, '마음의 덫'은 이러한 잘못된 믿음을 변화시키는 것을 불가능하게 만든다.

가면증후군의 척도

가면증후군은 당신이 그 일을 해내기에 불충분하다는 간헐적인 걱정에서부터 자신이 엉터리라는 사실이 언젠가는 '발각found out'될 것이라는 전면적인 두려움에 이르기까지 연속적으로 나타난다. 만성적인 자기 의심, 두려움, 수치심을 유발하여 삶을 즐기거나 지금 이 순간을 충실하게 현재를 사는 것을 어렵게 만들 수 있다. 실제 자아(自我)가 아닌 가면을 쓴 거짓 자아(自我)로서 더 큰 성취를 위해 과도하게 노력하는 것은 엄청난 심리적 고통을 초래한다. 이처럼 성과 '증명하기show'를 계속하는 것은 자신의 심신을 피로하게 할 수 있다. 또한 아드레날린 분출, 심박수 상승, 공포감 엄습이나 일반적인 긴장 상태 등이 신체적으로 영향을 미칠 수 있다. 이러한 생각과 신체감각은 문제를 악화시켜, 불충분하다는 감정이 더 커지고 자신의 생각과 행동에 영향을 미친다.•

이 증후군은 삶의 여러 단계에서 사람들에게 영향을 미칠 수 있으며, 삶의 상황에 따라 강도가 커지거나 줄어들 수 있다. 그것은 삶의 한 영역이나 특정한 상황에서 발생할 수 있다. 새로운 일을 하려고 할 때만 떠오르는 생각일 수도 있고, 최악의 순간에 엄습하는 갑작스런 불안의 형태로 나타날 수도 있다. 어쩌면 너무 오랫동안 완벽해지려고 노력해왔기 때문에, 무엇이 그렇게 자신을 밀어붙이는지 더 이상 인식하지 못할지도 모른다. 아니면 항상 눈에 띄지 않는 끊임없는 의구심 때문에, 당신이 불안감을 느끼고 꾸물대기 쉬우며 잠재력을 충분히 발휘할 수 없게 만들지도 모른다. 제임스 James와 같은 몇몇 사람들은 언제든지 영향을 받을 수 있다. 이것은 끔찍한 생활로 이어질 수 있다.

• 인간의 경험은 생각·행동·신체감각·감정, 이 네 가지 요소로 나뉠 수 있다. 그리고 이 요소들은 서로 영향을 주고받는다(인지행동치료).

제임스는 자신의 큰 집 문을 통과할 때마다 침입자가 된 것처럼 느낀다. 언제라도 누군가가 문을 두드리고는, 이 집이 그의 것이 아니라고 이야기할 것 같다. 그가 여기 살 자격이 없으며, 그의 삶 자체가 모두 실수였다고 이야기할 것만 같다.

제임스는 45세다. 그는 성공한 사업가로, 잘나가는 하이테크 회사 2개의 창립을 도왔다. 훌륭한 자녀 둘과 그를 사랑하는 부인도 있다. 모든 것을 가진 사람처럼 보인다. 친구나 동료가 보기에 제임스는 본보기로 삼아야 할 성공신화였다. 하지만 그는 자신의 삶이 사기라고 느꼈다. 운 때문에 그 자리에 갔으므로 언제라도 정체가 드러나서 경력이 끝날 것이라고 생각했다.

제임스는 두려움 속에 산다. 정체가 발각될 두려움, 자신과 가족을 실망시킬 두려움 등. 두려움이 이 두려움은 그가 일하는 날의 거의 모든 순간에 영향을 미친다. 그는 끊임없는 불안 속에 살며, 일에서 기쁨을 거의 얻지 못한다. 다른 사람들의 칭찬에도 불구하고, 성공을 거의 즐기지 못한다. 긍정적인 면보다 부정적인 면을 먼저 보며, 자신의 프로젝트를 심하게 비판한다. 다른 기업가와 동료들을 부러운 눈으로 보면서, 그들에게는 삶이 저렇게 쉬운데 자신에게는 왜 이렇게 어려울까 의아해한다.

스스로 경력을 방해할 뻔한 적도 많았다. 한번은 자신이 많은 것을 이룬 한 회사를 그만두고, 그보다 작은 회사에 낮은 직급으로 합류하려고 하기도 했다. 그는 자신이 많이 부족하다고 느꼈고 형편없이 실패하고 있다고 생각했다. 그가 회사에서 쫓겨나는 건 시간문제였다. 제임스의 사직 사유가 자신이 실패하고 있고 일을 따라가지 못한다는 생각 때문임을 알자, 그의 상사는 충격을 받았다. 제임스는 회사에 크게 기여해온 소중한 직원이었다. 그의 상사는 제임스를 떠나지 말라고 설득했고, 그의 업무 부담을 줄여줄 조수도 즉시 고용했다. 그 만큼 제임스를 높게 평가했던 것이다.

제임스는 술을 너무 많이 마신다. 그는 불안을 잠재우기 위해서 술을 마신다. 파란만장한 어린 시절의 기억을 떨쳐버리기 위해 술을 마시고, 일상생활의 고단함을 밀어내기 위해서도 술을 마신다. 과음 때문에 그의 문제가 더 복잡해진다. 아침에 머리가 멍하기 때문에, 그는 직장에서 뿐만 아니라 집에서도 충실하지 못하며 엉터리 같은 인간으로 느낀다. 그는 자신이 더 좋은 남편, 더 좋은 아빠가 될 수 있을지 걱정한다. 제임스는 가족과 더 많이 시간을 보내고, 더 다정하고 사랑이 충만해질 수 있다.

제임스는 나이가 들면서 이런 느낌을 버리기가 점점 더 어려워졌다. 이제는 책임이 더 많기 때문이다. 돌봐야 할 가족이 있고, 그의 결정에 생계를 의지하는 직원들도 있다. 더 젊었을 때는 의심과 불안의 목소리에도 불구하고 밀어붙일 수 있었다. 이제는 한계점에 도달했다고 느낀다. 그가 무너지지 않고 있는 것은 오로지 아내의 지지와 사랑 덕분이다. 멀리 도망쳐서 잠적해버릴까 하는 생각도 한다. 슬프게도 제임스가 이런 식으로 느낀다는 것을 아무도 모른다는 점이다. 그는 자신을 염려하는 사람들을 멀리하고 그들의 도움도 거부한다. 만족스럽고 행복한 삶이 손닿을 곳에 있지만, 그는 그것을 누리지 못한다.

제임스처럼 가면증후군이 극단적인 수준에 이르면, 그것은 당신의 삶에 믿을 수 없을 만큼 부정적인 영향을 미칠 수 있다. 가면증후군은 빼야 맞다. 스스로를 믿지 못하게 하고, 더 많은 것을 이룰수록 더 나쁜 느낌이 든다. 자신의 성취나 좋은 자질을 온전히 소유할 수 없기 때문에, 자신이 하는 모든 좋은 일에서 단절된 상태로 머무른다. 이로 인해 그들은 자신의 관점을 새롭게 할 수도 없고, 자신이 가치 있는 사람이라는 느낌도 키울 수 없으며, 자신이 잘살고 있는지 판단할 내면의 척도를 형성하는 것을 불가능하게 만든다. 가면증후군의 영향이 이만큼 극단적인 경우는 드물기는 하다.

그러나 당신이 제임스처럼 가면증후군으로 인해 자신감과 자기 믿음이 끊임없이 훼손된 상태이든, 혹은 그것이 당신에게 덜 영향을 미치든, 그것은 누구도 무시해서는 안 되는 문제이다.

가면증후군의 부정적 영향

가면증후군에 대한 연구를 통해 그 유해성이 드러나기 시작했다. 그것은 일상적인 두려움과 고통을 유발하는 것과 더불어, 행동과 신체적 및 감정적 느낌에도 온갖 부정적인 영향을 끼친다. 예를 들어 아침에 불안한 느낌으로 잠에서 깨면, 불안한 생각을 계속 할 가능성이 커진다. 나중에는 신체적 감각으로도 이런 불안이 느껴질 수 있다. 심박수 증가, 신경성 소화불량 등이 생길 수 있다. 이러한 신체적 불편은 당신이 일에 집중하기 더 어렵게 만들 수 있고 일을 꾸물대며 미루게 할 수도 있다. '생각-감정-행동' 사이의 이러한 연결고리는 순환적이다. 그것들은 모두 서로에게 영향을 주고받는다.• 다음 절을 읽으면서, 자신에게 어떤 증상과 영향이 적용되는지 생각해보라. 변화의 좋은 동기부여가 될 것이다!

가면증후군과 낮은 자존감 사이에 연관성이 있다는 사실을 발견하는 것은 놀랄 일이 아니다. 자신이 무언가 부족하다고 믿으면 자신의 성취를 과소평가할 뿐만 아니라 자신의스스로의 생각이나 감정의 불안함에 맞춰 목표와 야망을 조정할 가능성이 커진다. 완벽주의와 실패의 두려움에 빠지면, 자신이 잘살고 있는지 판단할 내면의 척도를 구축하는 것이 어렵게 느껴진다. 이런 믿음은 일상생활에도 영향을 미친다. 자신감이 떨어지면 자신의 능력을 걱정하게 되고, 이러한 부정적 영향의 방해를 받아 성공하기가 더욱 어려워질 수도 있다. 이러한 심리 상태에서 당신이 계획했던 것을 달성하지 못하면, 이것은 충분히 잘하지 못한 것에 대한 원래의 두려움이 정당화되어 당신의 자신감이 더욱 떨어지게 된다는 것을 증명한다.

과로, 회피, 자기비판, 자기 의심은 수치심과 불충분한 느낌을 유발하는 부정적인 조합이다. 불안은 자기 의심으로 나타날 수도 있

• 생각이 감정과 행동에 영향을 미친다(인지행동치료).

지만, 불안함 때문에 방어기제(防禦機制)*가 작동되어 다른 사람들을 멀리하고 그 때문에 다른 시각을 인식하는 것이 더 어려워질 수도 있다. 끊임없이 스트레스를 받으면 아드레날린이 솟구치고 늘 초조한 상태에 있게 되어 피로와 긴장 그리고 의욕저하를 초래할 수 있다. 나아가 편두통, 허리통증, 자가면역질환 같은 신체 증상도 나타날 수도 있을 뿐 아니라, 우울과 불안을 유발해 정서적 육체적 탈진(고갈)을 초래할 수 있다.

가면증후군은 경력에 장기적인 영향을 미쳐 전문적 직업적 적응력도 떨어뜨린다. 실패에 대한 두려움은 학생들이 대학을 중퇴하고, 사람들이 꿈을 포기하거나 승진을 거부하기도 하고, 제임스처럼 자신의 수준보다 낮은 직장에 지원하기도 한다. 이 가면증후군에 빠진 사람은 실패가 삶의 정상적인 부분임을 인식하지 못한다.

많은 경우 그들은 현재의 직업이나 경력에 만족하지 못하며, 때로는 갇힌 것 같다고 느끼기도 하지만, 동시에 그들은 엉터리같은 자신의 정체가 드러날 위험이 있는 새로운 도전에 나서기 보다는 현재 위치를 지킬 수 있을지를 더 염려하는 모습도 보인다.

전부는 아니지만 가면증후군에 빠져있는 대부분의 사람들은 상대방의 비위를 맞춘다. 다른 사람을 위해 끊임없이 자신을 조정하고, 자신의 필요보다 다른 사람의 필요를 우선시한다. 자신을 아주 많이 사랑하지 않으면, 다른 사람에게도 친밀감을 느끼기 어렵다.

● 자아가 위협받는 상황에서 감정적 상처로부터 자신을 보호하는 심리 의식이나 행위(심리학용어).

다른 사람의 필요에 맞춰 뭔가 되려고 노력하다 보면, 자신에게는 아무것도 남지 않게 되어 관계에서 단절감을 느낄 수 있다. '나를 진정으로 아는 사람은 아무도 없다', '나는 오해받는 외톨이다'라고 느끼게 되어 당신을 아끼는 사람들에게서도 친밀함을 느낄 수 없다.

이와 반대로, 다른 사람들을 통제하는 모습을 보일 수도 있다. 자신에게 과도하게 높은 기준을 정하고 자신을 믿지 않으면, 다른 사람들을 믿는 것도 매우 힘들 수 있다. 모든 사람을 면밀히 관찰해야 하고, 사람들이 자신의 생각과 다르게 행동하면 심하게 비판하며, 다른 사람에게 일을 맡기지 않으려 할 수 있다. 이렇게 사소한 것까지 모두 관리하려는 태도와 믿고 맡기지 못하는 성향 때문에, 자신의 일뿐만 아니라 다른 모든 사람의 일까지 떠맡게 된다. 이렇게 되면 사람들에게 인기가 없어지고 팀의 성과도 저하된다.

그들 중 다수는 최소한 이러한 가면현상을 겪는 기간에는 자신을 꽤 부정적으로 생각하면서 생활한다. 이 때문에 하는 일이 제한되고, 새로운 것을 시도하지 못하며, 더 많은 경험도 얻지 못한다. 목표를 달성하기도 실수를 통해서 배우기도 어려워지고, 따라서 성장하고 개선하기도 어려워진다. 그 결과 자신이 한 일에서 만족감을 느끼는 경우가 드물며, 자신의 성공을 적절히 인정하기도 어렵고, 배움과 성공의 기쁨을 찾기도 힘들다. 이로 인해 자신의 참모습을 알 수 없으며, 자신이 잘살고 있는지 판단할 현실적인 내면의 척도도 개발할 수 없게 된다. 따라서 이런 것들에 수반되는 내적 안정과 평온도 경험할 수 없다.

왜 발생하는가?

가면증후군은 어떤 업적이나 승인과 관련된 업무 혹은 자신의 지식이나 기술에 대해 불안감을 느끼는 결과로 유발될 수 있는데, 특히 경쟁적인 환경에서 일할 때 그리고 책임이 증가할 경우에 더 잘 발생한다.

변화 기간 중이나 새로운 도전에 직면하면 더 악화되는 경향이 있다. 새로운 일자리나 프로젝트에 투입되거나 좋은 학교에 새로 합격한 경우가 대표적이다. 이럴 경우 익숙한 루틴에서 벗어나서 새로운 프로세스를 따라야 하며, 더욱더 철저하게 파고 따져야 한다. 새로운 규칙도 배워야 하고, 새로운 역할도 수행해야 하며, 존재 방식도 달라진다. 존재 방식과 행동 방식에서 화장실이나 커피머신 위치까지, 모르는 것도 훨씬 많아진다. 이런 기간에는 평가도 보통 더 많이 받아야 하고, 본궤도에 오르기 전까지는 업무량도 늘어난다. 하지만 변화와 도전만 영향을 끼치는 것은 아니다. 한 일자리에 오랫동안 근무하더라도 자신에 관한 시각을 새롭게 하지 못하고, 자신을 능력 있는 사람으로 보지 못하고, 자신의 성취를 받아들이지 못하면 가면증후군을 경험할 수 있다.

이 증후군은 자신이 속한 핵심 그룹과 다른 느낌을 받을 때도 발생할 수 있다. 예를 들어, 자신이 남성이 주를 이루는 부문에서 일하는 소수의 여성이거나 소수인종 또는 성소수자여서 지배적인 집단에 어울리지 못하면, 자격과 성취가 충분함에도 불구하고, 스스로 불법적으로 느끼거나 가짜라고 느낄 수 있다. 이럴 경우 스스로 부끄럽지 않게 살아야한다는 기준이 많다고 생각하기 때문에 스스로에 대한 기대가 훨씬 더 커질 수 있다. 소수자로서 한 사회집단을 대변하는 존재가 되므로, 사람들이 자신이 속한 집단에 부정적인 의견을 가지고 있으면 압력이 더 커질 수 있다. 소수자우대정책 덕분에 자신이 이 자리에 왔다고 생각하게 되어, 자신의 성공을 폄하하게 된다.

전통적인 성별규범도 영향을 미칠 수 있다. 고위직에는 여전히 여성보다 남성이 많으며, 상황이 바뀌고는 있지만 불과 얼마 전까지만 해도 여성의 주된 삶의 목표는 결혼해서 아이를 갖는 것이었다. 심지어 지금도 여성의 성공적인 경력은 가족의 희생에 대한 대가로 얻어지는 것으로 간주되곤 한다. 이는 남성의 삶에는 나타나지 않은 일이다. 성취에 대한 남녀 성별간 상반된 메시지는 남자들에게도 성공을 내면화하기 어렵게 만들 수 있다. 이러한 이러한 규범들로 안해 사회는 높은 수준의 능력을 보여주는 남성을 높게 평가하므로, 자신이 기대를 충족할 수 있는지에 의문을 가지고 기대에 못 미칠 것을 걱정할 수도 있다.

가면증후군의 함정 : 마음의 덫

두 가지 관점 사이의 긴장이 존재할 때 보통 가면현상

을 경험한다. 예를 들어, 당신이 바라는 자신의 모습과 다른 사람들이 당신에게 기대한다고 생각하는 모습 사이에서 긴장이 발생할 수 있다. 당신이 설정한 기준과 당신 자신에 대한 평가 사이에서도 긴장이 발생할 수 있다. 당신이 생각하는 자신의 이미지(전체적으로 불충분하다는 느낌)가 다른 사람들이 보는 당신의 이미지와 맞지 않을 때, 당신은 그들이 당신의 능력을 과대평가하고 있다고 결론지으며, 자신이 가면을 쓰고 있다고 느끼게 된다.

당신의 성취가 최고의 기준에 미치지 못하면 수치심과 불안을 느끼게 되어, 자신의 능력 및 재능 부족과 관련된 근본적인 것이 드러났다는 잘못된 결론에 이르게 된다. 새로운 도전에 직면하면 불안이 커진다. 자신에 대한 믿음이 부족하기 때문에 도전을 극복할 수 없을 것이라는 두려움이 곧 생긴다. 실패에 대한 두려움과 자기 의심 때문에 일련의 사이클이 시작된다. 실패하면 정체가 발각될 것이라고 확신하게 된다.

즉 자신이 설정한 높은 기준이 문제의 큰 부분을 차지한다. 내면의 부정적인 목소리를 동기부여 수단으로 사용하기 때문이다. 당신은 경력·관계·개인생활에서 최고가 되어야 하고, 모든 일을 아무 실수 없이 해내야 한다고 생각한다.

성취에 대한 이런 압박감 때문에, 두 가지 행동패턴 중 하나를 보이게 된다. 과로와 완벽함에 대한 추구를 통해 자신이 정한 높은 기준에 도달하려고 과로하듯 열심히 노력하거나 아니면 그 반대로 행동을 멈추고, 자기 의심 때문에 미루고 아무 것도 못하는 것이다.

그다음에 흔히 보이는 행동은 기한을 맞추기 위해 뒤늦게 미친 듯이 일하는 것이다. 당신은 이러한 불편한 감정을 피하기 위해 무엇이든 할 것이다.

이 모든 부정적인 생각에도 불구하고, 성공이 자주 따라오지만, 사람들은 그것을 자축하고 만족하지 않는다. 열심히 노력하는 유형은 그야말로 온갖 정열를 바쳐 최선의 노력을 하였기 때문에 그것을 달성할 수 있었다고 해석한다. 다른 누구보다 많은 헌신과 노력을 일에 쏟아부었기 때문이라고 생각한다. 꾸물대는 유형은 막판에 대충 흉내만 냈다는 생각 때문에 성공을 행운 때문으로 돌린다.

이러한 사람들의 생각과 해석에 따르면 그렇게 반응하는 것도 이해할 만하다. 그것이 정말 사기 같은 엉터리라면 발각되지 않기 위해 그렇게 해야 한다. 당신이 하는 모든 일의 목표는 다른 사람들이 '진실'을 발견하지 못하게 하는 것이다. 단기적으로는 이런 대처전략 때문에 당신이 더 안전하게 느낄 것이며, 발견되지 않을 가능성도 크다. 그러나 자신의 믿음이 틀렸고, 내가 의심한 것처럼 당신이 엉터리가 아니라면 이러한 행동들은 오히려 문제를 악화시킬 수 있다.

당신의 능력 유형은 무엇인가?

이 사이클에 관해 생각해보면, 능력에 관한 당신의 정의가 자신의 기대에 영향을 미친다는 것이 분명하다. 자신이 얼마나 잘해야 하는지에 관한 생각이 당신의 머릿속에 있어서, 이상이나 목표가 믿을 수 없을 정도로 높고 더 이상 지속가능하지도 않는 기준을 정한다. 실제 성취와 이상적인 성공 기준이 일치하지 않으면, 당신은 다른 사람의 말은 무시한 채 자신이 불충분한 사람이라고 생각한다.

가면증후군 전문가이자, 『성공한 여성들의 비밀스런 생각: 능력 있는 사람들이 가면증후군으로 고통받는 이유와 그럼에도 성공을 이루는 방법』*의 저자인 발레리 영Valerie Young 박사는 가면증후군에 시달리는 사람들이 느끼는 실패와 관련된 수치심이 각기 다르다는 것을 발견했다. 능력을 정의하는 방식이 다르기 때문이다. 그녀는 가면증후군을 겪고 있는 사람들은 대개 5가지 능력유형competence type 으로 대별되고 있음을 알아냈다.

- 완벽주의자
- 타고난 천재
- 솔로이스트
- 전문가
- 슈퍼우먼·슈퍼맨

- Young, Valerie.(2011), 『*The Secret Thoughts of Successful Women: Why Capable People Suffer from the Impostor Syndrome and How to Thrive in Spite of It*』, New Yokr: Crown Business.

5가지 유형에 대한 해설을 모두 읽어보고 당신이 어떤 것을 인식하는지 확인해보라. 두가지 이상 혹은 여러 유형에 해당될 수도 있다. 당신이 어떤 범주에 속하는지 이해하는 것은 큰 도움이 될 수 있다. 일단 이 사실을 인식하게 되면, 당신이 어떤 패턴에 빠져 있는지 더 잘 이해할 수 있어서 자신이 의식적으로 변화를 선택할 수 있는 기회를 준다.

완벽주의자 Perfectionist

완벽주의와 가면증후군은 흔히 함께 나타나며, 완벽주의가 5가지 능력 유형 중 가장 흔하게 나타난다. 발레리 영은 다음과 같이 썼다. "완벽주의자는 무언가를 끝내는 '방식'에 주안점을 둔다. 여기에는 작업의 수행방식과 결과가 모두 포함된다." 완벽주의자는 스스로에게 과도하게 높은 기준을 정하고, 항상 완벽한 성과를 내야 한다고 생각한다. 그 결과 목표를 99% 달성했더라도, 늘 노력이 부족했다고 생각하는 사이클에 빠져있는 사람이다.

완벽주의자는 원하는 것이 매우 구체적이며, 그것을 달성할 계획도 매우 분명하다. 그들은 일하는 데 올바른 방법과 잘못된 방법이 있다고 믿는다. 다른 방법이나 다른 결과는 용납하지 않는다. 일이 잘되더라도 최고의 품질이 아니면 절대 만족하지 않으며, 더 잘할 수 있었던 부분에 초점을 맞추는 경향이 있다.

완벽주의자는 다른 사람들도 이런 기준을 지킨다고 생각하면서 친구, 가족, 동료도 이런 기준으로 자주 평가한다. 슬프게도 누구도 그런 기준을 충족할 없음에도 말이다. 완벽주의자는 "무언가를 제대로 하려면 직접 해야 한다"고 믿는 경우가 많으며, 그 결과 다른 사람의 능력을 잘 믿지 못한다. 다른 사람이 일을 '제대로 하지 못할 것'을 두려워하기 때문이다. 완벽주의자는 자신이 통제하지 못하는 상황도 불편해할 수 있다.

완벽주의자는 일을 완벽하게 해내지 못하면(누구도 완벽하게 할 수는 없다), 자기 의심과 걱정에 시달리고, 자신의 능력부족과 '실패'를 수치스러워한다. 완벽함에 대한 이런 추구와 실패에 대한 두려움 때문에, 사소한 세부사항까지 곰곰이 생각하게 되어, 꾸물대거나 과로하게 된다. 일이 어렵거나 완벽하게 해낼 수 없다고 생각되면, 너무 일찍 포기하기도 한다. 완벽주의를 목표로 하면 모든 것이 늘 부족하므로 성공해도 만족감을 느끼기 힘들다.

타고난 천재 Natural Genius

두 번째 유형은 타고난 천재다. "타고난 천재는 목표를 달성하는 '방식'과 '시점'에 신경을 쓴다." 완벽주의자처럼 실현 불가능할 정도로 높은 내적 기준을 정하지만, 비현실적으로 높은 기준으로 자신을 판단하는 대신, 첫 번째 시도에서 목표를 달성했는지 여부로 자신을 판단한다. 발레리 영은 이 그룹에서 '진정한 역량은 내재된 지능과 능력을 의미한다'는 것을 발견했다. 발전의 여지는 없다. 첫 번째 시도에서 제대로 해내지 못하거나 새로운 기술을 통달하는 데 어려움을 겪거나 무언가를 끝내는 데 시간이 너무 많이 걸리면(그 기준은 그들의 판단이다), 수치심이 생기고 자신이 엉터리처럼 느껴진다.

따라서 이들은 별 노력 없이 빠른 속도로 새로운 기술에 통달하려 한다. 그들은 열심히 노력해야 한다면 잘하는 것이 아니라고 믿는다. 능력이 무언가를 빠르고 쉽게 할 수 있음을 뜻하므로, 배울 게 있더라도 별 노력 없이 잘 익힐 수 있어야 한다. 그렇지 않을 경우, 제대로 하지 못하는 것이라고 믿는다. 일정 시간 내에 자신이 엄청나게 많은 일을 해낼 수 있다고 지나치게 낙관하는 경우가 많으며, 진전이 예상보다 느리면 자신에게 실망한다.

당신이 타고난 천재라면, 학교에서 공부를 전혀 안 하면서 지내다가 1등에서 밀려나는 즉시 공부를 포기했을 것이다. 따라서 당신은 삶에 필요한 기술인 인내심을 거의 키우지 못했다. 새로운 것을 시작했다가 목표 달성에 어려움을 겪으면 아직 시간이 더 필요하다고 생각하는 대신, 즉시 자신에게 문제가 있다고 생각한다. 장애가 생기면 바로 물러서고, 실패할 위험은 감수하지 않으려 한다.

솔로이스트 Soloist

솔로이스트(독주자)는 능력을 혼자 무언가를 해낼 수 있는 힘이라고 믿으며, 남의 도움 없이 해낸 것만을 성취로 간주한다. 발레리영에 따르면 "솔로이스트는 과제를 '누가' 완료했는지에 주로 신경을 쓰며" 무언가를 잘하는 것이 혼자 힘으로 해낼 수 있는 것을 뜻한다고 믿는다. 솔로이스트는 개인으로서 자신의 가치를 입증하기 위해 도움을 보통 거절하며, 도움이 필요해지면 그것을 실패의 징후로 간주해서 수치심과 자신이 엉터리란 느낌이 촉발된다.

이 솔로이스트는 자신의 필요를 포함한 다른 모든 것보다 독립성을 소중히 여긴다. 프로젝트가 잘 진행되지 않거나, 프로젝트를 성공시키는 데 필요한 일의 양 때문에 죽을 지경이 되더라도 도움을 요청하지 않으려 한다. 어려움을 겪거나 장애물에 봉착되면 '패배'를 인정하지 않으려고 꾸물거릴 수 있다.

당신이 솔로이스트라면, 혼자서 모든 것을 해결하고 해내야 한다고 보통 생각할 것이다. 다른 사람의 도움을 받은 프로젝트, 성취, 아이디어는 자신의 성취로 간주하지 않는다. 도움을 요청하는 것을 약함의 신호로 여기므로, 도움을 요청하면 자신의 무능력이 드러날 것이라고 두려워한다.

전문가 Expert

네 번째 유형은 전문가이다. 발레리 영의 설명처럼 '전문가는 백과사전형 완벽주의자이다.' 그들은 모든 것을 알아야 한다고 생각하며, 진정한 능력은 정말로 모든 것을 아는 것을 뜻한다고 믿는다. "여기서 가장 큰 관심사는 '무엇을' '얼마나' 당신이 알고 있거나 할 수 있느냐이다." 그들은 정말 똑똑하다면, 일을 시작도 하기 전에 어떤 과제에 통달하는 데 필요한 모든 것을 이미 알고 있어야 한다고 믿는다. 그들은 어떤 주제에 대한 포괄적인 이해를 하기 전까지는 만족감을 느끼지 않는다.

전문가들은 단 하나라도 질문의 답을 알지 못할 때, 자신의 기술

격차를 인정하고 그것들을 채우기 위한 노력은 하지도 않고 대신 무능하다고 자책한다. 그들은 경험이나 지식이 부족하다는 사실이 드러나는 것을 매우 두려워하므로, 끊임없이 더 많은 정보를 찾는다. 이것이 꾸물거림을 가리는 또 다른 가면에 불과한 경우도 많다.

채용공고의 모든 요건을 충족하지 못하면, 그들은 보통 지원하지 않는다. 채용된 경우에도 요행히 고용주가 자신을 고용하기는 했지만, 자신이 더 많은 것을 알고 있을 알고 있을 것이라는 기대를 한다고 생각하기도 한다. 하나의 일자리나 과제를 시작하기 전에 주저하는 경우도 많다. 심지어 현재 역할을 한동안 맡아온 경우에도, 아직 충분히 알지는 못한다고 느낀다.

당신이 전문가라면 한 개 이상의 학위를 취득할 수 있다. 여러 교육과정을 이수했음에도 그것만으로 충분하지 않으며 더 많은 것을 알아야 한다며 항상 지식과 기술에 목말라한다. 이러한 속성 때문에 최대한 많은 지식과 기술을 갖출 수도 있다. 이러한 현상은 당신이 성공하거나 유능하다고 생각되는 사람으로 인정 받으려면 일정 한계점 이상의 경험을 갖추고 있어야한다고 믿기 때문에 가능한한 많은 지식과 기술을 갖춘다. 그러나 때로는 그것이 과제나 프로젝트를 완료하는데 방해가 될 수도 있다.

슈퍼우먼·슈퍼맨 Superwoman·man

슈퍼우먼·슈퍼맨은 다른 모든 사람보다 열심히 일하도록 자신을 몰아붙인다. 발레리 영에 따르면 이 능력 유형은 "자신이 '얼마나 많은' 역할을 동시에 잘 해낼 수 있는지를 기초로 능력을 측정한다."
상사, 동료, 파트너, 부모, 친구, 자원봉사자, 주인 등이 그 예다. 이들
은 손쉽게 이 모든 역할을 완벽히 수행해낼 수 있어야 한다고 생각
한다. 자신이 정한 역할 중 하나라도 제대로 못하면 수치심을 느낀
다. 모든 것을 해낼 수 있어야 한다고 믿기 때문이다.

이들은 모든 영역에서 비현실적으로 높은 기준을 정한 후, 완벽주
의자처럼 그것을 충족하기 위해 노력한다. 발레리 영은 능력을 해석
하는 방식에 따라 그 둘을 구분한다. 슈퍼우먼·슈퍼맨은 능력을 여
러 역할을 동시에 완벽하게 수행할 수 있는 힘이라고 생각하지만,
완벽주의자는 자신의 일, 경력, 공부에만 주로 신경을 쓴다.

이들은 모든 영역에서 훌륭한 성취를 하는 경우가 많다. 매우 열
심히 자신을 몰아붙이면서, 모든 역할을 완벽하게 수행하려 하기
때문이다. 이 때문에 고단한 삶을 살기 쉽다. 집에서 모든 일을 해
내려 애쓰면서, 직장에서도 성공하려 하고 전혀 쉬지도 않는다. 이
들은 일 자체보다는 모든 것을 성공적으로 해내고 있다는 느낌에
중독되어 있다. 이렇게 과도한 압박을 받기 때문에 결국 기력이 소
진되며(번아웃), 그 결과 신체 및 정신건강은 물론이고 다른 사람과
의 관계에도 부정적인 영향이 발생할 수 있다.

당신이 슈퍼우먼 혹은 슈퍼맨이라면 '일을 얼마나 잘하는지'로 자
신을 측정하지 않고 '한 번에 얼마나 많은 일을 할 수 있는지'로 측
정할 것이다. 당신은 모든 것을 할 수 있다고 믿고, 그것들을 따라
잡기 위해 고군분투하면서도 '아니오!'라고 말할 수 없다. 당신은 얼

마나 많은 것이 가능한지에 대한 비현실적인 시각을 가지고 있으며, 항상 전원이 켜져 있어 한가한 시간이나 성과기반이 아닌 활동을 즐기지 못한다.

당신의 생각을 적어보라.

- 가면증후군의 '5가지 능력 유형' 중 당신은 어떤 유형에 해당하
  는가?

  _____

  _____

  _____

- 가면증후군이 당신의 일하는 방식에 어떤 영향을 미치는가?

  _____

  _____

  _____

- 가면증후군이 당신의 삶에 어떤 부정적인 영향을 미치는가?

  _____

  _____

  _____

자기 의심의
생존전략

"자신을 불충분하다고 믿고 걱정한다고 해서
당신이 가짜가 되는 것은 아니다.
당신의 느낌feelings은 사실facts이 아니다."

체크 포인트 수행할 목표

- 느낌은 어디에서 오고, 그것이 일상생활과 의사결정에 어떤
  영향을 미치는지 이해한다.
- 느낌이 증거 또는 사실로 간주해서는 안 된다는 것을 인식
  한다.
- 가면증후군에 대처하는 데 도움이 되는 몇 가지 사실을 배
  운다.

느낌*은 큰 영향력을 가지는 매우 소중한 감정이다. 나는 느낌을 믿는 것에 전적으로 동의한다. 나는 그것들을 의심하지 않는다. 내가 다르게 이야기한다면 심리학자가 되지 않았을 것이다! 감정**은 인간의 본성에서 중요한 요소이다. 감정은 삶에서 여러 가지 사물들에 부여되는 우리의 믿음과 의미를 이끌어 내기도 한다. 우리에게 정보를 제공하고, 우리의 내면세계를 다른 사람들에게도 전달한다. 우리에게 무슨 일이 일어나고 있는지를 보여주는 지표로서, 우리가 정보를 처리하는 것을 돕고 우리가 그렇게 기분이 좋지 않을 때 경고신호 역할도 한다. 죄책감은 우리가 잘못을 바로잡는 데 도움이 되며, 깊은 슬픔은 상실을 극복할 수 있게 해주고, 사랑은 우리를 다른 사람들과 더 가깝게 만든다. 감정은 우리

● 　feelings: 몸의 감각이나 마음으로 깨달아 아는 기운이나 감정.
●● 　emotions: 마음에서 일어나는 느낌이나 기분.

의 정체성과 생존방식에서 필수적인 부분이다.[*] 하지만 이러한 감정의 정체는 항상 정확하지는 않다. 그리고 두려움은 특히 다루기 까다로운 감정이 될 수 있다.

불행히도 가면증후군은 모두 두려움(공포)에 관한 것이다. 들키는 것에 대한 두려움, 실패에 대한 두려움, 충분히 잘하지 못하는 것에 대한 두려움, 그리고 만성적인 자기 의심 등. 두려움이 문제가 될 수 있는 이유를 이해하려면, 시간을 거슬러 올라가 우리의 뇌가 어떻게 연결되어 있는지, 그리고 두려움 반응의 본래 기능을 살펴봐야 한다. "감정은 사고, 지각, 추론, 기억과 같은 뇌의 활동 중 하나다. 우리의 뇌는 끊임없이 외부로부터 감각을 입력하고, 과거 경험을 바탕으로 감정을 만들어 낸다. 그리고 그 감정은 삶의 의미를 부여하고 행동을 지시한다."[**]

우리의 뇌는 한 가지 단순한 목표인 '생존'을 기반으로 한 수백만 년 진화의 산물이다. 생존을 위해 초기 인류는 고도로 대응력이 뛰어난 위협 탐지시스템을 필요로 했다. 이것은 편도체[***]라 불리며, 지금도 여전히 우리 뇌의 일부로 남아 있다.

우리의 뇌는 마치 컴퓨터처럼 작동하면서, 감각을 통해 들어오는 정보를 끊임없이 처리한다. 편도체는 우리가 두려움(공포)이나 불안, 또는 스트레스를 느낄 때 자동으로 촉발되어 우리의 몸 안에서 '저

- [*] 감정은 매순간 경험하는 쾌감, 불쾌감, 동요, 평온과 같은 단순한 느낌을 토대로 구성된다.
- [**] 리사 펠드먼 배럿, 「감정은 어떻게 만들어지는가」, 생각연구소(한국어판), 2017.
- [***] amygdala: 측두엽 내측에 있는 신경핵의 집합체. 감정을 조절하고 공포(두려움)와 불안에 대한 학습 및 기억에 중요한 역할을 한다.

항-도피' 반응을 일으킨다.

이 모든 일은 우리가 미처 깨닫기도 전에 순식간에 일어난다. 진화론적 측면에서 이 속도는 감탄스럽도록 놀라운 위협 탐지기로 만들지만, 반응의 속도는 때때로 너무 민감한 도난경보기와 같은 방식으로 불필요하게 촉발될 수 있음을 의미한다. 잠재적인 위험이 생명을 위협할 때는 딱한 일을 당하기보다는 안전한 것이 더 나았지만, 이제 우리는 사냥을 하지도 사냥을 당하지도 않기 때문에, 이 원시적인 뇌의 일부가 때때로 우리에게 불리하게 작용할 수도 있다.

진화하면서 우리는 동물과는 다른 방식으로 우리 자신을 인식하게 되었다. 우리의 뇌는 사고하고 계획하고 추론하고 성찰하는 것과 같은 새로운 방식으로 작동하기 시작했으며, 주의력과 상상력을 사용하여 새로운 능력을 개발하기 시작했다. 이를 통해 우리는 도시 건설, 신대륙 발견, 신기술 개발 등의 놀라운 일을 할 수 있게 되었지만, 그것은 또한 우리에게 문제를 일으킬 수도 있다.

우리가 미래를 걱정하고, 과거를 돌이켜보고, 자신을 부정적인 관점에서 다른 사람과 비교하고, 자기 비판적일 수도 있다. 하지만 우리 뇌의 편도체는 너무 원시적이어서 실제 위협(호랑이를 만나는 것과 같은)과 인식된 위협(자신이 엉터리라는 두려움)을 구별할 수 없다. 이것은 우리가 필요로 하지 않을 때도 편도체의 '저항-도피' 반응이 활성화되어, 실제로는 싸우거나 도망칠 대상이 전혀 없는 상황에서도 극도로 경계하는 상태에 빠지게 된다는 것을 의미한다.

우리의 뇌는 야생에서 살아남도록 하는 그들의 본래 목적에는 이상적이지만, 그것들은 현대적 삶을 위해 설계되지 않았다. 그들만의 장치에 맡겨두면, 우리의 뇌는 21세기의 신호를 계속해서 잘못 해석하게 될 것이다.

이렇게 민감한 위협 탐지기가 우리에게 장착되어 있기 때문에 두려움에 기반한 추론은 틀릴 수 있다. 인간의 위협 탐지기는 자동차가 너무 빠른 속도로 다가올 때, 도망치기 위해서 달릴 때 같은 곤란한 상황에서 벗어나는 데에는 매우 유용하지만 우리의 느낌이 부정확한 정보에 기반했거나 실제 위협이 없는 경우라면, 그것은 큰 도움이 되지 않는다.

극장에서 공포영화를 보는 상황을 생각해보라. 당신은 자신이 극장에서 안전하게 영화를 보고 있음을 알지만, 그렇다고 해서 무섭지 않은 것도 아니고 화면에서 일어나는 모든 것에 반응하지 않는 것도 아니다. 가면증후군과 달리 이런 상황에서는 자신이 위험에 처해있지 않음을 확실히 알면서도, 여전히 반응하게 된다.

사기꾼 같은 엉터리는 발각되는 것을 두려워하거나 충분히 잘하지 못한 것을 너무 두려워하는 나머지, 자신의 두려움에 의문을 가지지 않는다. 당신이 생각하는 것이 사실이라면, 두려워하는 것이 당연하다. 당신이 부정적으로 상상하는 일이 현실이 되어 정체가 발각되고 일에 실패하고 그리하여 모욕을 당하는 것 등은 끔찍한 일이다.

하지만이 너무 많이 등장한다. 당신이 옳지 않다면? 두려움에 대한 반응이 너무 강할 때에는 이런 가능성(당신이 상상하는 것)이 옳지 않다는 가능성을 전혀 보지 못할 것이다. 당신이 위험에 빠졌다고,

두려움이 너무 큰소리를 내므로 다른 가능성은 전혀 볼 수 없다. 거기에 심박수 증가, 숨 가쁨, 긴장, 열(熱) 등의 신체감각까지 촉발되면, 현재 상황을 이성적으로 바라보는 것이 거의 불가능하다. 따라서 모든 정보를 살펴보거나 모든 것을 주의 깊게 판단한 후에, 무엇을 할지 결정할 기회가 없어진다.

느낌은 사실이 아니다

상황을 더 혼란스럽게 하는 것이 우리의 감정이 생각 및 행동과 기본적으로 연결되어 있다는 점이다. 특정 행동과 생각이 느낌을 촉발할 수 있는 것처럼, 느낌도 특정 생각과 반응을 촉발할 수 있다. 그것들 모두가 서로 연결되어 있다. 우리의 느낌은 우리의 생각을 물들이고 그것을 형성한다. 불안하면 과제를 감당할 수 없다는 두려움이 촉발될 수 있으며, 자신이 과제를 감당할 수 없고 생각하면 두려움이 촉발될 수 있다.

두려움은 우리가 하는 모든 일에 불안이라는 필터를 씌운다. 분명 당신도 이런 경험이 있을 것이다. 기분이 좋은 날에는 자신이 얼마나 잘하고 있는지 잠깐 느껴졌다가도 곧 두려움이 커지면서 긍정적인 생각을 없애버린다. 극적으로 바뀐 것은 없지만 느낌은 달라졌다.

느낌과 사실을 구분하기는 힘들다. 느낌 때문에 상황이 실제보다 나쁘다고 믿게 될 수 있지만, 느낌은 퍼즐의 한 조각에 불과하다. 전체 그림을 보려면, 자신의 생각과 경험도 사용해야 한다. 그것들을 하나로 결합해야만 현재 상황을 명확히 볼 수 있다.

경주를 하기 전에 선수들을 인터뷰한다고 생각해보라. 자신이 우승할 것이라고 가장 확신하는 선수가 실제로 결승선을 처음으로 통과할 것이라고 예상할 수 있을까? 그들이 당신의 눈을 보면서 '정말 자신 있습니다. 무조건 이길 거란 느낌이 들어요!'라고 이야기한다면, 추가 질문 없이 그들의 주장을 지지할 것인가?

나는 그들의 자신감이 설득력이 있다고 생각하겠지만, 만약 그들이 어떤 느낌에만 자신감을 가지고 있다면, 나는 그들을 전적으로 신뢰하지는 않을 것이다. 개인적으로 나는 더 많은 것을 알고 싶어 할 것이다. 그들이 이 경주를 얼마나 잘 준비했는지, 최근 컨디션은 어떠했는지, 지금까지 경주 성적은 어떠했는지, 코치의 생각은 어떤지 등을 알아볼 것이다. 나는 사실을 알려 할 것이고, 더 많은 증거를 원할 것이다. 선수 본인의 느낌만을 근거로 누군가를 지지하지는 않을 것이다.

하지만 당신이 자신의 느낌을 가장 정확한 정보 원천으로 여겨서 의지하고 있는 것이라면, 이렇게 행동할 것이다. 가면증후군과 관련해서는, 당신은 자신이 불충분하다고 확신하지만, 다른 모든 사람의 생각은 다르다. 성취한 것이 많아도, 당신은 스스로 그것을 인정하지 않는다. 자신이 불충분하다는 당신의 믿음은 누군가에게 보여줄 수 있는 증거에 바탕을 둔 것은 아니다. (큰 혼란 상태나 치명적인 대

실패 같은 것은 없다.) 그것은 당신의 느낌에 바탕을 두고 있다. 하지만 당신이 자신을 불충분하다고 믿고 걱정한다고 해서, 당신이 가짜가 되는 것은 아니다. 당신의 느낌은 사실이 아니다. 자신의 느낌에 귀 기울이는 법을 배워야 하지만, 느낌을 다른 정보보다 더 중요하게 여겨서는 안 된다. 머리와 가슴을 함께 사용하는 것이 중요하다.

느낌에 낚이기

이것을 당신의 삶의 맥락에서 살펴보기로 하자 바로 앞 장에서 당신은 가면증후군이 성취나 다른 사람들의 인정과 관련된 일로부터 영향을 받아 촉발되는 경향이 있다는 것을 알게 되었다. 어려운 일을 하거나 새로운 일을 시도하는 것은 당신을 편안한 영역에서 벗어나게 한다. 새로운 도전에 직면했을 때, 불안은 증가하고 약간의 두려움을 경험하는 것은 당연하다.

이러한 불편함은 우리 모두가 경험하는 것이다. 이것은 정상적인 반응이다. 코를 찡그리고 이를 약간 악다문 채 뱃속이 좀 불편한 상태로 '으~'라고 할 때의 기분이다. 그것은 대부분 불확실성에 기인한다. "내가 이것을 할 수 있을까?" "내가 그 일에 적임자인가?" 이러한 질문이 두렵게 느껴지는 것은 이해할 만하다.

중요한 질문은 이것이다. 왜 어떤 사람들은 자신이 엉터리라고 결론짓는 반면, 다른 사람들은 이런 불편함을 경험하고도 대수롭지 않게 생각할 수 있을까?

그 대답은 당신이 불편함을 느끼는 감정을 어떻게 해석하는가에 달려 있다. 가면증후군을 경험할 때 그들은 이러한 느낌을 자신이 불충분하다는 것을 의미한다고 인식한 채, 자신이 충분하거나 이 도전을 감당할 준비가 되어 있다면 이런 느낌이 들지 않을 것이라고 믿는다. 자신감 있는 사람들은 이렇게 느끼지 않을 것이라는 잘못된 믿음을 고수한다.

현실은 이러한 상황이 모두에게 어렵다는 것이다. 우리는 때때로 우리 자신에 대해 불확실함을 느끼지만, 가면증후군은 그것을 인간 존재의 정상적인 부분으로 인식하지 않고 잘못 해석한다. 그들은 자신이 그 일을 하기에는 불충분하다고 생각할 뿐만 아니라, 자신이 속임수로 이 자리까지 왔으며 현재 위치를 뒷받침해줄 만한 자격이 없다고 믿는다. 포피Poppy의 예를 살펴보자.

포피는 믿을 수가 없었다. 늘 꿈꿔왔던 책 출판계약을 훌륭한 출판사와 맺었다. 오랫동안 기다려온 기회가 마침내 생긴 것이다. 하지만 처음의 흥분이 가시자, 두려움이 스멀스멀 올라와서 잠깐의 행복을 없애버렸다. '책을 도대체 어떻게 쓰지?', '경험이 전혀 없는 사람과 계약하다니, 도대체 출판사는 무슨 생각을 하는 것일까?', '출판계약을 따낸 건 아주 잘된 일이지만, 이제는 사람들이 실제로 읽을 것을 써야 해.' 등의 생각이 떠올랐다.

그녀는 서점의 책들을 살펴봤다. 글이 매끄러웠고, 내용도 매력적이었다. 자신은 이런 책을 쓸 수 없다는 생각이 들었다. '도대체 어떻게 했길래 출판사가 내가 책을 쓸 수 있다고 믿게 된 거지?' 긴장이 온몸을 감싸자, 정신이 번쩍 들었다. 그녀는 제대로 된 작가가 아니었다. 책에 관한 아이디어는 있었지만, 이제는 그것을 입증해야 했다. 그것은 그녀의 능력을 훨씬 뛰어넘는 일이었다. 책을 쓰는 일을 하지 않더라도 그녀가 온라인 주말상점과 세탁물 더미를 처리하는 것만으로도 이미 허덕이는 보통사람에 불과하다는 것을 그들은 깨닫지 못했을까?

모든 친구가 이 소식에 기뻐했고 깊은 감명을 받았지만, 그녀는 기분이 더 나빠졌다. 그냥 타이밍과 운이 좋았을 뿐이라고 아무리 설명해도, 듣지 않았다. 자신이 얼마나 불안한지 설명하려 했지만, 그들은 아무것도 아닌 일을 걱정한다면서 심각하게 받아들이지 않았다. 그들이 그녀가 겪고 있는 내면의 갈등을 알 수만 있다면… 하지만 아무리 노력해도 이해시킬 수는 없었다. 마침내 그녀는 설득을 포기했다. 할 수만 있었다면, 아무에게도 이 소식을 말하지 않았을 것이다. 사람들이 알아봐야, 모든 것이 무너지는 모습을 보게 될 사람이 늘어날 뿐이었다. 그녀는 그것이 필연적이라고 믿었다.

집필을 시작하자 두려움의 목소리가 줄어들었지만, 이것이 재앙이 될 것이란 의구심은 여전했다. 하지만 어찌어찌해서 시한에 맞춰 집필을 마쳤다. 편집자에게 원고를 보내고 나자 안도감이 밀려왔다. 하지만 인쇄된 책이 택배로 도착하자, 짜릿하기는커녕 마음이 무거웠다. 아무도 좋아하지 않으면 어쩌지? 쓴 책이 팔리지 않는 것은 아무 일도 아니지만, 그녀는 그렇지 않았다. 출판일이 가까워지자, 잠도 오지 않았다. 끔찍한 서평이 나올 것이고 모든 사람이 자신이 불충분하다는 것을 알게 되리라고 생각했다.

서평들이 서서히 나왔고, 책에 대한 평가는 매우 좋았다. 포피의 에이전트가 전화를 걸어서, 출판사가 매우 기뻐하고 있으며, 만나서 두 번째 책 이야기를 해볼 생각이 있는지 물었다고 했다. 그 얘기를 듣자, 온몸이 긴장되고 열이 났다. 이 책은 분명 요행이었다. 이 과정을 다시 거쳐야 한다는 생각이 들자 몸이 아팠다. 두 번째도 이렇게 운이 좋을 가능성은 없었다.

다른 사람들이 보기에 반응이 긍정적인 이유는 책이 좋았기 때문임이 분명하다. 모든 사람이 거짓을 믿도록 하는 것은 꽤 어려운 일이지만, 포피는 자신의 두려움을 잘못 해석했으며, 너무 큰 두려움 때문에 왜곡된 시선으로 상황을 바라봤다. 상황을 합리적으로 보지 않고 이 일이 재앙이 될 것이라고 예상했으며, 그 결과 내면의 목소리도 매우 부정적이었다. 시한 맞추기, 좋은 서평받기, 두 번째 책 집필 부탁받기 등 목표를 달성할 때마다 시각을 바꿀 기회가 있었지만, 그녀는 그냥 골대를 옮기는 식으로 대응했다. 그 결과 목표를 달성했다는 생각이 전혀 들지 않았고, 기분도 나아지지 않았다. 그녀가 다음 책을 겁에 질린 채로 시작하면, 이 악순환은 계속될 것이다.

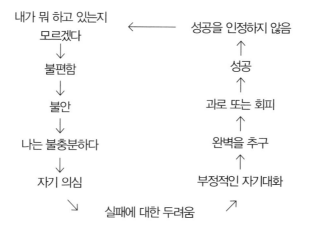

　이것이 바로 가면증후군을 변화시키기가 어려울 수 있는 이유이다. 당신은 자신이 한 어떤 일보다는 자신의 느낌에 근거해 결론을 내리기 때문이다. 느낌 때문에 생각이 왜곡되어서 자신의 견해에 맞지 않는 정보는 무시하고, 그것을 뒷받침하는 그릇된 증거를 수집한다. 아무리 많은 프로젝트를 마치든, 다른 사람들이 얼마나 유능하게 생각하든, 자신에 대한 생각은 바뀌지 않는다.

　물론 이런 두려움에도 약간의 진실은 담겨 있다. 이해할 만한 반응이므로, 가면증후군의 증상임을 알아차리기 어려울 수도 있다. 나는 이것을 설문조사의 관점에서 생각한다. 새로운 일자리를 시작하기 전에 100명에게 기분이 어떠냐고 물어보면 어떨까? 아마 98%는 초조할 것이다. 승진하거나 더 큰 팀을 맡게 되었을 때, 일을 잘하고 싶어 하거나 압박감을 더 크게 느끼는 것은 이해할 만하다. 하지만 당신의 반응은 지나치다. 두려움이 너무 크며, 진짜 상황을 반영한 것도 아니다.

이런 해석 때문에 불안이 커지고 당신의 뇌 안에서 저항-도피 반응이 시작된다. 그렇게 되면 두려움이 생기고 그 두려움 때문에 생각이 왜곡되며, 신체적 증상까지 동반되면 틀림없이 무언가가 잘못되었다는 확신이 자리잡는다. 그 결과, 논리와 상관없이 당신은 잘못된 믿음을 고수하게 된다. 비록 사실에 기반한 정보에 근거하지 않더라도 그냥 그것이 맞다고 생각한다.

이런 사람들은 다른 사람들도 자신과 똑같이 느낀다는 사실은 잊은 채, 당신의 머릿속에서 일어나는 느낌이나 생각을 고집(고수)하기 때문에 상황이 더 나빠진다. 다른 사람들의 머릿속에서 진행되는 내적대화를 들을 수 없기에, 다른 사람들은 나처럼 느끼지 않으니까 저렇게 괜찮을 것이라고 잘못 생각한다. 실제로 모두가 비슷한 두려움과 의구심을 느낀다. 모두가 비밀을 지키고 있다는 사실을 모를 뿐이다!

대안은 있는가?

자신감 있는 사람들도 이런 불편함을 느끼고 같은 두려움을 경험한다. 그러나 그들은 자신의 잘못된 감정에 압도되지 않고 무시하므로 다른 결론에 도달한다. 불편함을 사기꾼이라는 의미로 해석하는 대신, 그들은 매우 다른 방식으로 접근한다.

그들도 새로운 일을 할 때의 두려움과 편안한 영역(타성에 젖어있는 영역)에서 벗어날 때의 두려움을 불편함으로 인식할 수 있다. 불안 때문에 불편함이 발생하면 그들은 그것을 '내가 자신감이 없구나.' '내가 잘하지 못할까 걱정하는구나.' 등의 신호로 간주한다. 매우 인간적이고 매우 정상적인 반응으로 보는 것이다. 그들은 불안이 늘 나쁜 것은 아니라고 생각하며, 그것을 활용하려 한다. 불안은 변화에 대비하게 하고 정신을 바짝 차리게 하며, 경계심도 높이기 때문이다. 그들은 일이 제대로 안 되더라도 여기서 뭔가 배울 것이라고 생각한다.

이는 불안이 더 커지지 않으므로, 저항-도피 반응이 시작되지 않는다는 것을 의미한다. 따라서 자신감 있는 사람들은 다음에 해야 할 일과 상황에 가장 잘 대처하는 방법을 명확히 생각할 수 있다. 이런 느낌을 다른 사람들에게 이야기할 수도 있고, 자신에게 기대되는 행동에 관해 더 많은 것을 알아볼 수도 있다. 그 덕분에 자신의 경험과 지식이면 이 일을 감당할 수 있다는 결론을 내리고 안심할 수

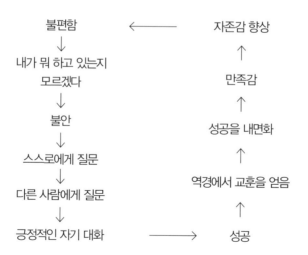

있다. 비슷한 것을 느꼈지만 결국 일이 잘 풀렸던 과거 경험을 떠올릴 수도 있다. 이렇게 경험하는 느낌은 같지만 해석은 매우 다르다.

이런 사람들은 자신이 어느 정도는 엉터리임을 안다. 단지 그것을 문제로 여기지 않는 것뿐이다. 그들은 삶(및 사랑)에서 어느 정도는 허풍이 필요하다는 것을 이해하며, 특히 새로운 일자리나 도전을 시작할 때는 더 그렇다는 것을 안다. 한 직무를 시작할 때 그것에 관해 모든 것을 아는 사람은 없으며, 사람이 보여주는 모습은 관계마다 다를 수밖에 없다. 당신의 전부를 보는 사람은 거의 없다. 차이는, 자신감 있는 사람은 자신의 직감과 학습능력을 기꺼이 신뢰한다는 것이다. 그들은 자신이 필요한 사람으로 성장할 수 있다고 믿는다.

우리는 모두 가장을 하고 있다. 모두가 조금씩은 연기를 하지만, 자신을 '가짜'라고 믿는 사람들은 이것을 모르는 것에 대한 정상적인 반응으로 보지 않고 문제로 여긴다. 그들은 자신이 가짜라는 믿음이 너무 강해서 자신의 감정을 떨쳐버릴 수가 없다. 그것은 그들을 자신의 생각이나 느낌과 다른 어떤 정보도 받아들이지 못하게 되기 때문에, 그들은 자신의 업적과 성과를 받아들이지 못한다. 이것은 그들이 자신의 경험을 인지하여 내재화(자기 것으로 받아들이기)하는 것을 방해하기 때문에 자신감 있는 사람들과는 달리, 힘들 때 의지할 수 있는 과거 경험이 없다. 따라서 비슷한 상황에 또 처하더라도 아무것도 바뀌지 않는다. 여기에 사기꾼의 부정적인 '자기 대화'는 안심할 수 없으며, 이런 불편함에 대한 반응으로 경험하는 느낌은 '나는 이 임무를 감당할 수 없다'는 믿음을 강화하는 역할만 한다.

불편함에 대한 우리의 반응이 열쇠다! 나아지려면 당신이 문제가 아니라, 이런 느낌에 대한 당신의 해석이 문제임을 알아야 한다. 느낌을 행동방식 결정을 위한 정보나 증거로 사용하지 마라. 이런 불편함은 모든 사람이 경험하는 정상적인 반응이다. 당신이 가짜라는 신호가 아니다.

당신은 아직 이것을 제대로 알지 못할 것이다. 하지만 자신의 믿음을 잠시 내려놓고, 이 새로운 생각을 스스로 탐구해 보기 바란다. 지금까지 당신이 이런 느낌을 잘못 해석해온 것은 아닐까? 그것이 모든 사람이 경험하는 정상적인 느낌은 아닐까? 당신이 틀렸고, 사기꾼도 아닌 것은 아닐까? 그럴 만한 자격이 있기 때문에 당신이 지금 위치에 있는 것은 아닐까?

나는 당신이 그런 불편함의 느낌에 주목해보라고 말하고 싶다. 그것을 인식하고 이 느낌이 가면증후군 사이클(주기)의 일부임을 알게 되면, 그 힘이 줄어들 것이다. 이 책을 통해 당신이 불편함을 관리하는 데 도움이 되는 많은 전략을 소개하겠지만, 첫 단계인 지금은 실제로 불편한 느낌이 작동하는 것을 그냥 바라보는 것으로 충분하다.

나를 따라 반복해보라.

- 느낌은 사실이 아니다.

- 불편함을 느낀다고 해서 내가 무언가를 할 수 없다는 것은 아니다.
- 불안은 정상적인 반응이다.

왜
나인가?

"자신의 과거를 돌아보는 것은
누구를 비난하기 위해서가 아니라,
자신을 더 잘 이해하기 위해서다."

체크 포인트 수행할 목표

- 어떤 종류의 믿음과 성격 유형이 당신을 가면증후군에 빠지기 쉽게 할 수 있는지 알아본다.
- 자신에게 영향을 미칠 수 있는 믿음들을 식별하고, 그런 믿음을 언제 어떻게 형성했는지 이해한다.
- 자신이 확신하는 믿음에 의심을 품기 시작한다.

당신만 그런 느낌이 드는 것이 아님을 알아주길 바란
다. 우리 모두는 때때로 불안감과 자신감 부족을 경험한다. 모든 것
을 다 아는 사람은 없으므로, 불편함을 느낀다고 해서 당신이 성공
을 누릴 자격이 없다거나 능력과 지능, 가치가 부족하다는 뜻은 아
니다.

　당신이 다른 사람들보다 능력이 부족하거나 자격이 없다는 믿음
은 어디에서 비롯되었는가? 충분히 잘하지 못한다는 생각은 언제부
터 시작되었는가? 이 질문에 답하기 위해 우리는 당신의 지난날을
살펴서 그 원인을 찾아내야 한다. 이것은 내가 심리치료 때 고객의
상태를 좀 더 자세히 파악하기 위해서 하는 일이다. 당신이 어떻게
자랐는지, 부모님의 기대는 어땠는지, 또 당신의 관계와 성격은 어땠
는지 등을 더 많이 알아야 한다. 이러한 정보는 누군가가 자신의 믿
음을 형성한 방법과 그렇게 생각한 이유에 대한 단서를 제공한다.

타고나는가, 만들어지는가?

세상에 대한 우리의 믿음과 인상, 그리고 우리 자신과 타인에 대한 우리의 시각은 어린 시절에 형성된다. 가족환경, 가족 내 역학관계, 부모의 양육방식 등이 우리의 성격 및 세상 경험과 결합하여, 우리의 믿음체계를 형성하고 정체성도 부여한다. 이는 어릴 때 배운 것이 현재 세상을 바라보고 경험하는 방식에 영향을 미치고, 어린 시절 경험이 삶에 접근하는 태도를 형성한다는 것을 의미한다.

부모가 되기 전까지 나는 아동발달에서 성격의 역할을 과소평가했다. 하지만 아기와 시간을 보내다 보면, 우리가 세상과 상호작용하는 방식에서 성격특성이 큰 역할을 한다는 것을 금방 깨닫게 된다. 성격특성을 전문적으로 다루는 대부분의 심리학자는 '외향성, 친화성, 개방성, 성실성, 신경증'이라는 5가지 기본차원이 존재한다고 믿는다. 연구에 따르면, 천성적으로 불안과 걱정이 많고 완벽주의 성향을 가진 사람(신경증으로 분류됨)은 자신이 '부족하다'는 두려움을 경험할 가능성이 더 높다.

천성과 양육은 동떨어져 있지 않으며 서로 영향을 미친다. 당신의 성격 유형은 당신의 경험과 상호작용하며, 당신에게 세상이 반응하는 방식에도 영향을 미친다. 당신이 잠도 잘 자고 웃기도 잘하는 돌보기 쉬운 아기라면, 새로운 상황에 난리를 피우지도 않을 것이며, 부모님도 당신과 함께 있을 때 긴장을 풀고 있었을 것이다. 여러 사람이 당신을 안아볼 것이고, 새로운 장소에도 많이 갈 것이며, 세상의 반응도 긍정적일 것이다. 길거리의 낯선 사람이 당신에게 미소 지을 것이며, 생활도 순탄할 것이다.

당신이 많이 울고 잠도 잘 안 자는 불안한 아기라면, 반응은 매우 다를 것이다. 당신과 상호작용할 때 부모님이 스트레스를 많이 받을 것이며, 어디로 데려가는 것이 어렵기 때문에 당신이 경험하는 세상도 작을 것이다. 낯선 사람들도 당신 곁에 오려 하지 않을 것이다. 이렇게 당신이 어떤 아기인지에 따라, 보이는 세상과 느껴지는 세상이 달라진다. 성격에 따라 자신이 경험하는 세상이 직·간접적으로 바뀌는 것이다. 하지만 양육 역시 중요한 역할을 한다.

우리가 태어날 때 우리 뇌는 완전히 발달되지 않은 채로, 우리의 환경으로부터 정보를 수집할 준비가 되어 세상에 나온다. 아이들은 정말 작은 스펀지 같다. 아이들은 주변 환경으로부터 정보를 흡수하며, 주위 모든 것을 습득한다. 심지어 습득하지 말았으면 하는 것까지 습득한다. 나는 이것을 매일 목격한다. 내 아이들의 입에서 내가 했던 말이 튀어나오기 때문이다. 내 아들은 여동생들을 나무라면서 소음 때문에 머리가 아프다고 말하고, 또 내 딸은 저 노래를 들으면 '미칠 것 같아서' 싫다고 말한다.

우리 뇌는 믿음을 만드는 기계다. 끊임없이 생각을 연결시키면서 세상에 대한 시각을 형성하게 만든다. 우리는 누군가가 한 마리 새가 보이면, 그것이 새라고 일러주고, 빨간 꽃이 보이면, 그것이 빨간색이라고 일러준다. 이처럼 노출을 통한 반복적인 학습으로, 우리는 곧 새와 빨간색이 어떤 모습인지 배우게 된다.

어릴 때는 우리의 사고가 아직 성숙하지 않아서, 이런 의견들을 '진실'로 받아들인다. 우리는 주위에서 하는 얘기를 보통 그대로 받아들여서, 이것이 세상에 관한 정확한 시각이라고 결론 내린다. 다른 사람들의 이야기가 틀렸거나 부정확할 가능성은 거의 생각하지 않으며, 좀 더 자랐을 때와는 달리 이런 시각들이 옳은지 확인해볼 기회도 매우 적다. 컴퓨터를 쓸 수도 없고, 다른 방식으로 의견을 조사해볼 수도 없다. 다른 사람들에게 물어볼 생각도 하지 못하고, 주위 사람들과는 다른 관점을 접할 기회도 없다.

유년기에 받은 메시지를 통해 자신과 다른 사람들이 자신에게 기대하는 것에 관해 배우게 되며, 그것을 통해 개인의 믿음체계가 구축된다. 이러한 생각과 의견은 부모, 교사, 형제자매, 친구 등 우리와 가장 가까운 사람들에게서 나온다. 그들이 하는 말과 행동들, 그들이 당신을 비롯해 다른 사람들과의 관계하는 방식은 당신의 대부분의 믿음, 가치관, 태도 형성에 기초가 된다. 부모의 견해가 특히 중요하다는 것은 명백하다. 이러한 믿음은 자존감, 성취, 수용, 그리고 사랑 가능성에 대한 생각에 초점을 맞추는 경향이 있다.

초기 메시지는 항구적인 영향을 미친다. 우리 뇌에 콘크리트처럼 굳건히 자리 잡아서 바꾸기 매우 어렵다. 우리가 빨간색이나 새가 어떤 모습인지에 대해 배우는 것처럼, 우리 자신의 시각도 마음속 깊이 자리잡고 형성되어 우리가 말하는 방식과 다른 사람들과 관계하는 방식에 영향을 미친다.

어린 시절의 정보 전달은 일상적인 상호작용을 통해 주로 일어난다. 아이는 미묘한 메시지와 명백한 메시지에 귀를 기울이며, 이런 메시지들은 자신과 주위 세상에 관한 아이의 생각에 영향을 미친다.

우리가 일반적으로, 그리고 틀림없이 자신의 믿음을 신뢰하지만, 느낌과 마찬가지로 믿음도 항상 옳은 것은 아니다. 모든 것은 자신의 경험과 당신의 가장 가까운 사람들이 말해준 것에 따라 달라지기 때문이다. 만약 당신이 똑똑하고 친절하고 유능하다는 얘기를 반복해서 들었다면, 그것을 믿게 될 것이다. 하지만 부정적인 메시지나 혼란스러운 메시지를 받았다면, 이것은 문제가 될 수 있다. 가면 증후군에 있어 어떤 특정 경험들은 당신을 더 큰 위험에 빠뜨린다.

어떤 경험이 영향을 미치는가?

아이들은 태생적으로 부모의 승인을 얻어야하므로, 그것을 얻지 못하면 수치심과 굴욕감을 느낄 수 있다. 부모의 지지나 승인 없이는, 또는 혼란스러운 메시지를 받은 경우, 아이들은 자신의 성취가 중요하지 않거나 감동적이지 않다고 단정 짓기 쉽다. 그들의 부모처럼 아이들은 자신이 이룬 것을 무시하는 법을 배울지도 모른다.

당신이 '부족하다'는 말을 듣는 것과 같은 분명한 메시지들이 있다. 그것은 '쓸모없는 녀석', '네가 그렇지 뭐', '도대체 언제 철들래?' 등의 다양한 형태로 나타날 수 있다. 이렇게 부정적인 메시지들은 부모에게서 온 것일 때 더욱 큰 상처를 줄 수 있다. 그들은 매일 아이들을 보고 속속들이 알기 때문에, 부모의 의견은 무게감이 다르기 때문이다. 어린 시절에는 이것이 한 사람의 견해에 불과하고, 이 사람의 판단이 틀렸을 수도 있다는 것을 아는 것은 불가능하기 때문에 그들이 말하는 것을 진실이라고 받아들이게 된다.

잘하고 있고 말을 잘 들을 때에만 부모가 사랑을 주거나 관심을 갖고, 잘하지 못할 때에는 불만족스러워하거나 화를 내고 무관심하다면, 이런 유형의 조건적인 사랑도 부정적인 영향을 미칠 수 있다. 학업에 대한 부모의 반응이 이를 나타내는 하나의 지표가 될 수도 있다. 예를 들어 당신이 숙제한 것을 보여주면 인정을 받기보다는 개선할 점만 듣게 되거나 어떻게 해도 부모에게는 늘 불충분하게 보일 수 있다. 아니면 당신이 어떤 일을 해도 부모에게는 늘 충분하지 않을 수 있다.

부모가 무관심할 수도 있다. 칭찬이나 긍정적인 피드백이 없는 것도 부정적인 피드백만큼이나 문제가 될 수 있다. 부모가 자녀에게 거의 또는 전혀 관심이 없거나, 무슨 일을 해도 늘 똑같이 잘했다는 얘기만 하면, 그것 역시 아이에게 영향을 미친다. 아이들은 어리석지 않다. 아이들도 자신이 노력했을 때와 노력하지 않았을 때를 안다.

나이가 들어 계속 성공을 이루어간다면, 이 성과는 자신이 갖고 있는 오래전의 평가와 충돌하게 되므로, 타인들이 당신을 잘못 알고 있음이 틀림없다고 믿으며 스스로를 자격 없는 사람처럼 생각할 수 있다.

가면증후군의 가장 강력한 예견 요인 중 하나가 성취에 관해 혼란스러운 메시지를 받는 것이다. 예를 들어, 시험점수나 교사들의 얘기와 부모의 얘기가 다를 수 있다. 역사시험에서 95점을 받았지만, 아버지는 왜 100점을 받지 못했냐고 야단칠 수 있다.

부모의 서로 엇갈리거나 혼란스러운 메시지들은 당신이 이루어내는 방식을 일관성 없이 강화시키기 때문에, 자신의 성취를 그대로 받아들이기 매우 어렵게 만든다. 이런 고객을 본 적도 있다. 클레미 Clemmie는 매우 똑똑한 여성이었지만, 그녀의 어머니는 클레미의 성취가 칭찬할 만한 것이 아니라고 생각했다. 클레미에게는 너무 쉬운 일이라 믿었기 때문이다. 따라서 클레미가 엄청나게 잘했을 때만 칭찬을 하고, 자랑스럽다는 말은 한 번도 하지 않았다. 대신 그녀의 어머니는 클레미에게 좋은 성적을 거두는 것이 어렵지 않다는 것을 계속 상기시켰기에, 클레미는 자신의 성취에 너무 크게 만족할 수 없었다. 하지만 클레미의 교사들은 그녀의 성취에 기뻐했다. 그리고 클레미는 종종 그녀의 어머니가 자신이 얼마나 훌륭하게 잘하고 있는지, 또 얼마나 천재적인지에 대해 친구들에게 자랑하는 것을 엿듣기도 했다. 어머니의 이러한 두 관점은 앞뒤가 맞지 않은 모순이었다.

아마도 당신의 삶에서 일어나고 있는 일에는 두 가지 모습이 있었을 것이다. 그리고 사기꾼 같다는 기분은 당신이 어렸을 때 느꼈을지도 모른다. 부모가 힘든 이혼을 겪어 당신의 가정생활이 혼란스러웠을 수도 있지만, 학교에서는 아무도 그 사실을 알지 못했고 당신은 아무 일 없는 것처럼 계속 연기했을 수 있다.

별명 붙이기와 비교

가정에서는 각각 다른 가족 구성원들을 '어지럼쟁이', '똑똑이', '말썽꾸러기'와 같은 개인적인 특성으로 분류하는 경향이 있다. 아이들에게 이런 별명을 부여하면 아이를 정형화하므로, 자기 실현적인 예언이 될 수 있다. 부모가 한 아이에게 어떤 역할을 부여하면 다른 가족 구성원들도 영향을 받는다. "형이 똑똑이라면 내가 멍청이겠군요!" 등이 그 예다. 즉 부모가 아이를 형제자매 등의 다른 가족 구성원과 안 좋게 비교할 수도 있다. 그 반대의 경우도 있을 수 있다. 당신이 뭔가를 잘했지만, 부모는 형제자매에 미칠 영향을 우려해서 당신을 콕 집어 칭찬하지 않았으며, 그 결과 당신의 성공과 성취가 축하받기는커녕 인정도 못 받게 되었을 수도 있다.

'똑똑이'라는 별명도 문제가 될 수 있다. 자신이 다른 사람들보다 똑똑하다고 교육받거나 학습이나 새로운 과제의 수행을 늘 쉽게 해낸 아이는 무언가를 이루는 데 어려움을 겪거나 모두가 매우 똑똑한 동료 집단에 속하게 되면 가면증후군이 생기기 쉽다. 대부분의 가면증후군 경험자들은 동료들 중에서 최고가 되어야 한다는 생각을 내심 품고 있다. 종종 그들은 학창 시절 내내 반에서 1위를 차지

했지만, 대학이나 직장과 같은 더 큰 환경에서는 탁월한 사람이 매우 많고, 자신의 재능과 능력이 전에 생각했던 것만큼 특별하지 않다는 것을 갑자기 깨닫는 다. 최고가 되지 못하면 자신의 재능을 무시하게 되어, 자신을 무능하다고 생각하게 만들 수 있다.

모호한 메시지

좋은 의도를 가진 부모도 의도치 않게, 아이가 비현실적인 믿음을 키우게 할 수 있다. 예를 들어 부모는 "그냥 최선을 다 하라"라고 이야기했지만, 아이는 그것을 "완벽한지 확인하라"로 받아들일 수 있다. 또한 부모가 자녀의 노력에 대해서만 보상을 했다면, 쉽게 얻은 성공은 무가치한 것으로 느껴질 수 있다.

심지어 지나가는 말도 항구적인 영향을 미칠 수 있다. "넌 그렇게 똑똑하지는 않지만, 참 열심이구나"라는 말을 들으면, 결코 성공할 수 없을 것 같은 느낌이 들 수 있다. 아니면 다른 누군가의 반응이 영향을 미칠 수도 있다. 예를 들어, 가장 친한 친구가 당신의 성공을 질투해서 냉랭하게 대할 수도 있다. 이런 경험 때문에, 다른 사람이 기분 나빠하면 뭔가가 잘 되도 기뻐하지 말아야 한다고 생각하게 될 것이다.

겸손을 요구하는 가풍 역시 영향을 미칠 수 있다. 덱스터Dexter 가족이 대표적이다.

성장기 동안 덱스터는 재능 있는 플루트 연주자였다. 천부적인 재능과 노력이 합해진 결과였다. 그는 연습에 열중했으며, 연주 실력을 높이겠다는 결심도 확고했다. 경연대회나 리사이틀 때는 긴장했지만, 침착하게 연주해서 상도 자주 받았다. 그의 부모는 덱스터에게 늘 기뻐했지만, 그의 성취를 한 번도 축하하지 않았으며, 그것에 관한 이야기도 거의 하지 않았다. 부모의 축하를 받는 친구들과는 사뭇 다른 환경이었다.

다른 부모들이 자녀들의 성공에 관해 이야기하면 덱스터의 아버지는 눈살을 찌푸렸다. "제니가 또 자기 아이들이 얼마나 훌륭한지 자랑하는 얘기를 들었나요?" 이런 말은 종종 뽐내는 것으로 여겨 나쁘게 이야기하는 경우가 많았다. 그로 인해 덱스터는 자신의 성취에 관해 이야기하는 것이 좋지 못한 행동이라는 교훈을 얻었으며, 자신의 성취를 다른 사람들에게 거의 말하지 않았다.

덱스터는 계속 잘했지만, 상을 받을 때마다 감흥이 점점 줄었다. 그는 자신의 성취를 기대했던 평범한 것으로 보기 시작했고, 이로 인해 그의 성공의 척도는 왜곡되었다. 누구도 그것을 대단하게 생각하지 않았으므로, 그 역시 그랬다.

어른이 된 그는 남들보다 훨씬 높은 기준을 자신에게 정했다. 그는 삶의 모든 측면에서 모든 일을 완벽하게 해낼 수 있어야 한다고 생각했으며, 자신의 성취를 거의 인정하지 않았다. 그는 성공 사실을 남들에게 알리지 않았으며, 성취에 별로 기뻐하지도 않았다. 따라서 자신의 성공을 받아들일 기회가 없었다.

자신의 과거를 돌아보는 것은 누구를 비난하기 위해서가 아니라, 자신을 더 잘 이해하기 위해서다. 자신의 믿음이 맞는지, 그것들이 과연 자신에게 도움이 되는지 방해가 되는지 물어볼 기회다. 우리가 자신에 관해 믿게 된 것들은 누구의 잘못도 아니다(명백하게 부정적인 메시지들은 예외다). 많은 경우, 우리의 부모는 그들의 어린 시절 경험을 기초로 그들에게 옳다고 생각되는 일을 했다. 덱스터의 부모 역시 성장과정에서 겸손이 중요하다고 믿게 되었을 것이다. 그들의 부모로부터 그런 믿음을 물려받았을 가능성이 크다.

어릴 때 특정 기술을 배우지 못하거나 건강한 행동방식을 배우지 못하면, 의도치 않게 다음 세대에게 물려줄 수 있는 맹점blind spot이 생길 수 있다. 부모 역시 사람이므로 이런 잘못을 저지를 수 있다. 이것을 이해하면, 부모의 시각에서 자신을 분리시켜서 그것이 잘못되었을 수 있음을 알아차릴 수도 있다.

자신이 가진 여러 믿음을 인식하고 나면, 질문을 던져서 지금 자신에게 그것이 옳은지 판별할 수 있다. 이번 장에서 지금까지 읽은 내용을 되새겨보라.

다음을 되새겨보라.

- 자신의 지능, 능력, 중요성, 가치에 관해 어린 시절 어떤 메시지를 받았는가?
- 어린 시절 사건이나 경험 중에서 자신에게 큰 영향을 미친 것은 무엇인가?
- 이런 메시지들이 자신에게 어떤 영향을 미쳤는가?

가족이 생각하는 성공이란?

우리는 성공과 실패가 어떤 모습인지, 또 가족 내에서의 경험을 통해 그것들을 어떻게 대처할 것인지 아이디어를 찾는다. 그러므로 당신이 자라면서 닮기를 열망했던 사람에게 큰 영향을 받을 것이다. 어린 시절에 일어나는 배움의 대부분은 관찰과 모방을 통해 습득되며, 역할 모델role model은 그 영향력이 매우 크다. 그들은 무엇을 성취할 수 있는 것을 보여주고 안내, 동기부여 및 영감을 제공한다. 대부분의 아이들에게 중요한 역할 모델은 그들의 삶에서 지속적인 영향력을 가진 부모와 보호자들이다. 어린 시절 부모의 삶을 보면서, 자신의 삶에서 원하는 것을 그려보게 된다. 부모에게서 영감을 받기도 하고, 부모와는 전혀 다르게 살고 싶다고 생각하기도 한다. 부모는 일에 대처하는 방법을 보여주는 모델 역할도 한다. 만약 당신과 가장 가까운 사람들이 실수나 실패를 용납할 수 없는 것으로 생각했다면, 당신도 그것을 받아들이게 될 가능성이 크다.

그들은 능력에 관한 당신의 믿음에도 영향을 미친다. 우리가 앞의 1장에서 살펴보았듯이(51~59쪽 참조), 당신의 능력 유형은 성장기 경험에 의해 형성된다. 만일 모두가 당신이 얼마나 똑똑한지 말해줬다면, 당신이 잘하는 것을 할 때는 언제나 그것을 쉽게 해낼 수 있어야 한다고 믿게 되거나('타고난 천재'), 완벽함만이 만족스러운 것이라고 믿게 될 것이다('완벽주의자').

만약 똑똑함에 대한 당신의 부모의 정의가 '쉽게 완벽해지는 것'이었다면, 이것은 당신의 관점을 왜곡한 것이다. 따라서 당신이 이 기준에 부응하지 못하고 있다면, 당신은 스스로 잘하지 못한다는 결론을 성급하게 내릴 수도 있다. 주변 사람들 모두 당신을 학문적으로 유능하다고 생각하지만, 당신은 정신적으로 쉬운 일이 아니기 때문에 자신에 대한 그들의 판단이 옳을 리가 없다고 믿는다면 자신은 불충분한 느낌이 커질 수 있다.

만약 가족의 경험 내용이 대체적으로 '지적 능력, 지성 또는 역량'이 얼마나 많은 학위를 보유하고 있는지와 관련이 있다는 메시지를 전달해 왔다면, 그럼 당신도 마찬가지로 같은 생각을 하게 될 것이다. 아마도 당신의 가족 모두가 의사, 변호사, 회계사일 것이며, 당신은 성공적이라고 여겨질 만한 전문직을 가져야 한다고 느낄 것이다.

이와 반대로, 역할 모델이나 멘토mentor의 부재는 가면증후군 느낌을 악화시킬 수 있다. 가족 중 최초로 대학에 가거나, 가족과는 다른 경력을 추구하는 경우가 대표적이다. 이 1세대 성취자들은 자신이 어디에도 어울리지 못한다는 것을 느낄 수 있다. 집에서도 어울리지 않는 존재이고, 새로운 환경에서도 그렇기 때문이다.

성공이 무엇을 의미하는지 가족으로부터 명확한 메세지를 받았는데 무언가 다른 일을 했을 때, 예를 들어 당신의 가족이 전문직을 갖는 것을 성공이라 여기는데, 현재 엔터테인먼트 산업에서 일하고 있다면, 이러한 불일치로 인해 자신의 성취를 인정하기가 매우 어려워질 수 있다.

그리고 이럴 경우 당신은 자신이 하는 일에 대해 더욱 의문을 품게 될 것이며, 다른 사람들이 당신의 일을 진지하지 않게 받아들인다고 생각할지도 모른다. 비록 당신이 성공했다는 것을 본능적으로 안다고 할지라도, 당신의 가족과 같은 관점에서 성공을 인식하도록 프로그램되었기 때문에 이것을 느끼기가 힘들 수 있다.

잠깐만 다음을 잘 생각해보라.

- 당신의 가족은 성공을 어떻게 정의했는가?
- 당신에게 무엇을 기대했는가?
- 당신의 역할 모델은 누구였는가?
- 어떤 성취를 기대했는가?
- 당신이 잘하거나 힘들어할 때 부모가 어떻게 반응했는가?

어린 시절 성공했던 순간을 찾아서 일어났던 일을 기억해보라.

- 어떻게 대접받았는가?
- 가까운 사람들이 어떻게 반응했는가? 당신에게 어떤 말을 했는가?
- 교사들이 어떤 말을 했는가?
- 그것이 당신에게 어떤 영향을 미쳤다고 생각하는가?

이제 당신은 어린 시절 실수를 했거나 실패했던 때를 되돌아보고, 자신에게도 같은 질문을 해보라. 지금 당신이 하고 있는 일은 가족 내에서 성공으로 정의된 것과 일치하는가?

　나이가 들어감에 따라 우리는 사회와 또 우리가 속한 집단에서 즉, 대학에서, 그리고 우리의 직장에서 영향을 받게 된다. 우리 주변에 있는 사람들도 우리의 믿음과 가치에 영향을 미친다. 특히 우리가 존경하는 사람들은 더욱 그렇다. 따라서 이러한 사회적 조건은 성공과 실패에 관한 우리의 생각에 영향을 줄 뿐만 아니라, 우리의 자아 개념과 정체성을 계속해서 형성해나간다. 만약 당신이 기업의 일원이고 재정적인 성공이 핵심이라면 당신의 재정적 성공이 자신에게도 중요해질 것이다. 또 만일 교만을 추하다고 여기고 겸손이 중요하다고 생각한다면, 당신은 자신의 성공을 과소평가할 것이다. 그리고 모두가 밤늦게 근무할 때 당신도 그렇게 일한다면, 그것이 이상해 보이지 않을 것이다.

오래된 믿음에 의문 제기하기

　당신의 성격과 경험, 그리고 가족의 성공에 대한 관점이 모두 결합되어 당신의 믿음을 형성한다. 가면증후군을 겪고 있는 사람들은 자신이 불충분하거나 어떤 면에서 자격이 없다고 느끼며 부족하다고 단정 짓는 경향이 있다. 그들은 항상 이런 감정을 느끼지 않을 수도 있지만, 이러한 감정이 촉발되어 자신이 무엇을 하고 있는지 확신이 없거나, 다른 사람들의 기대에 부응할 수 없다고 느끼는 상황에서는 우리가 2장에서(69쪽 참조) 살펴본 불안함을 불러일으킨다. 우리의 믿음은 우리의 행동에 큰 영향을 미치고 있다. 앞으로 우리는 다음 몇 개의 장에서 가면증후군이 영향을 미칠 수 있는 다양한 방식을 살펴볼 것이다.

지금은 당신에게 생각할 것을 남겨놓을 것이다. 당신은 오래전에 이런 믿음을 얻은 후 계속 그 믿음을 키워왔다. 하지만 처음부터 그 믿음이 옳지 않다면 어떨까? 당신의 경험에 근거해서, 당신이 가진 결론에 이르게 된 것은 충분히 이해할 수 있다. 당신은 성장하면서 접근할 수 있는 제한된 정보를 바탕으로 세상을 바라보는 시각을 구축했지만, 그렇다고 해서 의심할 여지없이 그대로 유지해야 하는 것은 아니다.

사실 당신의 믿음에 의문을 제기하는 것이 더욱 중요하다고 말하고 싶다. 왜냐하면 그것들은 오류에 쉽게 빠질 수 있기 때문이다. 나는 당신이 인생에서 가장 중요한 것들, 즉 인간관계, 목표 달성 정도, 혹은 삶에서 원하는 것들을 자주 재평가할 거라고 확신한다. 이처럼 우리가 우리 자신에 대해 어떻게 생각하는지도 예외가 될 수 없다. 재평가해야 한다.

이 책을 읽는 과정에서 우리가 해야 할 일은 자신의 관점을 허물어서 그것을 자세히 보고, 재평가하고, 새롭고 더 나은 방식으로 다시 조립할 수 있도록 하는 것이다. 나는 당신의 믿음을 새롭게 하고 무엇이 중요한지 알아내길 바란다.

성공에는 그것이 학위든, 실현 가능한 업적이든, 또는 전업주부가 되는 것이든, 아니면 명인의 견습생이 되는 것이든, 대기업에서 일하는 것 등 다양한 형태가 있다. 가장 중요한 것은 성공이 당신에게 어떤 의미인지 알아내는 것이다. 이 책을 읽어나가면서 우리가 그것을 함께 생각해볼 것이다. 모든 것을 해체하는 것이 불안할 수 있지만, 이것을 견고한 기초 구축을 위해 필요한 단계로 생각하라. 낯설게 느껴질 수도 있지만, 장기적으로는 더 안정감을 느끼게 해 줄 것이다.

믿음을 그냥
업데이트하면 안 되나?

"우리의 뇌가 항상 합리적이지는 않다.
우리가 옳다고 믿는 생각에는 감정적으로 집착하고,
옳지 않다고 믿는 생각에는 저항한다."

- 믿음이 어떻게 작용하는지 이해한다.
- 당신의 믿음이 항상 옳은 것은 아니라는 것을 인식할 수
  있다.
- 이러한 믿음이 당신에게 어떤 영향을 미치는지 알게 된다.

이제 당신은 자신에 관해 유지하고 있는 믿음과 그것들이 어디에서 왔는지 잘 이해하게 되었을 것이다. 이런 믿음들이 늘 옳지는 않다는 것도 이제는 분명해졌기를 바란다. 다음 단계로, 이런 믿음들이 당신에게 미치는 영향을 살펴보려 한다. 우리는 여기서 조금 더 전문적으로 배워볼 것이다! 나이가 들어감에 따라 자연스럽게 믿음이 바뀐다고 생각하기는 쉽다. 당신이 믿는 것이 틀렸다는 것을 증명할 증거가 많이 있더라도 이처럼 자연스럽게 바뀐다고 말이다. 종종 바뀌는 경우가 일어나기도 하지만 당신이 생각하는 만큼 흔하지 않다. 당신이 이것의 좋은 예이다. 당신은 성공을 거두었고, 다른 사람들에게서 당신의 업적에 대해 칭찬을 받았다. 하지만 당신은 이것을 받아들이기보다는 여전히 당신 자신과 당신의 능력을 의심하고 있다. 그 이유가 뭘까? 자신이 옳다고 믿고 있는 핵심 믿음이 바뀌지 않았기 때문이다. 그 믿음이 끼치는 '영향'

때문에, 비록 그것이 옳지 않을지라도 당신은 그 믿음을 새롭게 할 수 없다. 조금은 혼란스럽게 들리겠지만 나와 함께 이 책을 계속 읽어주기 바란다.

이를 이해하기 위해서는 다음을 살펴봐야 한다.

- 믿음의 기능
- 감정이 믿음에 미치는 영향
- 확증편향: 보고 싶은 것만 본다
- 당신이 자신의 관점을 새롭게 할 수 없는 이유

믿음의 기능

우리의 뇌는 감각을 통해 들어오는 정보를 끊임없이 처리하고 있다. 믿음은 인지적 부담을 줄여준다는 점에서 유용하다. 그것들은 새로운 정보를 찾고 해석할 때 과거 경험과 기억을 참조함으로써 정보를 처리할 수 있는 체계를 제공한다.

앞의 3장(83쪽 참조)에서의 예시를 다시 생각해보자. 우리가 '저것은 새다'라는 정보를 반복적으로 제공받으면, 우리는 스스로 그것들을 식별할 수 있게 되면, 나중에는 이 지식을 다른 새들을 식별하는 데 사용할 수 있다.

마찬가지로, 우리의 믿음은 우리가 정보를 체계화하고 해석할 수 있도록 도움으로써, 우리를 둘러싼 세상을 이해하는 데 기여한다.

그리하여 믿음은 우리가 우리 주변 환경에서 발생되는 방대한 양의 정보를 해석하는 데 지름길(가장 쉽고 빠른 방법)을 택할 수 있게 해준다.

우리가 처음 접하는 것처럼 모든 것을 처리하려고 한다면, 많은 일을 완료하지 못할 것이다. 따라서 이 지름길은 우리가 일상에 대해 너무 많이 생각하지 않고 루틴routine을 따를 수 있게 해주고, 우리의 환경에 관련된 것을 필터링할 수 있게 해준다. 당신의 아침 루틴이나 출근 경로를 생각해보라! 그것은 당신의 삶의 일부를 자율주행모드로 작동시키면, 시간과 에너지가 절약된다.

이것은 우리의 믿음이 일단 형성되면, 그것은 단순히 우리가 가진 견해가 아니라 이러한 기존의 기대의 조건(관점)에서 외부세상을 해석하는데 영향을 끼친다는 것을 의미한다. 믿음은 우리가 하는 모든 일에 영향을 미치며, 우리의 생활방식에서 핵심적인 역할을 한다. 모든 사람이 그렇다

믿음은 우리가 다음과 같이 하도록 돕는다.

- 세상을 단순화한다: 새로운 경험과 기존 믿음의 비교를 통해, 새로운 정보를 분류해서 범주화할 수 있다.
- 빠르게 사고한다: 기존 믿음이 우리가 새로운 정보를 신속·정확하게 흡수할 수 있도록 도와주기 때문에, 상황을 해석하는 데 많은 시간을 쓸 필요가 없다.
- 빠르게 배운다: 정보가 기존 믿음에 부합하면 더 쉽게 배울 수 있다.

이것은 다른 언어로 말하는 방법을 온라인 번역 도구를 사용하여 알아내는 것과 약간 비슷하다. 모든 단어를 하나하나 검색해야 한다면 시간이 많이 걸릴 것이다. 대신 단어와 구문을 복사해서 붙여 넣을 수 있으면, 원하는 말을 이야기하는 법을 즉시 찾을 수 있다. 문제는 번역 도구가 늘 정확하게 의미를 전달하지는 않는다는 것이다. 언어의 미묘한 의미를 살려내지 못하는 경우가 많고 올바른 억양과 어조로 단어들을 발음한다는 보장도 없다. 도움은 되지만 전적으로 신뢰할 수는 없다. 우리의 믿음과 비슷하다.

중요한 점은 우리의 믿음이 정보를 처리하는 방식에 영향을 미친다는 것이다.

- 우리가 어떤 대상에 관심을 기울일지에 영향을 미친다: 우리는 자신의 믿음에 부합하는 의견에 주의를 집중할 가능성이 크다.
- 정보를 다루는 방식을 바꾼다: 새로운 정보가 기존 믿음에 부합하지 않으면, 때때로 사람들은 새로운 정보를 왜곡하거나 바꿔서 이미 알고 있는 것에 맞춘다.
- 믿음을 바꾸기는 매우 어렵다: 우리는 모순된 정보에 직면하여 우리의 믿음에 집착하는 경우가 많다.

이러한 편향(한쪽으로 치우침)은 우리가 반대되는 증거를 봐도 우리의 기존 믿음을 고수하는 이유 중 하나이다. 믿음은 우리가 정보를 발견하고 해석하는 방식에 영향을 미치지만, 적절히 제어하지 않으면 몇 가지 불행한 부작용도 유발할 수 있다.

감정이 믿음에 미치는 영향

우리는 주위 사람들로부터 배운다. 하지만 배울 때 가까운 사람들에게서 듣는 메시지를 그냥 받아들이지는 않는다. 감정 역시 동반되며, 우리의 추론과 감정이 하나로 융합되어 믿음이 탄생한다. 따라서 우리 뇌가 늘 합리적이지는 않다. 우리가 옳다고 믿는 생각에는 감정적으로 집착하고, 옳지 않다고 믿는 생각에는 저항한다. '그래야 한다는 느낌이 강해'라는 말을 생각해보라. 이 말에 '느낌'이란 단어가 포함된 이유가 있다.

믿음에 주의를 기울이면 생각뿐만 아니라 결부된 감정도 떠오른다. 진화 덕분에 우리의 감정은 이성적 추론보다 훨씬 빠른 속도로 반응한다. 우리의 매우 반응성이 좋은 위협 탐지시스템은 천적뿐만 아니라 정보에도 반응한다. 추론은 훨씬 느리고 신중하게 진행되므로, 그때쯤이면 쉽게 촉발되는 우리의 감정은 이미 우리의 반응에 색을 입혀(느낌은 사실이 아님을 기억하라), 정보 처리방식이 왜곡된다.

자신에 관한 부정적인 믿음처럼 강한 감정이 동반된 믿음은 훨씬 더 변화시키기 어렵다. 우리의 집착이 매우 강하기 때문에, 떼어내는 것이 불가능한 우리의 한 부분처럼 느껴진다. 바로 이것이 상반되는 매우 합리적인 증거가 존재함에도 불구하고, 우리가 부정적인 믿음에 강하게 집착하는 이유다. 이런 믿음이 자리 잡고 나면 자신의 편향을 확증해주는 정보만 찾게 된다. 그리고 자신의 시각이 옳음을 보여주는 정보만 편식한다. 여러 해 동안 우리는 자신의 시각을 뒷받침하는 정보를 점점 더 많이 추가한다. 애초부터 틀린 믿음일 때도 그렇다. 터널 속에 있을 때와 비슷하다. 자신의 시각이 옳음을 입증하는 정보만 보이고, 다른 모든 것은 보지 못하는 상태가된다. 이 과정을 '확증편향*'이라고 부른다.

확증편향

유명 심리학자인 레온 페스팅거Leon Festinger의 저서 『인지부조화이론A Theory of Cognitive Dissonance』에는 확증편향의 유명한 사례가 나온다. 그는 도로시 마틴Dorothy Martin을 지도자로 하는 소규모 사교집단인 시커스Seekers에 잠입했다. 이 집단의 구성원들은 자신들이 외계인과 소통한다고 생각했으며, 소통하는 외계인 중 한 명은 예수 그리스도의 환생이라고 믿었다.

● confirmation bias: 자신의 기대와 믿음에 부합하는 정보를 찾고 선호하는 경향.

도로시는 자동 기록 방식으로 외계인의 메시지를 받아 적었다. 이 집단은 1954년 12월 21일에 종말이 올 것이지만, 자신들은 외계인에게 구조될 것이라고 믿었다. 그들은 외계로의 출발을 준비하기 위해, 직장과 가족을 떠났으며 소유물도 주변에 모두 나눠줬다.

12월 21일이 지났지만, 예언을 의심하고 자신들이 틀렸을 가능성을 인정하는 대신, 그들은 새로운 변명을 찾아냈다. 자신들이 마지막 순간에 종말을 모면하였다는 것이다. 자신들이 예언을 기꺼이 믿었기 때문에 지구를 구할 수 있었다는 것이다. 일자리와 가족을 잃고 언론의 조롱도 받았지만, 그들은 믿음을 버리지 않았다. 종말이 일어나지 않았다는 사실은 그들의 확신을 키우는 결과만 초래했다.

확증편향은 가면증후군의 자기충족self-fulfilling적 특성을 설명하는 데 도움이 된다. 우리는 우리의 믿음을 뒷받침하는 증거에 더 큰 주의를 기울이고 초점을 맞추지만, 상충되는 정보는 믿지 않거나 무시한다. 자신의 믿음을 뒷받침하는 방식으로 경험을 해석한다는 것을 의미한다.

확증편향은 새로운 정보를 해석하는 방식에 영향을 미칠 뿐만 아니라, 그것은 애초에 우리가 찾고 있는 것과 특정 질문이나 결정에 반응하여 소환되는 기억에도 영향을 끼친다. 강한 감정이 결부되면 확증편향이 발생할 가능성이 훨씬 크다. 배우자의 불륜이나 자녀의 나쁜 행동을 믿고 싶지 않을 경우, 다른 모든 사람(결부된 감정이 크지 않아서 그 사실을 받아들이는 데 문제가 없는 사람들)이 보기에는 명백한 행동에도 구구절절 긴 설명을 늘어놓을 수 있다. 이런 일이 보통 자동으로 진행되므로, 자신이 그런다는 것을 눈치 채지도 못한다.

가면증후군과는 다른 어떤 것 즉 당신이 선호하는 정당이나 좋아하는 스포츠팀과 같은 다른 것을 생각해보라. 당신은 자신의 견해에 반하는 정보를 듣거나 찾지 않는다. 다른 정당들과 그들의 정책? '쥐새끼 같은 놈들!' 라이벌 스포츠팀? '반칙만 하는 놈들!' 자신이 옳았다고 믿었던 최근의 논쟁을 기억해보라. 자신이 옳다는 데 너무 몰입하면, 다른 사람의 말은 모두 무시할 수 있다. 자신의 추론은 강화하면서 다른 모든 것은 무시하게 된다. 감정이 잦아들어야 다른 사람의 얘기가 들리기 시작하고, 그들의 관점을 고려해볼 여유도 생긴다.

스스로를 살펴보라: 성공을 과소평가하는 이유

가면증후군은 확증편향의 완벽한 예다. 당신은 오래전에 자신이 부족한 사람이라고 결정한 후, 그것을 뒷받침하는 논거를 머릿속에 오랫동안 쌓아왔다. 이 믿음에 부합하지 않는 정보는 모두 무시한 채, 자신에 관한 강력한 편향을 작동시켰다. 이 확고한 믿음이 당신의 전진을 가로막는 가장 큰 장애물 중 하나다. 당신은 수치심을 느낄 가능성조차도 두려워하기에, 다른 접근법을 택하는 위험을 감수하지 않으려 한다. 따라서 다른 시각을 고려해보는 것은 불가능하다.

당신은 자신은 옳고 다른 사람들은 모두 틀렸다고 확신하며, 그것을 증명하기 위해 할 수 있는 모든 일을 할 것이다. 자신이 잘할 때 적용하는 규칙과 못할 때 적용하는 규칙이 달라서, 성공은 행운이나 요행 같은 외부상황 탓으로 돌리고, 실패는 개인적 잘못 탓으로 돌린다. 이미 오랫동안 이렇게 해왔기에, 이제는 자동이다. 좋은 정보는 모두 거부하고, 나쁜 정보에는 귀를 기울인다.

건설적인 비판, 부정적인 피드백, 실수 등은 모두 자신이 불충분하다는 증거이다. 당신은 머릿속에서 이것을 복습하면서 아주 자세히 재생한다.

당신은 자신의 성취를 자기 것으로 여기지 못하며, 그것을 자축하지도 않는다. 자신이 칭찬이나 인정을 받을 만한 자격이 없는 이유에 초점을 맞추기 때문이다. 당신이 자신의 성공을 과소평가하는 이유는 매우 많다. 몇 가지 예를 들면 다음과 같다.

일반
- 운이 좋았거나 요행이었어.

- 나는 훌륭한 배우야.
- 내가 그들을 속였어.
- 그들이 나를 좋아하기 때문이지. 그들이 공손해서 그런 거지. 예의를 차리느라 그런 거지.
- 별거 아냐.
- 실제보다 더 인상적으로 들리는 걸.
- 도움을 많이 받았어.
- 그냥 아주 열심히 했어.
- 내가 할 수 있으면, 누구라도 할 수 있어.
- 적당한 시간에 적당한 장소에 있었던 것뿐이야.
- 그들은 기준이 낮아.
- 그들이 실수했어.
- 그들이 나를 측은히 여겼어.
- 소수자우대정책 덕분이야.
- 하려는 사람이 아무도 없었어.
- 내 정체가 발각되는 건 시간문제야.

구직

- 인맥 덕분이야.
- 내가 면접은 잘하잖아.
- 내가 이력서는 좋잖아(내가 스펙은 좋잖아).
- 지원자가 아주 적었어.

학교

- 올해는 경쟁률이 낮았을 거야.
- 대기자 목록에 있다가 합격했으니, 그들이 나를 정말 원했던 것은 아니야.
- 채점 오류야.
- 잘못된 사람을 합격시켰어.
- 행정 오류야.
- 인기 없는 교육과정을 골랐어.

누군가가 긍정적인 피드백이나 칭찬을 하면, 당신은 그것을 무시할 뿐만 아니라, 흔히 거기서 한 걸음 더 나아간다. 그들이 잘못 판단한 이유를 이야기하고 그 과정에서 자신을 폄하한다. 당신은 이렇게 이야기한다. "실제로 그만큼 좋지는 않아요. 망친 부분도 몇 군데 있거든요."

심지어 과제가 완료되어도, 당신의 시각은 바뀌지 않는다. 당신의 능력 유형 때문이다. 처음에는 안도감과 성취감을 느끼지만, 곧 사라진다. 금방 당신은 과제 완료와 자신의 능력 사이의 관계를 부정하고, 자신의 개인적 기여에 관한 긍정적인 메시지도 거부한다. 성공에 관한 자신의 인식에 부합하지 않기 때문이다. 자신이 얼마나 잘해야 하는지에 관한 생각이 당신의 머릿속에 있어서, 자신에게 믿을 수 없을 정도로 높은 기준을 정한다. 능력의 의미에 관한 시각이 왜곡되어 있기 때문이다.

당신이 누구도 달성할 수 없을 정도로 높은 기준을 스스로에게 정하기 때문에 그것을 달성하는 것은 불가능하다. 하지만 당신의 실제 성공이 자신이 정한 이상적인 성공 기준에 부합하지 않으면, 당신은 다른 사람들의 이야기는 무시한다. 자신이 얼마나 잘했는지에 관한 개인적인 시각에 맞지 않기 때문이다. 따라서 성공하면 기분이 좋아지기는커녕, 사기꾼 같다는 느낌이 강화된다. 잘했음에도 불구하고, 자신이 스스로에게 정한 높은 기대와 이상적인 성공 개념은 충족하지 못했기 때문이다.

이 과정은 '세모, 네모, 동그라미 등의 토막을 맞는 구멍에 끼워 넣는' 모양 맞추기 장난감과 비슷하다. 긍정적인 정보는 정확한 모양의 정보가 정확한 각도로 와야 통과된다. 반면, 부정적인 정보는 큰 양동이에 들어가므로, 어떤 것이든 상관없다. 긍정적인 피드백이나 성취를 내면화할 수 없다는 뜻이다. 다른 사람이 뭐라고 말하든, 당신은 자신의 능력을 의심하고, 자신이 다른 사람들을 속여서 여기까지 왔다고 생각한다.

이것은 거짓 겸손의 징후가 아니다. 자신이 잘하고 있다는 것과 유능하다는 것을 인식하는 순간도 있지만, 그 빈도는 가면현상의 심각도에 따라 달라진다. 하지만 새로운 정보를 받아들이지 않기 때문에, 자신에 관한 시각은 전혀 바뀌지 않는다. 실제로 당신은 자신이 잘못하는 일과 잘못했던 일에 초점을 맞추므로, 그것을 거의 인식하지 못한다. 그런 정보는 당신이 가지고 있는 믿음과 능력에 관한 인식에 부합하지 않으므로, 당신이 스스로 잘했다고 생각할 가능성은 거의 없다. 이런 믿음을 고수하는 한, 변화의 가능성은 거의 없다.

성공을 자신의 일부로 만들고 칭찬을 받아들이는 것이 당신에게 그렇게 어려운 것도 당연하다. 강한 감정적 반응까지 동반되면, 상황을 다르게 보기는 훨씬 더 어렵다. 이 때문에 어린 시절에 발전시킨 자신에 관한 시각과 믿음을 새롭게 하지 못하게 한다. 자신이 거둔 성공에서도 단절된다.

성공으로 연결하기

좋은 일에 쏟는 시간을 생각해보라. 그다음에는 불만족스러운 일에 시간을 할애하는 것을 생각해보라. 굳이 대답을 듣지 않아도, 당신이 마음에 들지 않는 것을 생각하는 데 훨씬 많은 시간을 쓴다는 것을 알 수 있다.

마음속에 있는 좋은 일을 되새기거나 다른 사람들에게 이야기하지 않으면, 그것이 당신의 마음속에 자리 잡을 수 없다. 이럴 경우 자신의 성취에서 단절된 상태로 남게 된다. 다른 시각을 뒷받침하는 증거가 엄청나게 많아도, 당신은 성공을 자신과 관련지을 수 없다. 그것에 관해 생각하거나 이야기하지 않기 때문이다. 가끔은 볼 수 있지만 그것은 마치 불투명한 유리창 너머로 보는 것과 비슷해서, 분명하게 보이지도 않으며 초점을 맞출 수도 없다. 따라서 성공을 내면화할 수도 없다.

내가 말하는 성공의 내면화는, 성공을 생각하고 그것을 마음속에 간직하는 것을 의미한다. 그래서 성공이 자신의 일부가 되게 하는 것이다. 칭찬과 긍정적인 피드백도 좋지만, 자신이 얼마나 잘하고 있는지에 관한 내면의 척도를 구축하려면 그것들을 내면화할 수 있어야 한다.

외부의 인정은 항상 다른 사람이나 외부 대상에 의존하기 때문에 그 자체로 불안정하다. 하지만 내면의 기록은 당신이 하고 있는 모든 것을 고려하기 때문에 훨씬 더 정확하고 안정적이다. 그리고 당신의 능력을 되돌아보면서 자신의 능력을 더 완전하게 인식할 수 있도록 한다. 자신에 대한 확신이 서지 않을 때, 내면의 기록을 활용하면 자신의 능력을 알 수 있으므로 다시 차분해질 수 있다.

자신이 한 일과 연결되지 못하면 문제가 지속된다.

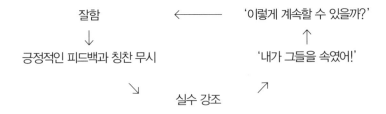

설령 당신이 다시는 실수를 하지 않고, 믿을 수 없는 일을 해내면서 남은 평생 정기적으로 칭찬을 받는다하더라도 당신의 관점은 바뀌지 않을 것이다. 그럴 수밖에 없는 이유는 당신이 새로운 정보를 받아들이지 않은 채 믿음이 형성되었던 그 당시의 시간대에 갇혀 있기 때문이다.

다행스럽게도 당신은 이러한 확증편향에 맞서 싸울 수 있다는 것이다. 그러려면 많은 노력이 필요하고 적극적으로 확증편향의 오류를 입증해야 하지만, 당신이 일련의 진행과정에 익숙해지면 그것들을 식별하고 변화를 만드는 것이 더 쉬워질 것이다. 그래서 당신은 자신의 성공을 인정하고 자신을 가치 있는 사람으로 바라볼 수 있다. 감정은 배제하고 증거를 살펴야 한다.

검토 및 재평가

이제 당신은 무엇이 가면증후군을 일으키는지, 그리고 반박할 새로운 증거가 너무 많음에도 불구하고 왜 그 믿음이 여전히 남아있는지를 잘 이해하게 되었다. 당신이 보는 편향된 정보에 따르면 당신의 결론이 옳지만, 당신이 보는 것은 전체 그림의 매우 작은 일부에 불과하다. 몇 걸음 뒤로 물러나서, 모든 것을 들여다보고 전체 그림을 감상할 수 있도록 해보라.

그러기 위해서는 감정은 배제하고 대신 증거를 살펴보아야 한다. 얼마나 크든 작든 상관없이 지금까지 해온 모든 것을 검토하여 당신의 성취를 전부 기록해보라. 충분한 시간을 들여서 이 작업을 철저히 수행해보라. 오랜 시간이 걸리겠지만, 그럴 만한 가치가 있다. 걱정하지 마라, 당신이 이 새로운 정보에 착수한다고 해서 자만심에 빠지지는 않을 것이다. 당신은 자신이 설정한 높은 기대치가 있다. 이제 그것을 알아차릴 때다.

이것을 당신의 그릇된 믿음에 반하는 증거를 모으는 과정으로 생각하라. 이 과정이 없으면 확증편향을 업데이트할 수 없으며, 새로운 정보에 적극적으로 관심을 기울이기도 훨씬 어렵다. 당신이 한 모든 일을 기록해 놓으면 당신의 업적에 대해 생각할 시간을 가질 수 있고, 또 그것들이 종이 위에 작성된 모습도 볼 수 있다.

당신이 생각할 수 있는 모든 성과를 찾아서, 크고 작은 성과에 관계없이 모든 것을 작성한다. 머리에 떠오르는 것이 있으면 일단 적어라. 의문을 갖지 마라. 변명이 끼어들 여지를 주지 마라. 지금은 그것들을 멀리해야 한다. 내가 알고 싶은 것은 '무슨 일'이 일어났는지 뿐이다. 어떻게? 또는 왜? 일어났는지가 중요한 일이 아니다.

다음을 포함시켜라.

- 시험 및 자격
- 승진 및 봉급인상
- 친구, 가족, 동료의 찬사 및 칭찬
- 역할 수행: 회의 주제, 학부모회PTA 운영, 한 부분의 리더나 의장 혹은 수장이 되는 것
- 극복했던 역경, 면접, 힘든 수업
- 가족생활이나 취미생활에서 개인적인 성공

당신의 리스트에 '나의 성취'라는 제목을 붙여라. 포함시킬 항목

에 관한 정답은 없다. 모든 것이 중요하다. 목록 작성을 한 주 내내 해도 되고 며칠 동안 해도 된다. 자신의 삶을 되돌아보기 시작하면 서서히 아이디어가 떠오를 것이므로, 그것들을 목록에 추가하면 된다.

목록을 완성했으면, 처음부터 끝까지 읽어보라. 지금까지 자신이 이룬 것을 봤는가? 내가 당신에게 다른 사람이 이 모든 일을 했다고 말한다고 상상해보라. 당신은 그 사람을 어떻게 생각하겠는가? 만약 다른 사람이 이 목록을 본다면, 그들은 당신에 대해 어떻게 생각할까?

이 목록은 당신이 머릿속에 담고 있는 것과는 매우 다른 그림을 보여준다. 당신은 이 목록을 이용해서 자신이 누구인지, 자신이 무엇을 할 수 있는지에 관한 생각을 정리해야 한다. 그것을 마음에 새기고 잊어버리지 마라. 매일 이 목록을 다시 읽고 새로운 것을 추구하라. 그것을 바탕으로 새로운 믿음을 구축하라.

당신의 부정적 편향 때문에, 이 문제가 그렇게나 오랫동안 지속되어 왔다. 자신이 부족한 사람이라는 당신의 믿음이 사실에 기반을 두고 있지 않다는 것은 분명하다. 그것은 감정에 의해 발생한다. 당신은 이 목록을 아직 완전히 믿지 못할 것이다. 하지만 이 목록이 당신 자신임을 보여주기 위해 우리가 할 수 있는 일이 훨씬 더 많다. 이 목록은 운이나 속임수가 아니라 당신이 할 수 있는 일이다. 당신은 모두를 속일 수 있을 만큼 훌륭한 배우가 아니다.

다음 단계

　　이제 자신에게 정직해야 할 때이다. 인간으로서 우리는 편향되기 쉽다. 이 점을 염두에 두고 잠시 멈춰서, 지금까지 다룬 모든 내용을 생각해 보기 바란다.

　자신에 대한 그릇된 견해를 믿게 된 다양한 이유를 생각해보라.

- 자신을 불충분한 사람이라고 확신시키기 위해 이렇게 다양한 목소리와 전술이 필요하다는 것이 이상하지 않은가?
- 성공이 어떤 것이든 간에 주장과 이유가 어떻게 변하는지 주목한다.
- 모든 성공이 외부 요인 때문이고, 모든 실패는 자신 때문이라는 주장이 올바를 수 있을까?, 실패는 전적으로 자신의 몫이라는 것이 사실인가?
- 다른 모든 사람에게도 동일한 규칙을 적용하는가?

　이 모두가 앞뒤가 맞지 않는다는 것이 더 분명해졌기를 바란다. 당신의 믿음을 뒷받침하는 확실한 논거가 없다는 것은 자신에 관한 당신의 믿음이 옳지 않다는 것을 암시한다. 자신에 관한 믿음이 틀렸을 수 있다는 의심이 들면, 방금 한 말을 기억하기 바란다. 변화에 성공하기 위해서는 그 잘못된 믿음에 몇 가지 균열을 만드는 것부터 시작하여, 오랫동안 고수해온 믿음을 해체해야 한다(버려야 한다). 그리하여 믿음들에 집착하는 정도가 줄어들면, 이 새로운 관점을 고려해볼 여유가 생길 것이다.

가면증후군 쌍둥이:
과로와 회피

"지금까지 최선을 다했지만,

당신의 잘못된 대처전략 때문에

상황이 나아지기는커녕 더 나빠졌다."

체크 포인트 수행할 목표

- 자신의 믿음이, 자신이 일상적으로 적용하는 대처전략에 미치는 영향을 인식한다.
- 그런 대처전략이 자신이 세상과 상호작용하는 방식에 미치는 영향을 생각해본다.

이제 당신은 가면증후군이 무엇인지, 그리고 왜 그것이 당신에게 영향을 미치는지 잘 알게 되었다. 뿐만 아니라 당신이 자신에 대해 갖고 있는 믿음과, 또 왜 이것들이 당신의 성취와 단절되게 하는지도 인식하게 되었다. 이번 장에서는 이런 믿음이 일상에서 사용하는 대처전략에 어떤 영향을 미치는지 보여주고, 또 이러한 전략이 과업을 해결하고 세상과 상호작용하는 방식에 미치는 영향을 고려하도록 도울 것이다.

이러한 대처전략은 '과로와 회피'라는 두 가지 방식으로 각각 나타난다. 과로와 회피는 당신의 정체성을 과거에 고착시키면서, 당신이 현재 하고 있는 좋은 일들과 단절된 상태로 남아 있게 하는 요인 중 하나이다. 이 장을 체크리스트로 사용하여 가면증후군이 당신 및 당신이 사용하는 대처전략에 어떤 영향을 미치는지 이해하기 바란다.

대처전략의 문제점

자신이 여전히 능력이 부족한 사람일지 모른다는 두려움을 안고 살면, 그런 두려움이 아무리 깊숙한 곳에 있더라도, 다른 사람들의 눈에 띄지 않기 위해서나 혹은 사람들의 눈에 띄었을 때의 수치심을 피하기 위해서 최선을 다하게 된다. 그 결과 자신의 생활을 관리하고 자신의 안전을 유지하고 다른 사람들이 진실을 발견하지 못하게 하기 위해서, 몇 가지 대처전략을 마련하게 된다.

모든 사람이 일상생활을 관리하기 위해 대처전략을 사용한다. 대처전략은 스트레스를 유발하는 사건의 극복, 감내, 감소 및 최소화에 도움이 된다. 또한 우리는 자신에 관한 믿음에 대응하기 위한 목적으로도 대처전략을 개발한다. 자신이 불충분하다고 걱정하는 경우, 누구도 그것을 알아차리지 못하게 하면서 이런 생각이 떠오르지도 않게 하는 대처전략을 개발할 것이다. 이것들은 우리가 자라면서 배운 대처기술에 해당하는 경우가 많다. 이런 기술은 우리가 경험하는 사건들에 대응하는 과정에서 개발된다. 이렇게 개발된 대처전략이 도움이 되는 대처전략도 있을 수 있고, 문제를 악화시킬 수 있는 대처전략이 있다는 점을 알아야 한다.

예를 들어 누군가에게 이야기를 하면 기분이 나아진다는 것을 알게 되거나, 운동을 하면 스트레스가 풀리고 기분이 좋아진다는 것을 알게 될 수도 있다. 이런 것들은 능동적인 대처전략이며 유익하다. 하지만 감정에서 자신을 단절 시키는 것, 자신을 단절시키는 것, 다른 사람에게 자신의 느낌을 전혀 이야기하지 않는 것 등이 대표적이다. 이런 회피형 대처전략은 우리가 문제를 해결하지 못하게 하거나 악화시킨다.

가면증후군을 유발할 수 있는 경험들을 생각해보면, 당신이 자신의 기분을 나아지게 하는 방법을 찾으려 했던 것은 이해할 만하다. 당신이 형제자매 중 덜 똑똑한 아이였다면 늘 열심히 해야 한다고 다짐한 후, 과로했을 수 있다. 이와 반대로 당신에 대한 기대가 컸다면, 무언가를 시도해서 실패하기보다는 자신 없는 일은 아예 시도도 안 하기로 결심했을 수 있다.

당신의 해석에 따르면, 당신의 반응은 이해할 수 있다. 자신이 실제로 능력이 부족한 사람이라면, 정체가 발각되지 않도록 하기 위해 이런 일을 해야만 한다. 당신이 하는 모든 일의 목표는 다른 사람들이 '진실'을 발견하지 못하도록 막는 것이며, 당신의 전략은 어느 정도 효과가 있다. 단기적으로 당신의 대처전략은 당신을 더 안전하고 더 기분 좋게 해주며, 사람들에게 발견되지 않도록 하는 역할도 한다. 하지만 내가 짐작하는 대로 자신이 불충분하고 능력이 부족하다는 당신의 믿음이 틀렸다면, 이런 행동 역시 문제가 된다.

파리를 삼킨 할머니

이상한 얘기 같지만, 이 전략들은 〈파리를 삼킨 할머니〉*라는 동요를 생각나게 한다. 할머니는 파리를 삼킨 것 때문에 죽을 지도 모른다고 생각했다. 극도로 겁에 질리면 이렇게 터무니없는 일도 저지를 수 있다!

할머니는 뱃속의 파리를 제거하기 위해 거미를 잡아서 삼켰다. 그다음에는 거미를 잡기 위해 새를 삼키고, 새를 잡기 위해서 고양이를 삼키고, 고양이를 잡기 위해서 개를 삼켰다. 그리고 개를 잡기 위해 암소를 삼켰다. 이렇게 계속하다가 마침내 말을 삼키고 할머니는 죽고 말았다.

누구나 너무 잘 알고 있듯이, 두려움에 빠지면 제대로 생각하지 않고 행동할 수 있다. 겁이 나면 위험을 감수해보려는 생각조차 나지 않는 경우가 허다하다. 하지만 이 할머니가 파리를 삼킨 것을 그냥 무시하고, '내게 단백질이 좀 필요했었군.'이라고 생각했더라면 어땠을까?

이 할머니처럼 당신도 자신의 대처전략이 도움이 된다고 생각하지만, 실제로 그것들은 상황을 악화시키고 당신이 진실을 보지 못하게 하는 역할을 한다. 당신이 경험하는 사기꾼이라는 생각과 그에 따른 불편함은 이야기 속의 파리와 비슷하다. 두려워할 것이 전

● 미국에서 사랑받는 구전동화. 원제: 『There was an Old Lady whol Swallowed a Fly』.

혀 없다. 당신은 자신이 원하는 일을 할 만한 능력이 충분하며, 심지어 실수하거나 실패하더라도, 당신의 가면이 벗겨지는 일은 없다. 실수와 실패는 사형선고가 아니라 삶의 정상적인 부분이다.

대처전략을 포기하고 다른 방식을 시도하는 위험을 감수하기보다는 기존 방식을 고수하는 것이 더 쉽다고 느낄 수도 있다. 하지만 이런 위험을 감수하는 것이 정말로 진실을 아는 유일한 방법이다. 지금쯤이면 자신이 능력이 부족하고 불충분하다는 당신의 믿음에 균열이 많이 생겨, 그런 믿음이 틀렸을 가능성이 인식되기 시작했기를 바란다. 이 믿음이 틀렸다면, 대처전략도 재평가하는 것이 마땅하다.

대처전략은 당신이 자신에 관한 시각을 바꾸지 못하게 하는 역할도 한다. 문제가 지속되게 해서 자신이 능력이 부족하고 불충분한 사람이 아니라는 것을 알아차리지 못하게 한다.

당신의 파리, 거미, 새, 고양이, 개, 암소, 말은 다음과 같다.

- 비밀주의
- 과로와 회피
- 자기비판
- 자기 의심과 불안함
- 완벽주의와 실패에 대한 두려움
- 비현실적으로 높은 기준

- 긍정적인 것은 과소평가하고, 부정적인 것은 과대평가함

과로와 회피는 어떻게 출현하는지 살펴보자. 당신에게 익숙한 것도 있고, 알아차리기 힘든 것도 있을 것이다. 책을 읽으면서 자신에게 적용되는 것들을 적고, 그것들이 자신의 삶에 어떤 영향을 미치는지 생각해보라. 한 걸음 뒤로 물러나서 과로와 회피가 유발하는 문제를 살펴보면, 변화에 대한 자신감을 찾는 데 도움이 된다.

과로

자신이 부족한 사람이라고 느끼면, 더 많이 노력하고 더 성실하게 된다. 다른 모든 사람이 자신보다 더 유능하고 똑똑하다고 상상하기 때문이다. 과업을 감당하려면 남보다 더 열심히 노력해야 한다고 믿는다.

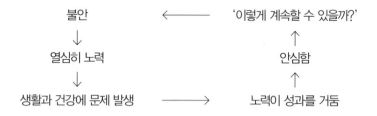

당신이 일에 투입하는 노력과 에너지가 합리적인 품질의 결과물을 생산하는 데 필요한 수준을 넘어서, 관계 및 취미, 재미와 같은

다른 우선순위들에 지장을 초래하는 지경이 되면, 과로가 문제가 된다. 종종 과로 때문에 생기는 여러 문제가 일어나지만, 이것이 일을 지금처럼 잘하게 만드는 것이 아닌가 하는 두려움 때문에 이 악순환을 깨뜨릴 수 없다고 느끼는 경우도 많다. 당신은 충분히 잘하지 못하면 부정적인 피드백을 받거나 실패할 수 있다고 걱정한다.

과로는 다음을 유발한다.

- 밤에도 일하고 주말에도 일함
- 사소한 세부사항에 집착함
- 과도한 준비
- 과도한 연구
- 이메일을 읽고 또 읽음
- 세부사항에 과도하게 관심을 기울임
- 자기비판
- 자기 의심
- 완벽주의
- 늘 통제하려 함
- 실현 불가능할 정도로 높은 기준
- 골대(목표 지점) 옮기기

윌리엄William은 승진했다. 구조조정으로 몇 명이 대기발령을 받았다. 그는 인력감축에서 살아남아서 승진했을 뿐만 아니라, 다른 두

명이 했던 일까지 떠맡게 되었다. 상사는 이것이 그의 능력에 대한 인정이라고 말하며, 그가 곧 이 역할들을 하나로 통합할 수 있을 것이라고 안심시켰다. 윌리엄은 승진해서 회사에서 더 돋보이는 역할을 하게 된다는 생각에 흥분했다.

새로운 직무를 시작하자, 믿을 수 없을 정도로 바빴다. 윌리엄은 이런 기회를 받아서 너무 기뻤다. 그는 너무 바쁘다고 난리를 피우고 싶지 않았다. 열심히 하면 모든 것을 통제할 수 있으리라 확신했기 때문이다. 일이 계속 쌓이자 일의 양이 문제라고 생각하지 않고, 자신이 효과적으로 일하지 못한다고 결론 내렸다. 동료에게 같은 기회를 준다면, 그들은 충분히 해낼 수 있으리라고 확신했다. 따라서 그는 자신이 감당하지 못하는 것처럼 보이지 않기 위해 묵묵히 일했다. 업무성과가 떨어지면 자신은 회사에서 쫓겨날 것이며, 자신의 자리를 차지하려는 사람이 줄지어 대기하고 있다고 믿었다.

대신 그는 점점 더 늦게까지 사무실에서 일했다. 친구도 만나지 않았다. 일찍 퇴근하는 것이 불가능했고, 술이라도 마시면 다음 날 업무에 문제가 생기기 때문이었다. 애들을 학교에서 데려오는 날이면, 애들을 재우고 나서 노트북을 켜고 일했다. 친구들이 걱정하면, 그는 곧 그들의 입을 막았다. 현재 상황은 일시적인 것이고 생각만큼 나쁘지도 않다고 설명했다. 그러면서 속으로는 이런 직장에서 일하는 것이 어떤지 친구들이 이해하지 못한다고 생각했다.

새로운 직무를 시작한 이후로 윌리엄의 습진이 갑자기 심해졌지만, 이것이 스트레스 때문이라고 생각하지 않고 해결해야 할 일이 늘었다고 화만 냈다. 주말에는 일을 하거나 잠을 자곤 했다. 그는 해야할 일의 양이 너무 많아서 지쳤지만, 그래도 계속 일했다. 윌리엄은 개인생활을 희생해서 겨우 일을 제때 처리할 수 있었지만, 이것에 이의를 제기할 용기가 없었다. 윌리엄은 일이 지연되거나 밀리면, 상사들이 그가 이 직무를 감당하지 못한다고 생각해서 그들이 자신을 신뢰하지 않는다고 여길까 봐 두려워했기 때문이다.

윌리엄의 상사들은 그의 노력에 기뻐했다. 어쨌든 그는 세 명분의 일을 처리하고 있었다. 상사들이 보기에 그는 극히 효율적이면서 세부사항까지 잘 챙기는 사람이었다. 이런 직원을 어느 상사가 마다하겠는가? 많은 회사가 직원들의 초과근무에 의지하며, 완벽주의 성향이 강한 직원을 일부러 채용한다. 직원들 간의 경쟁을 의도적으로 장려하고 이 직무를 맡게 된 것이 행운이라고 느끼게 함으로써, 직원들의 불안을 부채질하며, 그것을 통해 직원들이 더 열심히 일하게 만든다.

특정 산업분야의 일자리를 차지하기 위한 경쟁을 생각해보면, 직원들이 불안감을 느끼는 것도 당연하다. 영국 런던에 본사를 둔 세계 최고 수준의 5대 대형 로펌을 일컫는 엘리트 그룹 '매직서클 Magic Circle'의 경우 90개의 일자리를 차지하기 위하여 1500명의 지원자가 경쟁하며 그중에 파트너가 되는 비율은 5%에 불과하다. 당신이 변호사라면, 매우 경쟁이 치열한 세계에 살고 있는 것이다. 당신의 자리를 노리는 사람이 많으므로, 당신이 아니더라도 그 일을 하려는 사람은 많다.

이 때문에 불안과 초과근무를 촉진하는 데 이상적인 환경이 창조된다. 동료들이 서로 피 튀기는 경쟁을 하기 때문이다. 상대평가를 하고 평가과정이 투명하지도 않기 때문에, 다른 사람의 상황은 알 수 없다. 이런 회사에서 일할 정도라면 다른 사람들도 모두 똑똑하고 유능하다는 것을 잘 알기 때문에, 자신에게 믿을 수 없을 정도로 높은 기준을 정하며, 이런 기준은 계속 높아지기만 한다.

실제로 몇몇 산업에서는 나이 든 사람들이 거의 없다. 그 이유는 이런 속도를 더 이상 따라가지 못하거나, 과로로 지쳐버리기(번아웃) 때문이다. 많은 기업들이 당신에게 가장 큰 이들이 되는 것 보다는 회사에 가장 이득이 되는 것을 염두에 둔다.. 당신이 또 다른 주말에도 근무한다면, 회사의 충성도가 어디를 지향하는지 명심해보아야 할 가치가 있다.

성공해도 악순환이 끝나지 않는 이유

놀랍게도 대부분의 가면증후군을 경험하는 사람들은 실제로 목표를 달성하고 계획한 일에도 성공한다. 과로는 당신이 일을 더 잘한다는 것을 의미한다. 더 많은 것을 배우므로, 성공과 승진도 더 많이 한다. 하지만 윌리엄이 그랬듯이, 이렇게 성공해도 마음속의 불안이 줄어들기는커녕, 자신의 성공이 열심히 노력한 덕분이라는 잘못된 판단을 내린다. 또는 당신이 목표에 도달하면, 골대(목표 지점)를 살짝 옮겨서 목표에 도달하지 못하게 하는 것이다. 이것은 더 많은 그릇된 감정을 촉발시키는 역할을 한다. 자신이 잘했기 때문에 좋은 결과가 나왔다는 것을 알지 못하게 되어, 과로의 악순환에서 벗어나지 못한다.

아마 당신은 자영업자로서 잘 하고 있을 수도 있지만, 얼마나 이것이 지속될 수 있을지 의구심이 들 수도 있다. 아니면 자신의 분야에서 잘하고 있지만, 더 유명해질수록 당신의 기분이 나빠질 수도 있다. 유명해지면 바라보는 눈도 많아지기에, 자신이 실제로는 제대로 모른다는 사실이 발각될 것이라는 두려움도 커진다. 또한 성공할수록, 부정적인 판단이나 평가도 더 많이 받게 된다.

성공하거나 승진하더라도, 두려움이 사그라들거나 자신의 능력이 부족하다는 즉 임포스트 이론에 대한 믿음이 틀렸음을 깨닫는 것이 아니라, 극심한 공포와 불안을 느낄 수 있다. 이런 변화는 당신이 충족하려는 기준이 자신이나 다른 사람에 의해 상향조정되었음을 뜻할 수 있다. 기대가 커지는 만큼 불안(위험)도 더 많아진다. 또 평판도 유지해야 하고, 책임감도 커진다. 자신의 성취를 즐기기는커녕, 진실이 밝혀지면 모두가 자신을 비웃을 것이라고 상상하며 공포 속에서 떨게 된다.

불안도 커지며, 뭔가가 잘못되면 모든 진실이 드러날 것이라는 두려움도 커진다. '이게 전부 무너지면 어떡하지?'라는 생각이 자꾸 든다. 더 높이 올라갈수록 더 불안해진다. 떨어질 높이가 높아지고 압박감도 커지기 때문이다. 자신의 경력이 재앙으로 끝날 것이라 느끼며, 이번에야말로 모든 것이 발각될 것이라고 확신한다.

불안감 때문에 더 성실히 일하므로, 성공할 가능성도 커진다. 따라서 이 방식을 포기하기도 어렵다. 일을 잘하면 가슴이 설레고, 자신이 열심히 일하고 남들보다 더 많은 일을 한다는 사실을 내심 좋아하기 때문이다. 하지만 기준을 계속 높이고 골대를 계속 옮기기 때문에, 성공을 자신의 것으로 받아들일 수는 없다.

더 중요한 것은, 성공의 대가로 당신은 당신의 건강, 관계, 그리고 행복에 대한 대가를 치르게 된다는 점이다. 당신이 모든 것을 따라잡기 위해 고군분투하고 있으며, 자신이 하는 일에 결코 만족하지 않기 때문이다. 이런 생각을 바탕으로 하는 당신의 업무량은 당신의 남은 인생을 즐기기 매우 어렵게 만든다. 그리고 당신이 아무리 많이 하더라도 결코 충분해 보이지 않는다.

사실 이렇게 열심히 일할 필요는 없다. 당신은 필요 이상으로 더 많은 일을 하고 있다. 당신이 항상 더 많은 일을 할 수 있다고 생각하는 그런 사람이라면 이 말을 믿기 어렵겠지만, 현재 상태에서는 그 대가가 너무 크며(보험료를 더 많이 내는 것과 비슷하다), 자신이 얼마나 잘하고 있는지 알아챌 기회도 없다. 악순환의 고리를 끊어야 한다.

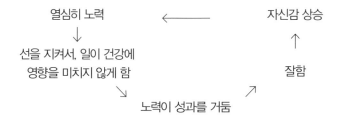

열심히 노력하지 않고서는 누구도 잘하지 못하고, 자신의 성공을 과소평가하면 자신의 장점도 인식하지 못하는 것이 현실이다. 열심히 일하는 것은 인내, 결단력, 집중력, 그리고 학습능력이 필요한 기술이다. 대부분 사람에게는 쉽지 않다. '타고난 천재'들이 기억해야 할 중요한 교훈이다.

현재 당신의 삶을 떠올려서, 이 과로의 악순환을 면밀히 살펴보라. 당신은 정말로 이렇게 계속 살고 싶은가?

그것에 관해 생각해보는 간단한 방법은 자신에게 이렇게 물어보는 것이다. '만약 내가 삶의 마지막을 돌아보고 있다면, 무엇을 보고 싶을까? 내가 지금과는 다르게 일을 했을까? 누구와 함께 시간을 보내고 싶을까? 나의 가장 큰 후회는 무엇일까?'

이것은 큰 그림을 보기 위한 강력한 도구이며, 자신에게 중요한 것을 생각해 볼 수 있는 기회도 된다. 죽음을 앞두고 삶을 되돌아보며 더 열심히 일했으면 좋았을 거라고 생각하는 사람(특히 당신 같은 사람)은 많지 않다. 호주 간호사 브로니 웨어Bronnie Ware는 죽음을 앞둔 환자들에게 그들의 삶의 마지막 12주 동안, 고통완화 치료를 제공하면서 몇 년을 보냈다. 그녀는 자신이 관찰한 것들을 모아서 『죽을 때 가장 후회하는 다섯 가지The Top Five Regrets of the Dying』*라는 책을 썼다. 이 책은 죽기 직전에는 사람의 시각이 놀랍도록 명료해지므로, 거기서 교훈을 얻을 수 있다고 이야기한다.

죽음을 앞둔 환자들에게 후회하는 일이나 달랐으면 좋았을 것들에 대해 묻자, 환자들이 한 대답은 크게 5가지 주제로 정리된다.

1. 다른 사람들이 기대하는 삶이 아니라, 용기를 내서 내가 원하는 삶을 살았으면 좋았을 텐데.

2. 그렇게 열심히 일하지 말았어야 했다.

3. 용기를 내서 감정을 표현했으면 좋았을 텐데.

4. 친구들과 계속 연락하고 지냈으면 좋았을 텐데.

5. 더 많은 행복을 누렸으면 좋았을 텐데.

이 주제들 모두가 당신의 현재 생활방식과 관련되므로, 잠시 시간을 내어 이 주제들과 당신이 삶에서 원하는 것을 생각해보라.

회피

이렇게 높은 기준을 추구하면서 실패에 대한 두려움이 너무 강하면, 때때로 해야 할 일을 회피하거나, 일을 시작할 때

● 『내가 원하는 삶을 살았더라면』, 브로니 웨어, 피플트리(한국어판), 2013.

수반되는 수고로움에 맞설 수 없어 꾸물거리거나, 일을 마무리하기 어려울 때, 중도에서 멈추어 버리는 것도 당연할 수 있다.

마지막 순간까지 뭉개다가 날밤을 새워서 겨우 끝내거나, 시간 부족으로 부실한 결과물을 내기도 한다. 이러면 최소한 잘하지 못한 이유는 생긴다. '시간을 제대로 들였으면 괜찮았을 거야'라고 자신에게 말할 수 있다.

정말 열심히 일하여 나쁜 결과를 얻기보다는 스스로 기회를 날려버리는 쪽을 택한다. 이것은 비록 왜곡된 방식이기는 하지만 현 상태를 유지할 수 있으며, 자신이 노력만 하면 잘할 수 있다는 믿음도 지킬 수 있다. 또 다른 두려움은 노력했는데 제대로 되지 않으면 모두가 나를 심판할 것이라는 생각이다. 이것은 잠재적 비판이나 부정적 피드백을 회피하는 방법도 될 수 있다.

심지어 벼락치기로 성공하더라도, 그 결과를 자신의 것으로 받아들이기 힘들다. 최선을 다하지 않았는데도 결과가 좋았기 때문이다! 따라서 시험이나 면접을 불신하게 된다. '별로 어려운 일이 아니었을 것이다', '주최 측이 실수했을 것이다' 등의 이야기를 스스로에게 한다.

회피가 더 미묘한 방식으로 나타날 수도 있다. 예를 들어, 문제 해결을 위해 전화조차도 해보지도 않고서 다른 사람이 화낼 것을 먼저 걱정하고, 그런 걱정 때문에 전화를 더 미룰 수 있다. 삶의 모든 것을 통제하려는 이런 노력은 자신이 약하다는 느낌을 피하기 위한 시도다. 따라서 약함이 드러날 수 있는 상황을 피하거나, 불안을 잠재우기 위해 매일 술을 많이 마신다.

회피의 흔한 예는 다음과 같다.

- 어려운 상황을 피한다
- 딱 잘라 말하는 데 어려움을 겪는다
- 도움을 요청하지 못한다
- 주저한다
- 꾸물댄다
- 자신이 불충분하다고 느끼게 만든 다른 사람들을 비난한다
- 다른 사람들이 잘못을 저질렀다고 비판한다
- 준비만 한다
- 전화하지 않는다
- 늦게 나타난다
- 성공을 폄하한다
- 위험을 감수하지 않는다
- 눈에 띄지 않으려 한다
- 승진을 요청하지 않는다
- 탈출을 꿈꾼다: 모든 것을 팔고 멀리 떠나는 것을 꿈꾸거나, 남들의 눈에 띄지 않는 보잘것없는 일을 하는 것을 꿈꾼다

회피가 더 심각해지면 자기 태만self-sabotage으로 이어질 수 있다. 당신은 자신의 두려움을 인식하기보다는 자신이 불충분하다는 감정에 사로잡혀 있으며, 다른 사람들은 당신의 태도에 문제가 있다

고 생각하게 된다.

다음 상황이 일어날 수 있다.

- 일을 하지 않음
- 시도하지 않음: 실패하는 것보다 시도하지 않는 쪽을 택함
- 신경 쓰지 않음: 신경 쓰지 않으면 무슨 일이 벌어져도 문제가 안 됨
- 중요한 회의 전날에 광란의 밤을 보냄
- 사회적으로 외톨이가 됨
- 자신이 할만한 것보다 한참 아래의 일자리에 지원
- 채용 기회를 놓침
- 다른 사람들을 실망시킴
- 약물남용
- 자기 파괴적인 행동
- 한 장소에 오래 머물지 않음: 직장을 바꾸거나, 다른 도시로 가거나, 다른 나라로 감

연구에 따르면, 이런 회피성 대처전략은 스트레스를 유발하는 사건에 부정적으로 대응하고 있음을 나타내는 심리적 위험인자이다. 모래 속에 고개를 파묻는 행동과 비슷하다. 잠시 동안은 숨을 수 있지만, 고개를 들면 변한 것은 아무것도 없다.

카라Cara는 일에 복귀할 준비가 되었다고 판단했다. 그래서 네트워

킹 활동(사교 활동) 행사에 참석하기로 했다. 거기서 자신을 드러낸다고 생각하니 초조했다. 가기 전에 연습을 하면서, 이건 시작에 불과하니 결과에 상관없이 밀어붙여야 한다고 다짐했다. 그날이 왔을 때 그녀는 최선을 다해서 사람들과 이야기를 나누고 자신을 소개했다. 그 행사는 훌륭하게 진행되었다. 그녀는 흥미로운 사람을 많이 만났으며, 모두가 그녀에게 호의적이었고, 핵심적인 여성 한 명은 행사 뒤에 자세한 이력서를 이메일로 보내라고까지 이야기했다. 카라는 자신이 행사에서 잘했다는 것과 많은 사람이 자신을 좋아했다는 사실이 믿기지 않았다.

집에 온 그녀는 다음날 그 여성에게 이메일을 보낼 것이라고 맹세했다. 하지만 다음날이 되고 그 다음날이 되어도, 앉아서 이메일에 관해 제대로 생각해볼 수 없었다. 엄청난 기회이므로, 이메일을 아주 잘 써서 보내야 한다는 것은 알았다. 어영부영하는 사이에 한 주가 지났다. 마침내 그녀는 아주 힘들게 이메일을 썼다. 그러자 '고마워요, 카라. 당신을 만나고 싶어요. 다음 주에 오세요.'라는 답장이 즉시 왔다.

자신이 사용하는 회피전략을 인식하고, 자신이 그것을 사용하는 이유도 이해하면 도움이 된다. 실패에 대한 두려움이 문제의 큰 부분을 차지한다. 자신이 매우 신경 쓰는 일을 시도할 때는 자신이 매우 약하다고 느낄 수 있다. 자신을 그렇게 노출시켰으므로, 카라처럼 '일이 제대로 되지 않으면 어쩌지?'라고 걱정하는 것은 이해할 만하다. 하지만 시도하지 않으면 기회도 없다.

이 책의 Ⅲ부에서 '과로와 회피'를 관리하는 전략을 살펴볼 것이지만, 지금은 그것들의 작동방식을 이해해서 자신의 결론을 업데이트하는 것이 중요하다. 자신이 운 때문에 잘했다고 결론 내리지 말고, 자신이 압박 속에서 일하는 데 능하다는 사실을 인식하라. 피드백을 부정적인 것이 아닌 유용한 것으로 생각하고, 자신과 다른 시각을 더 많이 접할수록 그것들에 더 익숙해질 것임을 인식하라. 당신이 상상하는 것처럼 당신을 자세히 관찰하는 사람은 아무도 없다는 사실을 깨닫는 것도 도움이 된다. 당신이 생각하는 최악의 시나리오가 실현되어서 일이 잘못되더라도, 사람들은 충격받지도 않을 것이고 당신을 경멸하지도 않을 것이다. 그런 일이 일어날 가능성은 적다. 당신이 이미 경험했듯이 일은 제대로 되며, 심지어 당신이 최선을 다하지 않을 때에도 그렇다. 당신이 두려움을 떨쳐내고 자신이 원하는 일에 최선을 다하면, 어떤 일이 가능할지 상상해보라.

앞으로 나아가기

이 모든 일, 그리고 당신의 과로와 회피가 당신에게 미친 영향을 생각하면서 나는 큰 슬픔을 느낀다. 당신은 지금까지 최선을 다했지만, 상황이 나아지기는커녕 나빠졌다. 당신의 대처전략

즉 과로와 회피전략 때문이다. 당신이 오래전에 자신에 관해 잘못된 결론을 내리기는 했지만, 당신에게는 아무 문제가 없다. 이러한 전략들이 당신에게 불리하게 작용하고 있기 때문에, 그것을 발견할 기회가 없었을 뿐이다.

결국 당신은 스스로를 감옥에 가두고, 주변에서 격리되었다. 그 결과 자신의 성공을 인식하지 못한 채, 과로와 회피 사이를 왔다 갔다 하게 되었다. 자신을 안전하게 지켜준다고 생각했던 것이 실제로는 덫이 되었다. 하지만 이렇게 계속할 필요는 없다.

더 나아가기 전에, 이번 장의 모든 내용을 곱씹어보고 자신에게 무엇을 원하는지 생각해보기 바란다.

- 당신의 대처전략이 자신에게 어떤 영향을 미쳤는가?
- 일과 관계를 위해서 자신의 건강과 행복을 희생하고 있는가?
- 선을 좀 그어서, 자신을 위한 공간을 마련하면 어떨까?
- 자신이 진정으로 원하는 일을 하면 기분이 어떨까?
- 이런 대처전략이 제대로 작동하지 않는다면, 그 대신 무엇을 할 수 있을까?
- 일과 관계에 관해 좋은 접근법을 가진 사람을 아는가? 그들은 어떻게 하는가?

II부에서는 당신이 이 질문들을 탐구할 수 있도록 도울 것이다. 답을 간단히 찾을 수는 없지만, 새로운 접근법을 시험해보면 유용하다. III부에서는 제대로 작동하지 않는 기존의 대처전략을 떨쳐내고 제대로 작동하는 새로운 전략을 구축하도록 장려할 것이다. 이제, 삶에서 일어나는 일들에 관해 주인의식을 가질 때다. 쉽지는 않지만, 자신이 이런 대처전략 덕분에 잘하고 있는 것이 아니라 그것들에도 불구하고 잘하고 있음을 확실히 알 수 있는 유일한 방법이다.

2

당신이 가짜가
아닌 이유

WHY YOU ARE NOT AN IMPOSTER

이론
검증하기

"앞으로 나아가려면 가면증후군을 떠나보내야
한다. 작별 인사를 하고 석양 속으로 손을 흔들
어라."

체크 포인트 수행할 목표

- 가면을 쓰고 있다는 자신의 검증을 통과하지 못함을 인식한다.
- 변화하기로 결심하고 자신의 관점 바꾸기를 선택함으로써, 가면증후군을 떠나보내는 과정을 시작한다.

자신이 가면을 쓰고 있다는 그릇된 믿음에 약간의 균열이 생기기는 했지만, 당신이 가야 할 길은 아직 멀다. II부에서는 당신이 변화를 시작할 수 있도록 도울 것이다. 가면증후군을 뒷받침하는 내면의 생각 패턴과 믿음들을 하나씩 살펴보면서, 그것들에 어떤 문제가 있는지, 왜 바꿔야 하는지 설명할 것이다. 그리고 III부에서는 변화를 실천할 것이다.

이것을 두 개의 이론으로 생각해보자. 당신의 이론은 자신이 불충분한 사람이라는 것이다. 당신은 그 사실을 숨기고 정체가 발각되지 않기 위해 최선을 다해야 한다. 자신이 가면을 쓰고 있다는 있다는 두려움을 안고 살면, 그런 두려움이 아무리 깊숙한 곳에 있더라도, 사람들의 눈에 띄는 데 따른 수치심을 피하기 위해 무엇이든 하게 된다. 그 결과 당신은 자신의 생활을 관리하고 자신의 안전을 유지하고 다른 사람들이 진실을 알지 못하도록 하기 위해서 대처전략을 구축했다.

당신이 두려움을 숨긴 채, 매우 열심히 일하고, 목소리를 높이지 않고, 성취를 성취를 내면화하지 않고, 실수에 연연하고, 스스로 불충분하다는 두려움 때문에 절대 무언가를 추구(시도)하지 않는다는 뜻이다. 당신이 옳다면, 이 정교한 전략 덕분에 사람들이 진실을 발견하지 못할 것이다. 하지만 내가 생각하듯이, 당신의 믿음이 틀려서 당신이 가면을 쓰고 있는 것이 아니라면, 이런 행동 역시 문제의 일부이다.

내 이론은, 당신이 스스로 가면을 쓰고 있는 것이라고 걱정하고 있고, 현재 당신이 사용하는 전략 때문에 진실을 보지 못한다는 것이다. 내 이론이 맞아서 이렇게 걱정하는 것 자체가 문제라면, 당신은 지금 하고 있는 것과 정반대로 해야 한다. 현재 당신은 구멍에서 벗어나기 위해 땅을 파고 있다. 그것이 도움이 된다고 느낄 수도 있지만, 실제로는 상황이 더 나빠진다. 당신은 이러한 대처전략을 사용하는 것을 멈추고 자신의 두려움을 이야기해야 하며, 자신이 잘하고 있다는 사실을 알 수 없게 하는 자책 기준도 떨쳐버려야 한다. 대처전략의 사용을 멈춰야, 자신이 사실이 아닌 감정에 따라 움직이고 있음을 알 수 있다.

나의 이론은 심리학적 연구와 이 문제로 고통받는 많은 사람들과 함께 일하면서 얻은 임상 경험을 바탕으로 하는 반면, 당신의 이론은 본인이 가장하고 있는 만큼은 훌륭하지 않다는 느낌에 기반한다.

당신은 자신만 이렇게 느낀다고 믿지만, 당신이 아는 것은 자신의 머릿속에서 일어나는 일뿐이라는 사실은 잊었다. 당신은 자신의 두려움과 걱정에만 귀를 기울인다. 당신은 자신의 내면 느낌을 자신의 눈에 비친 다른 사람들의 겉모습과 비교하면서, 남들은 이런 불안과 두려움을 느끼지 않을 것이라 상상한다. 그 결과 당신은 자신이 불충분하다고 판단한다. 남들도 이렇게 느낀다는 사실은 쉽게 잊는다.

　나는 직업 덕분에 대단한 몇몇 분들과 함께 일하면서 그들의 세계에 관한 통찰력을 얻는 유리한 위치에 있다. 그들은 나에게 자신의 가장 어두운 비밀과 가장 큰 두려움, 자신의 불안과 슬픔을 이야기한다. 이것은 우리가 겉으로는 모두 비슷하다는 것을 알고 있다는 것을 의미한다. 모든 것을 초월한 사람은 없으며(나도 마찬가지다), 사람들이 느끼는 불안과 두려움은 상당히 비슷하다. 따라서 그것은 특이한 사람만 느끼는 감정이 아니라, 인간이라면 누구나 느끼는 감정이다. 당신도 이 사실을 알고, 당신이 지금 그대로 이미 충분히 훌륭하다는 것을 깨닫기를 바란다. 바로 이것이 당신의 이론이 틀렸음을 보이는 것이 그렇게나 중요한 이유이다.

　당신이 두 이론을 나란히 비교할 수 있도록 다음과 같이 정리해 봤다. 시간을 들여서, 표의 모든 내용을 깊이 생각해 보기 바란다. 계속 현재 상태를 지속할 수는 없다!

당신의 이론	나의 이론
나는 가짜다	당신은 자신이 부족하다고 걱정하고 있다
나는 불충분하다(이런 느낌이 잠재되어 있을 수도 있고, 늘 이렇게 느낄 수도 있다).	당신의 경험 때문에 이런 결론에 이르게 되었으며, 당신의 확증편향 때문에 다른 시각은 인식하기 어렵다.
내 두려움을 숨겨야 한다.	자신에 대한 믿음을 비밀로 유지하면, 당신만 이렇게 느끼는 것이 아니라는 것을 알지 못하며, 이것이 모두가 경험하는 일반적인 문제라는 것도 인식하지 못한다.
나는 임무를 감당하지 못한다.	새로운 것을 시도하기 전에 느껴지는 불편함 때문에 불안한 것은 이해할 만한 인간적인 반응이다. 하지만 느낌은 사실이 아니다. 이렇게 불편함을 느낀다고 해서, 당신이 가면을 쓰고 있다는 뜻은 아니며, 당신이 일을 제대로 해낼 수 없다는 뜻도 아니다.
절대 실패하지 말아야 해. 그렇지 않으면 정체가 발각될 거야.	실패는 삶의 정상적인 부분이다. 실패는 배우는 데 도움을 주고 회복력을 증가시킨다.
모든 일을 완벽히 해야 해. 발각되지 않으려면, 믿을 수 없을 정도로 높은 기준을 자신에게 정해야 해.	완벽함을 추구하고 스스로 규칙을 정하면, 불충분하다는 느낌이 커진다. 당신의 기준은 믿을 수 없을 정도로 도달하기 어려워서, 자신이 부족하다는 느낌이 끊임없이 든다.
발각되지 않으려면 누구보다 열심히 일해야 해.	필요 이상으로 많은 노력과 에너지를 투입하므로, 친구나 취미와 같은 우선순위를 지키고자 하는데 지장을 준다. 일을 줄이는 것은 상상조차 못 하므로, 이런 사실을 알아차릴 수 없다.

긍정적인 피드백은 내 자신에 관한 기대에 부합하지 않으므로, 귀를 기울이지도 믿지도 않는다.	당신이 잘하고 있다는 정보는 절대 받아들이지 않기 때문에, 자신에 관한 시각을 새롭게 할 수 없다.
내 성취는 운, 인맥, 매력, 타이밍 덕분이다.	모든 사람이 이런 것에서 득을 보지만, 그들은 그것이 자신의 성공에서 적은 부분을 차지한다고 생각한다.
목표를 달성하고 자신을 억제하려면, 자기 비판적인 태도를 취해야 한다.	당신의 자기비판 때문에 의욕이 사라지고, 자신에 관한 느낌도 더 나빠진다.
실수와 개선할 부분에만 초점을 맞춘다. 이런 것들을 자신이 가면을 쓴 것임을 확인해주는 증거로 간주한다.	모든 사람이 실수한다. 실수는 당신이 가면을 쓴 증거가 아니라, 인간이라는 신호다.
상황이 버거워지면 회피한다.	회피하면 기분이 더 나빠지며, 자신에게 제대로 기회를 주지 못하게 된다.
나를 절대 내세우지 않는다. 사람들의 눈에 띄지 않게 한다.	자신이 잘했을 가능성을 인식할 기회를 스스로에게 주지 않는다.
다른 사람들은 모두 유능하고 자신이 무엇을 하고 있는지 잘 안다.	모든 사람이 불안과 두려움을 느낀다.
나에 관해서는 내 판단이 옳고, 다른 사람들의 판단은 모두 틀렸다.	이 때문에 자신의 정체성을 업데이트할 수 없으며, 다른 시각도 고려할 수 없다.

증거는?

　　당신이 굳게 고수하고 있는 이 이론은 실제 증거가 아닌 하나의 사례(자기 자신)에 기반을 두고 있다.

　만약 이것이 심리학적 연구였다면 출판되지 않았을 것이다. 당신이 지금 사용하고 있는 증거는 사실에 근거한 것이 아니며, 정밀 검증에도 맞지 않는다. 당신의 대처전략이 효과가 있었다면 내가 인턴일 때 배웠을 테지만, 박사과정에서 어느 누구도 자기비판, 완벽주의, 과로 및 회피를 지지하는 사람은 없었다. 오히려 이것들은 극복해야 할 문제로 간주되었다.

　다음 몇 개의 장에서는 내 이론을 뒷받침하는 증거를 당신이 구축할 수 있도록 도울 것이다. 생각이나 느낌이 아닌 사실에 기반한 증거가 생길 것이므로, 당신은 자신이 가면을 쓴 사람이라는 믿음과 당신의 발목을 잡는 회피전략을 버릴 수 있을 것이다. 그다음에는, 가면증후군을 물리치고 당신이 누려야 할 삶을 살도록 하는 데 효과적인 전략을 살펴본다.

　잊지 마라. 모든 증거는 기록해야 하며, 자신이 잘했거나 유능하다는 것이 인식되면 주목해라. 그것을 꼭 붙들어라. 이런 생각들은 보통 빨리 사라지므로, 최대한 오래 거기에 집중해서 충분히 음미하라. 이것들은 당신의 이론에 생긴 균열이다. 우리는 이 균열들을 키워서, 더 많은 빛이 들어갈 수 있게 하려 한다. 그러면 당신도 자신이 지금까지 고수해온 믿음이 전혀 옳지 않다는 것을 알 수 있을 것이다.

경로 바꾸기

        현재의 믿음을 기존의 익숙한 길로 생각해보기 바란다. 당신이 이런 믿음을 촉발시키는 상황에 처하면, 당신의 뇌는 당신이 가면을 쓴 사람이고, 불충분하다거나 당신이 외부 상황 덕분에 무언가를 성취한 것이라고 말해주는 길로 곧장 향한다. 이 길은 너무 닳아서 거의 미끄러지듯이 타고 내려갈 수 있다. 그리하여 바닥의 역겨운 냄새가 나는 늪 속으로 가라앉으면 기분이 더 나빠진다.

  당신이 이런 일이 일어나는 것조차 깨닫지 못했던 때도 있었다. 당신은 자신의 대처전략과 사고패턴이 끼치는 영향을 인식하지 못했으며, 그것들이 오히려 문제를 지속시키는 역할을 한다는 것도 알지 못했다. 반응이 무의식적이라면, 당신이 매번 늪 속으로 미끄러져 내려가는 것도 이해할 만하다. 이것은 당신의 잘못이 아니다. 하지만 이제 당신은 무슨 일이 일어나는지 알기 때문에, 자신을 변화시키고, 이 믿음의 실체(거짓)를 인식해서 행동해야 할 책임이 있다. 그렇게 하면 무의식적으로 반응하지 않게 되며, 자신의 반응을 선택할 수 있다.

  자신에 관한 믿음을 바꾸는 것은 새로운 길을 찾는 일이다. 현재 이 길은 풀들이 웃자라서 걷기 어렵다. 새로운 길을 가리키는 표지판이 있으며, 당신도 자신에 관해 좋게 느낄 때는 이 길로 가끔 간다. 하지만 이 길은 기존 길만큼 편하지 않다. 양 옆에 가시덤불이 있고, 앞길을 막아서는 쐐기풀 무리도 있다. 이 길을 걸을 때는 주의를 집중해야 한다. 하지만 끝까지 가면, 훨씬 좋은 곳이 나온다. 풍경이 아름답고 주위가 고요해서 기분이 훨씬 좋아진다.

지금쯤이면 이미 당신도 가면증후군과 같은 잘못된 생각을 알아차리기 시작했을 것이다. 그런 생각으로 인한 불편함도 알아차려야 한다. 앞서 살펴 본 당신 자신에게 상반된 이론 검증을 통해, 자신이 속하는 능력 유형을 인식하라. 이렇게 하는 것은 훌륭한 출발점이며, 자신이 길을 선택할 수 있는 지점이기도 하다. 이런 '선택지점'에서는 한 걸음 뒤로 물러나서 어떤 길로 갈지 자신에게 물을 수 있다. 자신이 능력이 부족하여 가면을 쓴 사람이라는 목소리를 따라갈 것인가, 아니면 더 차분하고 좋은 곳으로 가는 길을 선택할 것인가?

새로운 경로는 처음에는 탐색하여 걷기 어려울 것이다. 자율주행 모드에서 벗어나 그 길을 기억해야 한다. 하지만 자주 갈수록 더 걷기 쉬워질 것이다. 자주 걷다 보면, 쐐기풀은 밟혀 사라질 것이고, 산딸기나무는 멀찍이 물러날 것이다. 당신의 굳건한 믿음도 마찬가지다. 처음에는 도전하기 어렵지만, 곧 그것에 도전하는 것이 자연스러워질 것이며, 그동안 공들인 노력이 아깝지 않은 최종 결과를 얻을 것이다.

늘 성공할 수는 없지만, 성공할 때마다 새로운 길을 한 번 지나간 셈이 된다. 이 책의 나머지 부분에서는, 당신이 늪이 아니라 자신을 고무시키는 훌륭한 시각으로 가는 길을 택하는 데 도움이 되는 전략들을 가르쳐준다. 이 전략들은 당신의 잔디깎기 기계, 정원용 장갑, 나무 손질용 가위 역할을 해서, 새로운 길을 더 걷기 편하게 만들어줄 것이다. 그것들은 쌍안경, 꽃, 시원한 바람, 햇살 등도 더해준다.

가면증후군과 작별하기

이 새로운 길을 택하기 전에, 자신이 이 길을 걷고 싶은지 결정해야 한다. 이상하게 들리겠지만, 가면증후군은 당신이 늘 익숙하게 알고 있는 것이다. 그것을 버리는 것은 상실처럼 느낄 수 있다. 항상 익숙하게 느껴지며, 오랫동안 함께하면서 안정감을 줬다. 변화가 겁날 수 있다. 틀렸다는 것을 인정하기를 꺼리는 사람들도 있다. 자신이 불필요하게 고통을 겪었고 그 때문에 많은 것을 놓쳤다는 것을 의미하기 때문이다.

가면증후군이 몇 가지 장점을 가져다준다고 생각하는 사람들도 많다. 더 열심히 일하게 하고, 더 높은 목표를 추구하게 하고, 더 잘하게 만든다는 것이다. 가면증후군은 정신을 바짝 차리게 하며, 거만해지거나 안주하지 않게 하고, 모든 것이 무너질 수 있으니 일이 잘 풀리는 것에 익숙해져서는 안 된다고 이야기한다.

수년 동안, 가면증후군의 목소리는 당신이 문제가 많다는 것과, 그런 당신을 안전하게 지켜주고 있다는 것을 확신시켜주었다. 그 목소리의 통제가 당신을 보살피기에 당신이 혼자서는 감당할 수 없다고 믿게 만들었다. 당신의 자존감이 너무 낮아졌기에 당신은 이 잘못된 말을 믿는다. 이 거짓된 말을 믿는다. 당신은 다른 방식은 꿈도 못 꾼다. 위험이 너무 커 보이기 때문이다. 당신의 믿음을 깨서 미안하지만, 만약 이것이 연인관계라고 한다면 그건 학대행위에 해당할 것이다. 잘하기 위해서 이런 식으로 자신을 대접해야 할 필요는 없다. 이 가짜 목소리가 당신을 긴장시키고 열심히 일하게 하는 것이 아니다. 이 일을 하는 사람은, 바로 당신 자신이다.

잠시 시간을 내서, 자신이 그것을 붙잡고 있는 이유를 물어보라. 자신이 틀리지 않도록 마음을 놓지 않는 방법일 수도 있고, 자신이 최고가 되게 하는 방법일 수도 있다. 사람마다 이유는 약간씩 다르지만, 당신의 이유를 찾으면 그것을 놓아주는 데 도움이 될 것이다.

앞으로 나아가려면 가면증후군을 떠나보내야 한다. 작별 인사를 하고 석양 속으로 손을 흔들어라.

자신의 관점을 바꾸겠다고 결심하라

자신의 믿음을 바꿀 때는 믿음이 편견과 같은 방식으로 작동한다고 생각하면 도움이 된다. 어떤 집단에 대해 잘못된 편견을 가진 사람을 본 적이 있는가?

여성이 남성보다 열등하다고 믿는 친구가 있을지도 모른다. 남성만큼 과제를 잘하지 못하는 여성이 보이면 그가 뭐라고 하겠는가? '거봐, 내 말이 맞지'라고 이야기할 것이다.

남성만큼 잘하거나 오히려 남성보다 나은 여성이 보이면 그가 뭐라고 말할까? 요행이라고 이야기하거나, 분명 속임수를 썼을 것이라고 이야기하거나, 그냥 저 여자가 특별한 것이라고 이야기할 것이다. 심지어 그런 여자를 본 적이 없다고 주장할 수도 있다. 한 번의 관찰로는 그가 시각을 바꾸게 할 수 없다.

당신이 그의 시각을 바꾸려 한다면, 어떻게 해야 할까? 먼저, 그가 그것을 바꾸고 싶어 해야 한다. 그러면 상반되는 정보를 많이 보여주면 된다. 그리고 그가 그런 정보를 계속 추적하게 해서, 그가 자신의 믿음 때문에 그것을 부정하거나 금방 잊어버리지 못하게 해야 한다.

당신이 자신에 대해 가지고 있는 믿음도 편견과 똑같이 작동한다. 당신의 믿음에 반하는 정보가 아무리 많아도, 당신은 자신의 시각을 바꾸려 하지 않는다. 편견과 마찬가지로, 당신은 긍정적인 피드백은 무시한 채, 자신의 시각에 맞춰서 현실을 왜곡한다. 자신의 주장을 부인하는 것이 불가능하면 당신은 그것이 그냥 일회성이라고 믿고 다른 모든 것이 실패한다면 그냥 무시하라.

자신의 시각을 바꾸는 것은 쉽지 않다. 당신은 온갖 방식으로 그것에 집착한다. 당신이 새로운 정보를 보고 들을 수 있는 더 나은 기회를 제공하기 위해서, 이 책의 나머지 부분을 읽을 때 다음 전략들을 사용해 보기 바란다.

자기 의심의 목소리 표면화하기

첫 번째 전략은 자기 의심의 목소리를 드러내는 것이다. 조금 이상하게 들릴지도 모른다! 이것이 당신의 목소리가 아니라, 당신의 두려움이 내는 목소리임을 알아야 한다. 이 가짜 목소리를 더 잘 감지할수록, 전략의 효과도 커진다.

이 목소리를 불량배라고 생각해보라. 이 목소리는 당신이 불충분하고, 더 열심히 일해야 하고, 절대 실패해서는 안 되고, 모든 일을 완벽히 해내야 한다고 매일 이야기하면서, 당신이 완벽하게 일을 해내지 못하면 당신이 무능력을 포장하는 사기꾼의 가면을 쓰고 있다는 사실을 모든 사람이 알게 될 것이라고 위협한다. 이 목소리는 당신을 위협해서 자신이 원하는 일을 하게 만들면서 자신이 당신을 안전하게 지켜줄 것이라고 약속한다. 하지만 이 목소리는 당신의 친구가 아니라 적이다. 당신에게 무엇이 최선인지는 고려하지 않는다.

불량배의 생각이 당신에게 영향을 끼치지 못하게 하려면, 그것이 다른 사람 또는 다른 생물의 목소리라고 생각하거나, 당신이 비웃을 수 있는 사람의 목소리라고 생각해보라. 그것이 당신 자신의 목소리가 아니고 귀 기울일 가치도 없다는 것을 아는 데 도움이 되는 대상을 선택하면 된다. 내 클리닉에서 한 고객은 이 목소리에 고비 Gobby라는 이름을 붙이고, 그것이 추한 모습으로 사람을 괴롭히는 작은 고블린(도깨비)이라고 상상했다. 그리고는 자기 의심의 목소리가 올라오는 것이 느껴질 때마다, 큰 소리로 '저리가, 고비!'라고 말했다. 가끔은 이것보다 더 무례하게 얘기하기도 했다! 그 덕분에 그는 크게 변했다.

생각은 사실이 아니다

이제 당신은 이 목소리를 자기 의심의 목소리로 인식했다. 여기서 기억해야 할 한 가지 핵심 내용은, 이 목소리가 어떤 것이 사실이라고 말해도 그것이 사실이라는 것을 의미하지 않는다는 것이다. 자신이 가짜라는 느낌이 든다고 해서, 당신이 진짜 가짜라는 얘기는 아니다. 생각과 느낌은 물론 유용하지만 전체의 일부에 불과하며, 특히 가면증후군과 관련해서는 더 그렇다.

이 목소리가 들리면, 그것이 생각일 뿐 사실은 아니라는 것을 상기시켜라. 늘 여러 개의 관점이 존재한다. 불편함이 느껴지면, 내 느낌에 불과할 뿐 실제는 아니라는 것을 자신에게 상기시켜라. 이런 생각과 느낌이 떠오르면, 그럴듯한 다른 설명을 생각해보라.

자신에게 이렇게 물어보라.

- 이에 대한 증거는 무엇인가?
- 법원에서 인정되는 증거인가?
- 여기에서 또 무슨 일이 일어날 수 있는가?
- 친구가 이런 얘기를 했다면, 나는 어떻게 반응할 것인가?

- 다른 관점을 보여주는 경험을 한 적은 없는가?

만약 당신이 이러한 질문에 이의를 제기할 수 없다면, 그것은 그냥 자기 의심의 목소리로 인식하면 된다. 중요성을 부여하거나 그것이 옳다고 믿지 마라. 내가 다양한 전략을 이용해서 당신이 그렇게 할 수 있도록 도울 것이지만, 지금은 이것만으로도 좋은 출발이라 할 수 있다.

다른 사람들과 대화하기

당신은 자신만이 이렇게 느낀다는 시각을 적극적으로 키워왔으며, 다른 사람들도 그렇다는 증거는 무시했다. 자신이 느끼는 방식이 다른 사람들과 다르지 않다는 것을 정말로 믿으려면, 무슨 일이 일어나고 있는지에 대해 더 공개적으로 이야기를 시작해야 한다. 이것은 다른 사람들이 자신감 있고 능력 있는 것처럼 보일 때, 그들이 항상 그렇게 느끼지 않을 수 있다는 것을 당신이 확신할 수 있는 유일한 방법이다.

이 책을 쓰기 시작한 이래 나는 가면증후군으로 인한 의구심에 시달리는 사람들을 찾으려 애썼다. 그리고 배우, 작가, 가수, 운동선수, 기업가에 이르기까지 많은 사람들을 찾아냈다. 이런 점에서 당신도 유명인 대열에 합류한 것이다!

이런 느낌을 경험하는 다른 사람들을 찾아보기 시작하라. 대화 중에 이 주제를 끄집어낼 수 있는 방법을 찾아라. 당신의 경험과 불안을 이야기하고, 실수를 인정하며 약함을 보여라. 그리고 가능하면 거기서 유머를 찾아라. 웃을 수 있으면 부정적인 생각에서 벗어날 수 있어서 마음이 가벼워질 것이다. 그러면 다른 사람들과 더 가까워지고, 다른 사람들이 당신을 더 잘 이해할 수 있도록 도와주며, 그들도 당신에게 마음을 열 수 있게 된다.

모든 것을 통제할 수는 없다

마지막으로, 이 전략들을 실행하는 동안 당신이 삶의 진행방식을 모두 책임질 수는 없다는 것을 명심하기를 바란다. 좀 걱정스러운 얘기처럼 들리겠지만, 끝까지 들어주기 바란다. 현재 당신은 모든 것이 잘되게 할 책임이 전적으로 자신에게 있다고 생각한다. 따라서 무언가가 잘못되도 자신의 책임으로 여긴다. 무언가가 잘못되면 당신은 '미리 막았어야 했다, 이럴 걸 예상했어야 했다, 더 열심히 했어야 했다'고 자신을 탓한다. 따라서 당신은 집착하고, 계획하고, 늘 통제하려 한다. 모든 것이 늘 잘되도록 노력하려면, 엄청나게 많은 일을 해야 하고 에너지도 무척 많이 들여야 한다.

당신은 일이 잘되게 하는 데 너무 많은 책임을 지고 있으며, 관련된 다른 사람들도 있다는 사실과 그들에게도 책임이 있다는 사실은 잊는다. 또한 삶이 늘 순조롭지는 않다는 사실도 잊는다. 아무리 열심히 노력하더라도, 고통 없이 사는 방법은 없으며, 잘못되는 일이 하나도 없게 하려고 애쓰면 훨씬 큰 스트레스를 받게 된다. 때로 일이 잘못될 수 있지만, 그것을 극복해야 하며, 결국 훨씬 더 좋은 결과를 얻게 되는 경우도 많다.

당신은 늘 초인적인 노력을 하지 않더라도 보통은 큰 문제가 없으며, 좋은 결과가 나오는 경우도 많다는 것을 인식할 기회도 놓치고 있다. 이것은 접시돌리기와 약간 비슷하다. 막대기를 늘 잡고 있을 필요 없이, 뒤에 서서 접시가 돌아가는 것을 지켜보면 된다. 이것을 믿게 되면, 지금까지의 부담이 사라져서 엄청난 중압감에서 벗어난다. 모든 것을 통제할 필요도 없고, 엄청난 중압감 때문에 자신을 몰아붙일 필요도 없다.

통제를 내려놓는다고, 모든 일이 잘되지는 않는다. 하지만 그래도 괜찮다. 우리의 믿음과는 달리, 우리는 자기 운명을 전적으로 통제할 수 없다. 잠시 멈춰서, 이것을 생각해보기 바란다. '내가 모든 것을 완전하게 통제하고 있다는 생각이 틀린 것 아닐까? 안 그래도 아무 문제없는데도, 그냥 내가 모든 것을 통제하고 책임지려 해왔던 것은 아닐까?' 당신은 이런 생각에 익숙해지기를 바란다!

다음의 핵심 내용을 기억하라.
- 자신의 시각을 바꾸겠다고 결심하라: 가면증후군에 작별인사를 고하라.

- 두 가지 이론이 있다: 당신의 이론과 내 이론
- 어떤 증거가 있는가? 법정에서 인정되는 증거인가?
- 어떤 경로를 선택하고 싶은가? 선택 지점을 찾는다.
- 자기 의심의 목소리를 표면화하라.
- 생각과 느낌은 사실이 아니다.
- 다른 사람들에게 이야기하라.
- 모든 것을 통제할 수는 없다.

연민:
자기비판의 해독제

"연민을 모든 것을 하나로 결합시키는 모르타르
(회반죽)라고 생각하라.
그러면 자신이 누구인지, 어떻게 작동하는지 보여
주는 벽돌을 확신을 갖고 다시 쌓을 수 있다."

체크 포인트 수행할 목표

- 연민이 자기비판보다 훨씬 낫다는 것을 인식한다.
- 반추의 가치를 이해한다.

여기서는 자신이 가짜라는 당신의 이론(6장의 이론 검증하기-150쪽)을 해체할 것이다. 당신이 가면을 쓰고 있는 사람이라는 주장이 당신의 생각에 불과하다는 것을 입증할 것이다. 그것을 위해 당신의 주장들을 하나씩 살펴볼 것이다. 당신이 자신의 이론이 틀렸음을 알 수 있게 하고 자신에 관한 믿음도 재구축할 수 있게 하는 전략들도 많이 소개할 것이다.

살펴볼 첫 번째 주장은, 자기비판이 유익하며 성공하는 데 필요하다는 것이다. 당신이 지금까지 사용해온 것과 동일한 수준의 자기비판을 계속한다면, 내가 소개하는 대처전략이 큰 효과가 없을 것이다. 모든 연구가 그것을 뒷받침한다. 이것이 내가 자기 연민을 소개하는 이유다.

연민은 가면증후군 극복의 열쇠이며, 당신이 실행하는 모든 전략의 핵심이어야 한다. 연민을 모든 것을 하나로 결합시키는 모르타르

(회반죽)라고 생각하라. 그러면 자신의 정체성이나 일하는 방법에 대한 벽돌을 자신 있게 다시 쌓을 수 있다. 이렇게 생각하면 훨씬 힘이 나며, 새로운 전략을 시도할 때의 효과도 더 클 것이다.

자신에게 이야기하는 새로운 방식을 생각하려면, 먼저 기존 접근법의 문제점을 인식해야 한다. 이것은 2단계 과정이다. 1단계는 자신에게 속삭이는 마음의 소리를 듣는 것이고, 2단계는 연민에 바탕을 둔 새로운 목소리를 찾는 것이다.

자기비판

앞의 6장의 내용과 두 이론(당신의 이론과 나의 이론)을 비교한 표를 기억하고, 자신이 가면을 쓰고 있다고 느끼는 것의 의미도 생각해보라. 이렇게 느끼면 자신에게 친절할 수 있는 여지가 없다는 것은 분명하다. 실패의 두려움, 자기 의심, 불충분하다는 느낌, 실현 불가능한 기준을 지향하는 것 등은 모두 끊임없는 자기비판을 유발한다.

모든 사람이 때때로 자기비판적인 생각을 한다. 그날의 분위기, 자신의 기분, 삶의 상황에 따라 그런 생각이 날 수도 있고 안 날 수도 있다. 하지만 그런 생각이 떠오를 때, 그 실체를 인식하는 것이 중요하다. 당신에게 도움이 되기보다는 방해가 된다는 것을 인식해야 한다.

자기비판은 당신에게 가장 중요한 것을 삼켜버리며, 모든 것을 실제보다 나쁘게 보이도록 만든다. 일이 잘되고 있을 때도 안 좋지만, 당신이 실수하거나 실패하면 무자비한 공격이 시작된다.

이럴 때 당신이 흔히 하는 행동의 예는 다음과 같다.

- 사물을 흑백논리로 바라본다.
- 자신의 실수를 반복해서 곱씹는다.
- 실패를 매우 두려워한다.
- 더 잘할 수 있었다는 느낌이 계속 든다.
- 자신을 엄격하게 조사하고 심하게 분석한다.
- 다른 사람들이 자신을 부정적으로 판단하거나 생각한다고 상상한다.

우리가 이렇게 열심히 자신을 학대하는 이유는 뭘까? 당신의 경험을 돌이켜보면, 자신에게 연민을 갖는 방법을 한 번도 배우지 못했음을 알 수 있을 것이다. 배우지 못했으니, 그 방법을 알 리가 있겠는가?

우리가 다른 사람들과 의사소통하기 위해 부모로부터 단어들을 배우듯이, 사람들이 우리에게 말하는 방식은 우리의 내적 언어 개발에 기여한다. 부모가 비판적이어서 다른 사람과 당신을 부정적으로 비교했거나, 당신의 성과에 대해 혼란스런 메시지를 제공했다면, 이런 것들을 자신과 관계하는 방식으로 내면화했을 가능성이 크다. 칭찬받지 못하면, 자신에 대한 믿음을 키우기도 어렵고, 자신에게 동기부여를 하고 자신을 격려하고 안심시키는 데 필요한 언어도 배우기 힘들며, 자신의 성취를 내면화하는 능력도 개발하기 어렵다.

나태해지지 않으려면 자기비판이 필요하다고 믿게 된 사람들도 있다. 그동안 그들은 자신에게 이런 식으로 동기를 부여하는 방법을 배웠다. 열심히 일하거나 잘하려면 자기비판적이어야 하다는 믿음, 성공하려면 힘들어야 한다는 믿음, 자기비판이 없으면 안주하거나 노력을 덜 하게 될 것이라는 믿음이 널리 퍼져 있다.

지금까지 심리학자로 일하면서 나는 이런 믿음을 뒷받침하는 증거를 하나도 발견하지 못했다. 실제로, 심지어 나는 자신을 끊임없이 비판하는 것이 정반대의 효과를 낸다고 이야기하고 싶다. 이런 부정적인 마음의 소리는 자신에 관해 나쁘게 느끼게 만들며, 목표 달성도 어렵게 할 수 있다.

자기비판을 하면, 우울과 스트레스의 위험이 커지며, 대처전략 실행의 효과도 낮아진다. 자신에게 동기를 부여하기는커녕, 불안과 자존감 저하를 유발한다. 간단히 말해서, 자신에게 끔찍한 방식으로 늘 이야기하면, 기분이 나빠진다는 얘기다.

반면, 자기 연민을 발휘하는 사람들은 회복력이 커서, 역경에서 쉽게 회복한다. 실수에서 더 잘 배우며, 자신을 향상하기 위한 조치도 더 잘 취하고, 잠재력도 더 잘 실현한다.

당신이 정말 어려운 도전에 직면했던 때를 생각해보라. 달성하고 싶었던 중요한 목표, 일과 관련된 큰 프로젝트, 관계 파탄 등이 그 예다. 당신이 도전을 이겨내도록 도운 사람은 누구인가? 당신에게 고함을 지르고 정말 쓸모없는 녀석이라고 이야기했던 사람은 아닐 것이다. 친구 또는 부모로서 당신이 하는 역할을 생각해보라. 당신이 아끼는 사람을 돕기 위해서 비판을 사용하겠는가? 물론 아닐 것이다. 상황이 힘들면 도움이 필요하지, 비판이 필요한 것은 아니다.

문제는 자기비판적인 사고를 바꾸기 매우 어렵다는 것이다. 우리 뇌가 진화해온 방식 때문에, 우리는 긍정적인 생각보다 부정적인 생각을 더 빨리 떠올리며, 부정적인 것에 초점을 맞추도록 프로그램되어 있다.

대학교에 간 앨프Alf는 대학생활이 자신에게 맞지 않는다는 것을 깨달았기에, 자퇴한 후 직장에서 일했다. 일은 마음에 들었지만, 문화가 자신에게 맞지 않았기에, 그곳을 그만두고 자신이 원하는 일을 진지하게 생각해보는 시간을 가졌다. 진지하게 숙고하는 시간을 가진 후, 그는 TV 방송국에서 일하기로 결정했으며, 운 좋게 말단 스탭 자리를 구했다. 그는 여기서 성공해야 한다는 것을 알았다. 이미 두 번의 실패를 경험했기에, 마지막 기회처럼 느껴졌다.

TV 방송국의 문화 때문에, 오랜 시간 일하면서 칭찬은 거의 받지 못했다. 가끔 상사들이 좋은 피드백을 주더라도, 거의 귀에 들어오지 않았다. 자신을 향상하는 데 너무 집중했기 때문이다. 안주하고 싶지 않았기에, 자신의 실수와 개선이 필요한 부분에 초점을 맞췄다. 가끔씩 촬영에 필요한 소품을 잊어버리거나 시한을 맞추지 못하면, 이런 실수에 과도하게 초점을 맞췄으며, 그 결과 기분이 훨씬 나빠졌다.

앨프는 열심히 일했으며, 보상도 받았다. 일을 시작한 지 일 년 만에, 주목할 만한 인재로 부상했다. 좀 놀랐지만, 마음 깊은 곳에서는 자기 자신을 믿었다. 심지어 그는 이렇게 계속하면, 최고의 자리에 오를 수 있으리라 믿었다. 하지만 이 때문에 압박감이 커졌다. 자신이 얼마나 잘하고 있는지 느끼는 순간도 가끔 있었지만, 머릿속에서는 이미 두 번 실패했던 청년으로 자신을 여전히 생각했다.

비판적인 상사가 이끄는 새로운 프로젝트에 투입되자, 그의 내적 목소리와 상사의 비판이 결합해서 불안이 커졌으며, 결국 그는 일을 그만뒀다. 그리고는 나를 보러 왔다. 우리는 연민에 근거한 목소리를 키우는 작업을 했으며, 곧 앨프는 자신을 지지하는 방법과 자신의 성공을 인식하는 방법을 익혔다. 그는 직장으로 돌아가서 좋은 성과를 냈다. 현재 그는 한 시리즈물의 편집자이다.

내가 앨프를 만났을 당시, 그가 직장에서 매우 잘하고 있다는 것은 분명했다. 상사들은 그를 거듭 칭찬했으며, 그가 못하고 있다는 증거는 어디에도 없었다. 그는 자신을 두 번 실패한 사람으로 봤지만, 내가 보기에 그는 용감하게 대학을 그만두고 경력까지 바꾼 후 자신이 열정을 가진 분야에 뛰어든 사람이었다. 그의 실패 경험을 걱정해야 할 것이 아니라 강점으로 본 것이다. 몇 가지 일을 해본 후에 자신이 원하는 일을 발견하게 되는 것은 특이한 경우가 아니다.

앨프가 자신을 비판한 이유도 특이하지 않다. 그는 잘하고 싶었으며, 자신의 일을 매우 소중히 여겼다. 하지만 자기비판은 문제를 해결하기보다는 더 많은 문제를 유발했다. 도움이 되기는커녕, 그의 발전과 자신감을 가로막았다.

내가 해야 했던 일은 앨프가 자기비판을 반박하는 논거를 구축하도록 도와서, 능력 부족이 아니라 자기비판이 자신의 발목을 잡고 있다는 것을 깨닫게 하는 것이었다.

자기비판에 작별 고하기

잠시 시간을 내서, 자기비판의 장단점을 생각해보라. 먼저 자기비판의 장점을 생각해서 종이에 적어라. 그다음에는 자기비판의 단점을 생각해서 종이에 적어라.

앨프가 생각한 장점은 다음과 같았다.

- 자신을 비판하면 완벽해질 수 있다.
- 집착하면 더 많은 것을 알게 된다.
- 실수하더라도 자기비판 덕분에 반복하지 않게 된다.

함께 이런 생각들을 제거하자, 현실이 꽤 다르게 보였다. 자기비판이 완벽을 추구하는 데 도움이 되기는커녕, 머릿속에서 부정적인 생각이 반복되어, 무엇이 최선인지 걱정하고, 시간과 에너지가 소모되며, 완벽할 수 없으면 회피하는 결과가 유발됨을 깨달았다.

집착 역시 마찬가지였다. 실수를 없애는 데 도움이 되기는커녕, 실수했을 때 더 비참하게 느끼도록 만들었다. 실수를 완전히 없애는 것이 불가능한, 삶의 정상적인 부분으로 인식하지 못하게 만들었다(제10장에서 살펴볼 것이다).

내 클리닉에서 고객들은 자기비판이 자신에게 동기를 부여하고 게으르지 않게 하는 역할을 한다는 주장을 흔히 한다. 당신도 이렇게 믿는다면, 잠시 시간을 내서 '그것이 정말 내가 더 열심히 일하게 만드는가?'라고 자문해보라. 자신에게 이런 식으로 이야기할 때 어떤 느낌이 드는가? 그것 때문에 두렵거나 자신이 나쁘게 느껴진다면, 동기부여를 느끼기는 실제로 훨씬 어렵다.

자기비판이 없으면 게을러질 것이라는 사고방식도 다시 생각해봐야 한다. 자기비판을 멈춘다고, 자동으로 나태해지는 것은 아니다. 동기부여 의욕이 매우 강한 사람들은, 자신에게 친절해도 여전히 동기부여가 강할 것이다. 그런 사람들은 갑자기 모든 의욕을 잃고 아무 것도 하지 않는 상태에 빠져서 TV와 피자로 밤낮을 보내는 일은 일어나지 않는다.

앨프가 생각한 단점은 다음과 같다.

- 더 큰 목표를 피한다.
- 기분 나쁘게 만든다.
- 시간을 너무 많이 빼앗는다.
- 의욕을 없앤다.
- 정신적으로 피곤하다.

- 앞으로 나아가는 데 도움이 되지 않는다.

- 내가 무슨 일을 해도 무시한다.

- 일이 잘되는 모습을 보지 못하게 한다.

- 내 상황을 잘못 인식하게 한다.

- 화나게 한다.

- 비참함을 느끼게 한다.

- 문제를 풀기는커녕 모든 것을 악화시킨다.

- 자기비판은 스스로를 괴롭히는 일이다.

- 편집증적으로 만든다.

- 사람들이 나를 좋아하지 않거나 아끼지 않을 것이라고 걱정하게 만든다.

- 나 자신과 내 능력에 관해 불안해하게 만든다.

앨프의 목록을 살펴보면, 자기비판이 다른 사람들이 생각하는만큼 동기부여에 도움이 되지 않는다는 것을 알 수 있다.

비판 vs. 연민

이렇게 생각해보라. 당신이 체력단련과 관련해서 새로운 목표를 정하고, 훈련을 위해 코치를 선택하기로 했다. 최선의 결과를 얻으려면 어떤 코치를 선택해야 할까?

코치 A는 아침 훈련시간마다 당신에게 고함을 지른다. 당신이 게으르고, 쓸모없는 쓰레기고, 공간과 시간을 낭비하고 있다고 윽박지른다. 당신이 절대 목표에 도달하지 못할 것이며, 아무것도 이루지 못할 것이라고 말하면서, 도대체 이런 훈련은 왜 받느냐고 묻는다. 훈련시간이 아닐 때에는 전화나 문자로, 자신이 당신에게 얼마나 실망했는지 이야기하고, 지난 훈련시간 때 당신이 저지른 실수와 실패들을 상기시킨다.

코치 B는 훈련시간마다 당신을 환영하면서, 오늘 훈련에 대한 기대가 크다고 말한다. 당신이 지난 시간보다 나아진 점을 하나씩 이야기하고, 당신이 잘하고 있는 영역을 강조하며, 여전히 노력이 필요한 영역들도 지적한다. 코치 B는 어려운 영역이 한두 개 있는 것은 정상이며, 지금 당신이 하는 훈련 중에서 몇 개는 상대적으로 어렵다는 것을 상기시킨다. 당신이 자신의 장점을 보도록 돕고, 다른 영역에서 그것을 활용하는 방법도 알려준다. 당신이 스스로 힘들어하는 부분을 살펴보고 새로운 접근법을 시도해보도록 격려한다. 훈련시간이 아닐 때에는 전화와 문자로, 계속 노력할 것을 장려하고, 당신이 잘하고 있다고 얘기하면서 안심시킨다.

나라면, 코치 A는 생각만 해도 스트레스가 쌓인다. 이 코치에게 훈련받으러 가느니, 차라리 침대에 숨겠다. 반면 코치 B는 내가 최선을 다하고 더 열심히 노력하게 만든다. 자신감을 북돋아 주며, 이 코치가 나를 믿는다는 생각만으로도 기분이 좋아진다.

물론 코치 A는 자기비판의 화신이다. 이런 코치가 있으면 당신의 목표 달성이 훨씬 더 어려워질 것이고, 심지어 목표를 달성하더라도 그 과정 전체가 매우 불쾌할 것은 명백하다. 이 접근법은, 동기를 부여하기는커녕 당신이 자신을 끔찍하게 느끼게 만든다는 것을 쉽게 알 수 있다.

실제로는 이처럼 정반대임에도 불구하고, 우리는 자기비판이 목표 달성에 도움이 된다는 믿음을 오랫동안 고수해왔다. 심지어 자기비판은 자신의 내면의 목소리이지만, 그 결과는 다른 사람이 당신을 비판하는 것과 똑같다.

마지막으로, 자기비판이 정말로 성공의 필수요소인지 자신에게 물어보라. 거기서 한 걸음 더 나아가, 자신이 왜 성공하고 싶은지도 물어보라. (기분이 좋아지기 위해서? 행복해지기 위해서? 자신감을 얻기 위해서?) 비판이 그런 목적에 도움이 되는가? 그 답은 당연히 '아니오'라는 것이 당신에게도 명백했으면 좋겠다.

코치 B의 접근법은 연민에 바탕을 둔 접근법이다. 이 접근법이 제대로 작동한다는 것은 쉽게 알 수 있다. 연민을 삶의 필수요소로 간주하라. 연민은 비판이 아닌 친절을 이용해서 당신이 자신을 지지하고 동기를 부여하도록 가르친다. 그렇다면 연민이 정확히 뭘까?

연민을 선택하라

내 클리닉에 온 사람들에게 연민에 관해 처음 이야기

하면, 보통 약간 혼란스러워하며, 믿지 못하겠다는 표정을 짓는 사람들도 있다. 내가 생각하기에, 많은 사람이 연민이라는 개념에 대해 부정적인 반응을 보이는 이유는 그들이 자기비판과 강하게 결합되어 있기 때문이다. 그것들은 마치 얼굴을 맞댄 두 자석과도 같다.

당신은 가면증후군의 목소리에 세뇌되었으며, 그 목소리가 당신을 굴복시키기 위해 사용하는 주된 전술 중 하나가 자기비판이다. 그 목소리는 당신이 연민이라는 생각을 떠올리는 것조차 원치 않는다. 자기비판을 당신 삶의 중심 위치에서 밀어내어 결국에는 사라지게 만들 첫 단계가 연민임을 알기 때문이다. 자기비판이라는 공포 전술이 사라지면, 당신이 다른 시각의 목소리를 들을 수 있게 되어, 가면증후군의 목소리가 당신에게 끼치는 힘이 약해진다. 연민은 자기비판의 크립토나이트(특효약)다!*

나는 대부분의 사람들이 연민의 본질을 잘못 이해하고 있다고 생각한다. 자기 자신에 대해 연민을 갖는 것은 다른 사람들을 위한 연민과 전혀 다르지 않다. 우리의 고군분투에 우리가 혼자가 아니라는 것을 기억하면 도움이 된다. 누구도 완벽하지 않고 모두가 실수를 하므로, 스트레스를 받거나 슬퍼해도 괜찮다. 고통과 힘듦은 모든 인간이 겪는 경험이다. 그것들은 우리 삶에서 일어나는 일에 대한 반응일 뿐이다.

이 분야의 개척자인 크리스티 네프Kristin Neff 박사는 자기 연민이

---

* 크립토나이트(kryptonite): 슈퍼맨의 치명적 약점을 일컫는다. 영화 〈슈퍼맨〉에서 주인공 슈퍼맨의 초능력을 무력화시키는 가상 광물(신비의 암석).

3가지 주요 요소로 구성된다고 정의했다.

1. 우리가 스트레스를 받거나 힘들 때, 판단이나 과잉반응하지 않고 인지하는 것.
2. 우리가 힘든 시기를 겪을 때, 자신을 격려하고 너그럽게 대하고 이해하는 것.
3. 누구나 가끔 실수를 하고 어려움을 겪는다는 것을 기억하는 것.

연민에 바탕을 둔 접근법은 자신을 친절하고 따뜻하게 대하며, 개인적 비판적 판단을 피하는 접근방식을 의미한다. 용감하고, 강하고, 공정하고, 현명하게 생각하라. 이것들은 자신에 대해 좋은 느낌을 주기 위한 핵심 요소이며, 자신의 삶에서 변화를 일으키는 데 중요하다.

연민은 나약한 것이 전혀 아니며, 자신에게 오냐오냐하는 것도 아니다. 자신에 대한 동정, 방종, 나쁜 행동에 대한 변명도 아니다. 긍정적으로 생각하는 것도 아니고, 자신의 잘못은 무시하면서 잘되는 것에만 초점을 맞추는 것도 아니다.

연민이란 우리의 감점과 발전의 구체적인 예를 인지하고, 우리가 개선해야 할 영역을 식별하는 것을 의미한다. 이는 우리의 행동에 대한 책임을 지는 것(심지어 그것이 나쁜 경우에도)을 의미하고 우리 자신을 인간으로 받아들이는 것을 뜻한다. 이를 통해 우리는 사물을 명확히 볼 수 있고, 파괴적인 행동을 반복하지 않게 한다.

연민은 스트레스, 불안, 우울증으로 이어질 수 있는 자기 비판적이고, 완벽주의적인 사고의 완벽한 해독제다. 자기 연민은 우리 삶에서 필요한 변화를 일으킬 수 있는 동기를 부여하므로, 우리가 자신을 계속해서 판단하거나 평가하지 않게 한다. 자기 연민이 필요한 이유는 우리가 자격이 없고 불충분한 존재여서가 아니라, 우리가 삶의 희로애락에서 위안과 이해를 받을 자격이 있는 소중한 존재이기 때문이다.

내가 연민을 언급하자, 내 고객인 벨라Bella는 거의 역겹다는 표정을 지었다. 감정을 표현하지 않고, 연민은 생각조차 하지 않는 가정에서 자랐기 때문에, 그녀는 자신의 감정을 무시하게 되었으며, 삶의 어려움이 닥치면 '침착해야 한다는' 접근법을 취했다.

우리가 처음 만났을 때, 그녀는 자신에 관해 얼마나 끔찍하게 이야기하는지조차 인식하지 못했다. 그녀의 자기비판은 때로 자기처벌 수준에 이르러서, 그로 인한 기저의 불안감이 그녀의 모든 행동에서 배어 나왔다. 두더지잡기Whac-A-Mole 게임과 비슷했다. 그녀가 자신에게 강해져야 한다고 이야기하면, 불안감이 다른 곳에서 나타나곤 했다. 벨라는 완전히 반대되는 증거가 엄청나게 많음에도 불구하고, 자신이 삶에 잘 대처하고 있다고 느낀 적이 없었다.

시간이 지나면서 그녀가 연민의 의미를 더 잘 이해하고 그것을 자신에게 시도하자, 부정할 수 없을 정도로 긍정적인 변화가 나타났다. 오래된 그녀의 자동적인 자기비판 반응을 극복하는 데에는 결단력이 필요했지만, 열심히 노력한 끝에 성공할 수 있었다. 그녀는 자신감이 향상되었고 자신에게 더 친절해졌으며, 그 결과로 다른 사람들에게도 더 큰 이해심을 보이게 되었다. 그녀의 불안도 줄어들었으며, 삶의 모든 일이 더 쉬워졌다.

자기 연민은 모든 사람의 삶에 필요한 것이다. 자기 연민이 행복, 낙관, 감사를 유발한다는 연구가 많다. 자신에게 연민을 발휘하는 사람은 다른 사람도 더 잘 용서할 수 있다.

자기 연민을 실천하면, 목표 달성을 위해 훨씬 더 열심히 노력할 수 있다. 또한, 그 과정에서 자신에 관해 훨씬 더 좋게 느낄 수 있다는 보너스도 생긴다! 스트레스가 줄어들며, 자기비판도 잠잠해진다. 자기비판의 목소리가 줄어들면, 실수와 실패를 받아들이고 앞으로 나아가기도 쉬워진다. 역경에서 회복하고 자기 가치를 높이고 자신을 더 잘 수용하는 데에도 도움이 된다.

모든 전략을 실천할 때, 자신에게 친절하게 말하고 자신을 칭찬하고 격려하기 위해 노력하라. 당신의 내적 대화가 만들어낼 수 있는 차이를 생각해보고, 일상생활을 어떤 기분으로 하고 싶은지 선택하라.

2단계 과정

이제 당신도 자기비판이 미치는 악영향을 잘 이해하게 되었을 것이며, 연민에 기반한 접근법을 포용할 준비가 되었을 것이다. 이 모든 놀라운 장점에도 불구하고, 대부분 사람에게는 자기 연민이 자연스럽게 자리 잡지 않는다. 시간과 노력이 필요하며, 처음에는 불편하게 느껴질 수 있다. 자기 연민이 자신의 삶에 자리 잡도록 돕기 위해, 이 2단계 과정을 시도해보고, 그것을 계속 고수하라. 더 많이 실천할수록, 더 쉬워질 것이다.

1단계: 자신에게 하는 말을 인식하라.

자기비판은 연민을 가로막으므로, 가장 먼저 제거해야 한다. 자신에게 말할 때 사용하는 말을 업그레이드하려고 노력하기 전에, 먼저 자신이 현재 어떤 말을 사용하는지 인식해야 한다. 자신의 내면의 목소리를, 당신이 무가치하다고 말하는 당신 머릿속의 라디오방송국이라고 생각해보라. 그 볼륨을 줄여라!

자신에게 어떻게 말하는지 주목하라. '넌 쓸데없는 녀석이야, 정말 형편없었어, 저 여자가 널 이상하게 쳐다봤어, 넌 말을 버벅거렸어, 심지어 오늘은 프로처럼 보이지도 않았어, 넌 절대 승진 못할 거야, 아무도 널 존중하지 않아.' 이런 목소리가 꽤 자동으로 울려 퍼지기 때문에, 우리가 스스로에게 비판적인 얘기를 한다는 사실조차 깨닫지 못할 때가 많다.

가면증후군의 목소리와 마찬가지로, 이 목소리도 표면화시키도록 해보라. 사실 이 둘은 꽤 비슷하다. 그것은 또 다른 고비Gobby, 쉼 없이 짖어대는 개, 초췌한 마녀, 코믹한 인물일 수도 있다. 이것은 당신의 목소리가 아니므로 귀 기울일 필요가 없음을 인식하라.

- 자신에게 하는 말에 주의를 기울여라. 어조가 어떤가? 자신이 문제라고 이야기하거나 불충분하다고 이야기하는 발언(표현)들에 귀를 기울여라.

- 그것이 누구의 목소리인가? 그 목소리를 인식했다면, 그것이 당신이 듣고 싶은 목소리인가? 이 사람이 하는 조언을 소중히 여기겠는가? 그 답이 '아니오'이기를 바란다. 그래야 한다.

- 이 목소리는 자신이 도움이 된다고 말하지만, 정말로 그런가? 그 발언들 중 몇 가지를 종이에 적어서 살펴보라. 이것이 정말 자신에게 하고 싶은 얘기인가?

- 자기비판이 발견되면, 잠시 멈춘 후 자신에게 '이것이 정확한가?'라고 물어보라. 그것이 자기비판이 하는 얘기임을 기억하라. 당신이 실제로 그런 것은 아니다.

- 마음을 열고 기회를 인식하라. 자신이 할 수 있는 것들이 보이기 시작할 것이다.

2단계: 자신을 위한 새로운 목소리 찾기

새로운 말로 자신에게 이야기하는 것은 어려우며, 처음에는 어색하게 느껴지는 것이 당연하다. 그러나 새로운 말로 당신 스스로에게 시도해보라고 부탁한다. 그러면 좋은 반응이 일어나기 시작할 것이다. 자신의 긍정적인 요소에 이야기의 초점을 맞추기 시작하면 당신의 뇌가 그런 것들을 더 자연스럽게 받아들이게 된다는 것이다. 차나 새로운 핸드백을 사야겠다고 결심하고 나면, 어디서나 그것들이 눈에 들어오는 것과 비슷하다. 그것들이 갑자기 늘어난 것이 아니라, 당신이 초점을 맞추니까 늘 눈에 띄는 것뿐이다. 우리 뇌는 잘 활용하기만 하면 꽤 똑똑하다.

연민이 많은 사람을 생각해내고, 그 사람이 어떻게 말할지 상상해보라. 혹은, 열정적인 접근법을 선보여서 당신에게 무언가를 해야겠다는 동기부여를 제공한 사람을 생각해보라. 그 사람의 어떤 말이 당신에게 도움이 되었는가? 이런 사람은 당신의 할아버지일 수도 있고, 당신에게 영감을 주는 삼촌일 수도 있고, 당신이 존경하는 유명인일 수도 있다. 그들이 어떤 어조로 어떻게 당신을 지지하고 격려할지 상상해보라. 그들의 모습을 떠올리면 도움이 될 것이다. 그들이 친절하고 부드럽고 이해심 있게 이야기하는가? 그들이 당신을 확실하게 지지해주는가? 그들이 당신을 격려하고 믿어주는가?

이제 이런 방법들을 사용하여, 어떻게 머릿속에 좀 더 긍정적인 이야기로 바꿀 수 있을지 생각해보라. 예를 들어, 당신이 프레젠테이션을 했지만 바랐던 것만큼 잘하지 못했다면, 자기비판을 시작하지 말고, 연민에 기반한 새로운 목소리를 시험해보라. 당신을 비판하는 목소리에 '네가 화났다는 것은 알지만, 너는 도움이 되지 않아. 내 기분만 더 나빠지게 할 뿐이야'라고 이야기하라. 일어났던 일을 다른 식으로 해석해보라. '힘든 날이었지만, 난 최선을 다했어.' 등이 그 예다. 프레젠테이션을 할 때는 모든 사람이 긴장하므로, 자신에게 이렇게 이야기하라. '나만 이런 것이 아니야. 더 많이 하면 더 잘할 수 있다는 것을 알아.' 마지막으로, 자신에게 친절할 방법을 찾아라. 제일 좋아하는 머그컵에 차를 한 잔 내려서 자신에게 주고, 자신의 팔을 쓰다듬고, 깊은 심호흡을 몇 번 하라.

당신이 이 책 나머지 부분의 모든 전략을 실천할 때, 연민에 기반한 접근법을 사용했으면 한다.

- 다른 사람에게 하듯이 자신에게도 친절하라.
- 자신에게 친절하게 말하고 행동하라.
- 시간을 내서, 자신의 삶에서 잘되고 있는 것과 그 이유를 생각해보라.
- 자신의 행동에 책임을 져라.
- 삶의 피할 수 없는 어려움을 겪을 때 현재에 머물라.
- 인간이라면 누구도 완벽하지 않고, 모두가 실수를 저지른다는 것을 기억하라.
- 자신을 있는 그대로 받아들여라.
- 자신을 격려하고 믿어주라(처음에는 좀 어색하게 느껴질 수 있다!)

다음 단계

이번 장에서는 자기비판이 도움이 된다는 당신의 믿음이 틀렸고, 연민이 훨씬 나은 접근법임을 확실하게 보였다. 자신이 능력을 과대포장하는 가면을 쓰고 있다는 당신의 믿음에 균열이 하나 더 생겼을 것이므로, 이제 손에서 힘을 좀 빼서 그것을 느슨하게 잡고 있어도 된다.

당신의 주장들이 하나씩 부정될 때마다, 퍼즐 조각이 하나씩 제

자리를 찾아간다. 조각그림 퍼즐을 맞출 때와 비슷하다. 퍼즐을 더 많이 맞출수록, 자신의 실제 모습을 더 쉽게 볼 수 있으며, 자신에 관한 시각도 더 쉽게 새롭게 할 수 있다. 당신이 퍼즐을 대부분 맞추고 나면, 내 이야기가 진정으로 이해되기 시작할 것이다.

당신의 자기 연민이 아직 완전하지 않아도 괜찮다. 자기 연민을 향상하고 자기비판과 싸우는 데 사용할 수 있는 더 많은 전략을 이 책에서 계속 소개할 것이기 때문이다. 이 전략들이 제대로 작동하려면 당신이 자기비판을 떨쳐내야 하지만, 이 전략들 중 일부는 자기 연민을 향상하는 데 필요하다. 따라서 자기연민은 닭이 먼저냐 달걀이 먼저냐의 문제와 약간 비슷하다. 자신에 대해 더 좋게 느끼면 자기 연민이 더 쉬우며, 이럴 경우 다른 전략들의 실천도 더 쉬워진다.

지금 내가 당신에게 부탁하는 것은, 매일 아침잠에서 깨면 오늘 자기 연민을 실천하겠다고 의식적으로 결심하라는 것뿐이다. 이 책 나머지 부분에서 당신이 하는 모든 연습에서도 자기 연민을 사용하기를 바란다. 그렇게 하면, 내 이론을 이해해서 이 새로운 방법을 활용하는 것이 훨씬 쉬워진다. 자신과 자신의 능력을 믿을 때다.

다음 장에서는 불안감과 자기 의심을 살펴본다.

불안감과
자기 의심

"당신은 자신의 능력에서 조금 벗어났거나
불편함을 느낄 때면, 이것을 정상적이고
예상할 수 있는 감정으로 여기기보다는
자신이 자격 없는 사람이라고 결론 내리기 쉽다."

체크 포인트 수행할 목표

- 자기 의심과 불안감이 어디에서 비롯되는지 이해한다.
- 모든 사람이 불안감과 자기 의심을 경험한다는 것을 인식한다. 당신만 그런 것이 아니다.
- 불안감과 자기 의심의 좋은 점은 당신의 장점에 유리하게 활용할 수 있음을 이해한다.

이제 당신은 자기비판에 작별을 고하고 당신의 삶에 연민을 불어넣었다. 다음으로 내가 다루고 싶은 요소는 자기 의심이다. 앞서 2장(69쪽 참조)에서 살펴보았듯이, 당신은 우리가 불확실한 상황에 처했을 때 약간의 두려움을 느끼는 것이 당연하다는 사실을 기억할 것이다. 이 두려움과 함께 자기 의심(자기 자신에 대한 의구심) 때문에 생기는 불편함이 찾아오고, 다음과 같은 질문이 촉발된다. '내가 이걸 할 수 있을까? 내가 충분히 아는 걸까? 기대에 부응할 수 있을까?'

가면증후군이 어떻게 작동하는지 생각해보라. 그것은 마치 당신의 뇌가 당신의 새로운 정체성을 따라잡지 못한 것처럼, 확증편향이 자신에 대한 당신의 관점을 새롭게 하는 것을 멈추게 하는 것과 같다. 따라서 당신은 자신의 능력에서 조금 벗어났거나 불편함을 느낄 때, 이것을 정상적이고 예상할 수 있는 감정으로 여기기보다는 자신이 '자격 없는 사람'이라고 결론 내리기 쉽다. 이것은 당신이 자신에 대한 자신감을 쌓을 기회가 없다는 것을 의미하기도 한다. 자신감은 자기 의심에 대한 해독제(치료제)다!

극단적인 자기 의심으로 불안감, 불확실성, 취약성이 뒤섞인 감정이 촉발되어 큰 문제를 유발할 수 있다. 당신은 자신이 충분하다는데 의구심을 가진 채, 돋보기를 들고 자신의 모든 행동을 살핀다. 모든 상황과 자신의 모든 결정을 과도하게 분석하고, 더 잘할 수 있는 것은 아닌지 끊임없이 의심한다. 다른 사람들은 모두 그들이 하는 일에 확신을 갖고 있다고 상상하며, 이런 생각 때문에 더 불안해져서 과로와 회피의 악순환이 강화된다.

이런 생각이 두려움일 뿐 사실은 아니라는 것을 인식하는 대신 그것들을 진짜라고 믿으며, 그 결과 100% 자신 있어야 어떤 과제를 맡을 수 있다고 상상한다. 불안감을 자신이 능력이 부족하다는 것을 나타내는 증거로 생각하는 당신의 생각이 틀렸음을 보여주기 위해서 나는 다른 사람들은 모두 괜찮다는 믿음, 삶의 모든 영역에서 늘 유능하다고 느껴야 한다는 믿음, 매일 기분이 좋아야 한다는 믿음에 대해 꼭 그렇지 않다는 것을 밝히려 한다.

다음에는 자기 의심의 긍정적인 면을 유리하게 활용하는 방법을 살펴보도록 한다.

자기 의심은 내가 불충분하다는 뜻인가?
과연 그럴까?

가면증후군의 핵심은 불충분하다는 두려움이다. 늘 느껴지지 않을 수도 있지만, 촉발되면 자신과 자신의 능력을 심각하게 의심하게 되어, 믿을 수 없을 정도로 불안해진다. 이런 두려움을 억제하기 위해 당신은 자신이 늘 유능하고 성공적인 모습이어야 한다고 믿는다. 이것은 당신이 계속해서 자신이 그러함을 증명해야 한다는 것을 의미한다.

이런 기대를 충족하지 못하면 자신이 무능력하다고 결론 내리고 자신의 자격을 의심한다. 유능한 사람들은 자기 의심이나 불안감을 전혀 느끼지 않을 것이라는 잘못된 믿음을 고수하기 때문이다. 다른 사람들은 모두 자신을 잘 관리하는 유능한 사람이지만, 자신은 그렇지 않다고 생각한다.

자기 의심 때문에 이런 두려움이 촉발될 수도 있지만, 다른 사람들은 이렇게 느끼지 않을 것이라는 생각이 문제의 큰 부분을 차지한다. 바로 이 부분에서 당신은 완전히 잘못 생각하고 있다.

때때로 불안하거나 다른 사람들이 어떻게 생각할까 걱정하지 않는 사람이 누가 있는가? 주위 사람들의 마음을 읽을 수 있다면, 불안감의 파도와 만나게 될 가능성이 크다. 우리는 매우 철저한 검토를 통해 우리 자신을 비교하고, 평가하고, 판단한다. 병리학적인 문제는 아니지만, 우리 모두가 그것에 영향을 받기 쉽다는 사실을 알아야 한다. 실제로 자신이 모든 것을 충분히 잘 안다고 생각하는 사람이 있다면, 나는 그 사람을 더 의심하고 걱정할 것이다. 자기 의심을 한 번도 경험하지 않았다고 주장하는 사람들이 더 큰 문제라고 생각한다!

자기 의심은 '모든 사람'에게 영향을 미친다. 우리 중의 누구라도 자신이 하고 있는 일을 완전히 확신하지 못한다! 내가 이것을 어떻게 아는가? 그 이유는 자기 의심이 이미 진화론적 보호 메커니즘(무의식적 방어 수단)으로 우리 안에 내장되어 있기 때문이다.

불안감과 자기 의심의 진화론적 기원

진화론적 관점에서 보면, 불안과 의심은 초기 인류가 생존을 위해 채택한 '실수를 후회하기보다는 안전한 것이 낫다'* 접근 방식의 일부이다(이들의 형제인 두려움과 비슷하다). 불안과 두려움(공포)은 우리 뇌의 편도체를 지나치게 활성화시킨다. 이 과민성 위협 탐지기(편도체)는 인류가 죽음을 피하는데 큰 도움이 되었기에,** 자기 의심의 장점이 단점을 능가하면서 계속 우리의 뇌에 남아있게 되었다. 자기 의심과 불안감은 우리의 자기인식 향상에도 도움이 되어서, 우리는 잠재적 문제나 위협을 예상하고 극복할 수 있었으

●　better safer than sorry: 나중에 후회하는 것보다 미리 조심하는 것이 낫다.
●●　2장 '자기 의심의 생존전략'(64쪽)을 참조하라.

며, 우리의 관계도 더 좋아질 수 있었다.

그것은 우리에게 위험을 경고하는 역할도 했다. 우리는 문제를 예상하고 사고와 부상을 피할 수 있도록 잠재적인 위협이 있는지 주변 환경을 살폈으며, 우리가 새로운 사람들과 장소들, 사건들에 직면했을 때 주의를 기울였다. 그리고 자기 의심은 우리가 자신이 할 수 있는 일과 없는 일을 판단하는 데도 도움이 되었다. 만일 인간이 전혀 두려움을 느끼지 않았다면, 우리는 지배적인 종이라기보다는 이상하게 진화한 별난 종이 되었을 것이다.

불안감은 인간관계에도 유익하다. 우리는 매우 사회적인 존재이며, 초기 인류는 생존을 위해 모여 살면서 집단생활을 해야 했다. 집단에서 벗어나면 죽음이 기다리고 있었다. 이것은 우리가 사회적 소속에 대한 강한 욕구가 있다는 것을 의미한다. 우리는 긍정적인 사회적 상호작용에 의해 보람을 느끼고, 부정적인 상호작용에 의해 상처를 받는다. 이렇게 장기적이고 안정적으로 여겨지는 보살핌의 체제하에서 같은 사람들과의 긍정적인 상호작용은 인간의 기본적 욕구이며, 이밖에도 소속의 욕구는 자기발전에 필수적이다 (4장-102쪽의 믿음이 형성되는 방식을 생각해보라).

우리에게 소속의 욕구가 있다는 것은 '타인을 이해하는 것'이 필수적인 삶의 기술임을 의미했다. 인간의 뇌, 특히 신피질은 다른 영장류나 포유류보다 훨씬 더 크다.

신피질은 공감과 마음이론*뿐만 아니라 의식적 사고, 언어, 행동 및 감정 조절 등과 같은 고도의 사회적 인지에 관여하는 뇌의 영역이다. 이 영역은 우리가 다른 사람의 느낌과 의도를 이해할 수 있게 하며, 따라서 이런 능력이 있는 우리가 때때로 불안감을 느끼는 것도 당연하다.

우리가 진화해왔듯이 인간은 성공하기 위해 스스로 자각을 해야 했다. 적을 피하고, 유용한 동맹을 맺고, 적합한 배우자를 찾아야 했으므로 판단이 잘못되면 치명적일 수 있었다. 약간의 불안감 덕분에 우리는 다른 사람들과 어울리면서 집단 내에서 안전하게 지낼 수 있었다.

소속감에 대한 욕구는 지금도 여전히 우리들에게 남아있으며, 관계는 여전히 우리의 건강과 행복의 열쇠이다. 연구에 따르면, 사회적 지지가 없는 것은 흡연만큼 해로웠다. 사회적 고립은 질병 및 조기사망 증가와 상관관계를 가지며, 자신을 지지해주는 따뜻한 관계는 건강과 수명에 장기적으로 유익하다. 연결이 핵심이다. 관계는 우리의 삶에 의미와 목적을 부여하기 때문이다.

● theory of mind : 타인의 말과 행동의 의미를 이해하고 타인의 생각, 믿음, 의도, 감정, 정서 등을 추론하여, 미래의 행동을 예견하고 대처하기 위해 자신과 타인의 마음 상태에 대한 정보를 사용하는 능력(심리학).

항상 기분이 좋은 사람은 없다

우리의 자기 의심 수준은 우리의 삶 전반에 걸쳐 달라지며, 상황과 함께 있는 사람, 자신의 기분에 따라 커지거나 작아지는 것이 정상이다. 그것은 우리가 하는 일과 우리 자신에 대한 믿음들과 연결되어 있다. 자신감을 느낄 때는 불안감이 뒤로 숨지만, 자신감이 사라지는 순간 불안감은 다시 고개를 든다.

가면증후군을 겪는 사람은 항상 최고의 상태여야 한다고 상상하면서, 사회적인 수용이나 자신이 충분히 잘한다는 느낌을 위해 모든 영역에서 매우 열심히 노력한다. 하지만 삶의 모든 영역에서 늘 자신이 훌륭하다고 느끼는 사람은 없다. 우리는 모두 우여곡절을 겪고 있다. 영원히 행복하거나 항상 자신감을 갖는 것은 이상할 것이다. 직업상 나는 기분을 최고로 만드는 데 도움이 되는 모든 전략과 기법을 안다. 하지만 매일 아침마다 미소를 지으면서 잠자리에서 벌떡 일어나지는 못한다!

우리가 항상 기분이 좋기를 바라지만, 삶은 간단하지 않다. 나는 때때로 우리가 모든 감정이 정상이라는 사실을 잊는다고 생각한다. 우리의 기분은 오르락내리락하는 것이 자연스러우며, 모든 사람이 스트레스, 불안, 초조, 분노를 겪는다. 모든 감정을 느끼는 것은 지극히 정상적인 일이다. 그것들이 우리에게 필요하고 유익하기 때문에 우리는 감정의 모든 영역을 경험한다.

흔히 일컫는 '부정적인' 감정도 긍정적인 감정만큼이나 중요하다.

우리가 일어난 일을 인정하고 이해하게 만들기 때문이다. 아무리 긍정적인 사람이라도, 살면서 부정적인 감정을 전혀 느끼지 않는 것은 불가능하다.

다른 사람들이 미소를 짓고 자신감 있는 모습을 보여도, 실제로는 그렇지 않을 수 있다는 것을 기억하는 것 역시 도움이 된다.

루크Luke는 자신을 다른 사람들과 자주 비교하면서, 자신이 잘하고 있는지 판단한다. 그의 모든 동료들은 자신만만해 보였지만, 그는 정반대로 느껴졌다. 사람들이 자신의 가면을 꿰뚫어보고 자신이 한 일에 알맹이가 없음을 깨닫게 될 것이라고 매일 염려했다. 회의에서는 바보짓을 하지는 않을까 걱정했다. 다른 사람들은 모두 자신이 무엇을 하는지 알고, 늘 준비가 되어 있으며, 자신 같은 두려움은 느끼지 않을 것이라고 상상했다.

루크는 승진만이 유일한 탈출구라고 느꼈다. 승진하면 최소한 자신이 일을 잘한다는 것은 알게 되어, 마음이 편안해질 것 같았다. 그의 상사는 매우 자신 있어 보였으므로, 자신도 그럴 수 있기를 바랐다.

다른 동료들이 얼마나 잘하는지 얼마나 열심히 일하는지 알기에, 그의 불안감은 커졌다. 자신을 증명해야 할 필요를 늘 느꼈기에, 늦게까지 일하고, 자신에게 높은 기준을 정했다. 그는 더 열심히 일하고 연구했으며, 더 많은 것을 배웠다. 그의 힘든 노력은 결실을 맺었다. 평가에서 높은 점수를 받아서 승진했다.

승진하자 상사와 더 밀접하게 일하게 되었다. 상사의 프레젠테이션 준비와 큰 행사 뒤의 결과보고를 돕게 되었다. 그러자 그동안 보지 못했던 상사의 이면과 실제 느낌을 알게 되었다. 회의와 프레젠테이션 때는 늘 자신 있는 모습이었지만, 그것이 끝나면 루크에게 '나 오늘 어땠어?' '당신이 보기엔 어땠어?' '발음은 괜찮았어?' 등을 묻곤 했다. 자신이 믿었던 것과는 달리, 상사도 늘 자신 있어 하는 것은 아니라는 것을 알게 되자, 기분이 훨씬 나아졌다. 상사에 대한 그의 존경심은 전과 같았지만(더 커졌을 수도 있다), 이런 사실을 알게 되자 잘하고 있을 때에도 불안한 느낌이 들 수 있다는 것을 알게 되어 안심했다!

다른 사람들은 모두 자신이 무엇을 하는지 안다고 생각하면 불안감이 커지며, 다른 사람들은 자신 같은 걱정, 불안, 두려움을 느끼지 않는다고 상상하게 된다. 하지만 진실은 당신의 생각과는 달리, 다른 사람들도 당신과 똑같다는 것이다. 이것이 루크가 발견한 것이다. 당신이 자신 있는 사람이라고 확신하는 사람들조차 때때로 불안감을 느낀다. 그냥 이런 사람들은 자신감 있다는 인상을 다른 사람들에게 주는 능력을 완벽하게 가다듬었을 뿐이다. 백조가 수면을 미끄러져 가는 모습을 볼 때와 마찬가지로, 수면 아래에서 그들이 열심히 발을 움직이는 모습은 보지 못한다.

이것에 관해 생각해보면, 다른 사람들이 당신을 볼 때도 마찬가지임을 알 수 있다. 겉으로는 차분하고 자신감 있어 보이고, 많은 성공을 이루었으며, 원하는 것은 뭐든 해낼 수 있는 사람으로 보일 것이다. 그러므로 다음에도 그런 걱정이 든다면, 자신이 느끼는 것과 다른 사람들이 보는 모습은 다르다는 것을 상기시켜라. 당신도 그 백조와 같다!

어른은 없다

어린아이일 때 당신은 어른이 되면 자신이 무엇을 하고 있는지 알게 되고, 삶이 어떻게 흘러가는지도 이해하게 될 것이라고 상상한다. 나는 이런 기대들이 '어른으로서 우리는 모든 것을 해결해야 하고 절대 자기 의심을 느끼지 않아야 한다'는 우리의 믿음에 스며든다고 생각한다. 우리가 항상 유능하고 능력이 있어야 한다는 이러한 생각은 또 다른 문제를 일으킬 수 있다.

당신이 수행하는 모든 다양한 역할들(직장인, 부모, 형제자매, 친구 등)을 고려하면, 그것들의 균형을 유지하기가 어려울 것이다. 당신은 회사에서 유능한 고위직으로 근무할 수 있지만, 자녀의 학교 일은 제대로 잘못 챙길 수도 있다. 그리고 당신은 지역 자선단체의 회장일 수도 있지만, 자신의 노부모님을 찾아뵙는 일은 소홀히 할 수 있다. 이것은 당신이 정말로 다른 사람들이 보는 그대로인지 의심하게 만들 수 있다. 당신이 모든 것을 간신히 감당하고 있다고 느낄 때, 사람들이 당신 실제의 모습을 보게 된다면 지금과는 매우 다르게 자신을 바라볼 것이라는 생각이 들 수밖에 없다.

이것은 사회적 기대에 부응하기 위해, 우리가 상황에 따라 다르게 행동하거나 우리의 사적인 자아와는 조금은 다른 공적인 자아를 보여주는 것이 정상이라는 사실을 무시한 것이다. 우리는 가끔 약간의 체면을 차려야 할 때가 있다. 특히 우리가 잘 모르는 사람들과는 어느 정도의 적응이 필요하므로 우리의 약점을 숨기려 할 수 있다. 그렇다고 우리가 속임수를 쓴다거나 연기를 하는 것은 아니다.

서로 얼마나 잘 아는지에 따라 다른 사람이 보는 우리의 모습은 달라진다. 나는 엄마, 아내, 임상심리학자, 작가, 친구, 자매, 딸이다. 직장에서의 내 모습은 내 아이들과 남편만이 볼 수 있는 집에서의 내 모습보다 더 세련된 모습이다. 그리고 친한 친구들과 함께할 때 나는 매우 개방적이지만, 새로운 친구들과 함께할 때는 내가 말하는 것을 좀 더 조심한다. 또 내 아이들의 교사들은 나의 한 면을 볼 것이고, 내가 속한 달리기 동아리(러닝클럽)에서는 나의 또 다른 부분을 볼 것이다. 사람들과 어울리기 위해 상황에 따른 우리의 유연한 대처는 지극히 정상이다. 이러한 모습이 어느 정도인지 잘 주시하면서, 자신이 누구인지에 대한 내적 기준을 계속 유지해야만 자신의 참모습을 안다.

모든 영역에서 완벽한 사람은 없다. 당신이 자녀의 학교 일을 제대로 챙기지 못한다고 해서 좋은 CEO가 아니라고 할 수 없다. 당신은 다른 많은 역할들을 수행하게 됨으로써 당신의 서로 다른 부분들이 함께 공존할 수 있는 것이다. 당신은 때때로 체계적이지 못하여 통제 불능을 느낄 수 있지만, 여전히 훌륭한 직원이고 좋은 아들딸이 될 수 있다. 또 당신은 때때로 피곤해서 예민해지고 화를 낼 수 있지만, 여전히 좋은 배우자 또는 친구가 될 수 있다. 그리고 당신이 양말을 벗기지 않은 채로 딸아이를 목욕시킬 수 있지만(내가 그렇다!), 여전히 좋은 부모가 될 수 있다. 때로 기분이 좋지 않거나 항상 모든 것을 잘 해낼 수 없다고 해서 당신을 무능하게 만드는 것이 아니라, 그것이 바로 당신이 인간임을 알게 해준다.

현재 나는 40대 가까이 되었다. 더 젊었을 때는 40세면 늙었다고 생각했지만, 지금의 나는 20대 때와 크게 다르지 않다고 느낀다. 자신이 어른이 되었음을 갑자기 깨닫는 위대한 계시의 순간은 없다. 내 삶은 매우 달라졌지만, 변화가 너무 점진적이어서 나는 그것을 거의 알아차리지 못한다. 변화는 스스로 알리지 않고 슬금슬금 다가온다. 당신은 곧 어른들도 여전히 취약함과 불안을 느낀다는 것을 깨닫게 되지만, 시간이 지나면서 이것이 약점이 아니라 강점이라는 것도 이해하게 된다.

취약함을 보이는 것을 두려워하지 말고 포용해야 한다. 자신의 모든 것을 받아들여야만 자신의 현재 모습에 편안해질 수 있다. 당신이 가장 가깝게 느끼는 사람들을 생각해보라. 그들이 자신의 불안감과 두려움을 당신과 공유하는가? 그렇게 할 때, 당신은 그들을 어떻게 생각하는가?

나에게 있어 삶의 문제를 함께 나누고 때로는 삶이 힘들 수 있음을 인정하는 것이, 우리를 좀 더 공감할 수 있게 만들고 좀 더 호감을 가질 수 있게 만드는 사람이다. 또 모든 것이 완벽해 보이는 사람을 모두가 경계한다. 그들은 약간 위협적으로 보이며, 자신이 약점 없이 강하고 불굴의 이미지를 투영할 때 누군가와 친밀감을 느끼기가 어렵다. 진화하는 동안 우리의 관계는 우리에게 매우 중요했다. 다른 사람들과 가깝게 연결되었다는 느낌이 삶을 더 유의미하게 만들어주기 때문이다. 자신의 내심의 일부분을 숨겨서 당신을 아끼는 사람들이 거리감을 느끼게 하지 마라.

당신은 자신의 많은 부분을 하나로 결합해서, 그것들 모두가 제자리가 있음을 알아야 한다. 모든 측면에서 만점인 사람은 없다. 자신 없는 영역이 일부 있기 마련이다. 다른 사람들이 받아들이지 못하는 부분이 있어도 괜찮다. 당신이 진정으로 이것을 믿는다면, 그것은 믿을 수 없을 정도로 홀가분해진다. 우리는 우리의 특별함과 결함이 우리를 살아있고 인간답게 만든다는 것을 인식해야 한다. 때로는 우리의 불완전함이 우리의 강점이 되기도 한다.

다른 사람들에게 마음을 열게 되면 다양한 시각을 알 수 있는 기회가 생긴다. 우리 모두는 주어진 상황에 대해 연기를 하고 있으며, 그중 많은 이들은 특히 국가, 병원 또는 법원을 운영하는 데 있어서라면 통제하는 '어른들이 있다'고 믿고 싶어 할 것이다!

불안감과 자기 의심의 좋은 점

약간의 자기 의심이 모든 사람에게 유익하다는 것은 분명하다. 어느 정도의 불안감이 없었으면, 인간이 이렇게 오래 살아남지 못했을 것이다. 두려움이나 주저하는 요소가 건강하고 자기 인식을 향상시킨다는 것을 쉽게 알 수 있다. 의심을 뇌의 질문하는 부분으로 인식하고, 무언가를 해도 괜찮은지 스스로에게 물어본다면, 자기 의심이 약간의 도움이 될 수 있다는 것을 알 수 있다. 자신의 현재 상황을 점검하고 생각해볼 기회가 될 수 있다. 어느 정도의 자기 의심은 우리로 하여금 조심스럽게 행동하게 하고, 곤란하게 만들 수 있는 잠재적 문제를 찾아내어 그것들을 극복할 방법을 계획하도록 촉구한다. 그렇지 않고 과도한 자신감을 보이거나 겸손하지 않으면 우리의 일과 관계가 희생될 수 있다.

인류 진화의 역사를 고려하면, 우리가 우리의 관계에 그렇게 많은 신경을 쓰고, 다른 사람들이 우리를 어떻게 생각하는지 궁금해하는 데 시간을 보낸다는 것도 당연하다. 이것은 우리의 관계에 우리의 관심과 애정, 배려가 필요하다는 것을 부드럽게 상기시키는 역할을 하며, 우리의 상호작용을 모니터링하고 더 원만한 관계를 유지하는 방법을 깨닫는 데에도 도움이 된다. 자신의 취약함을 인식하면 다른 사람에게 더 쉽게 공감할 수 있으며, 불안감을 느끼지 않으면 다른 사람들을 멀리할 위험이 있다. 불안감은 우리를 겸손하고 감사하는 사람으로 만들며, 자신이 가진 것을 소중히 여기게 한다.

불안감과 자신감은 분리되어 있는 것이 아니라 서로 얽혀 있다. 기분이 좋을 때는 자신이 무언가를 할 수 있다고 생각했다가, 기분이 나빠지면 자신이 실패할 것이라고 생각하는 것은 정상이다. 자신감과 불안감이 원을 그리면서 서로가 서로의 꼬리를 물고 있는 것과 비슷하다.

자기 의심은 자기계발을 촉진하며 양심, 높은 기준, 강한 근면성의 형태로 흔히 나타난다. 모든 것을 알고 있는 사람은 그 필요성을 느끼지 않으므로 놓치고 만다. 자기 의심의 또 다른 부분인 불확실성은 자신이 아직 배울 것이 있음을 인정한다는 뜻이다. 이것은 당신을 성장시키고 변화를 촉진하므로, 양호한 정신건강 유지와 자존감 향상에 매우 중요하다.

적당한 자기 의심은 개인의 성장과 성취에 기여한다. 불안감을 극복하고 일을 해내면 자신감이 커지며, 자신이 한 일을 성찰하고 그것을 마음속에 간직하면, 다음에 불안감을 느낄 때 자신을 안심시키는 수단으로 사용할 수 있다. 성공할수록 당신을 몰아붙이는 불안감이 줄어들 수도 있지만, 결코 완전히 사라지지는 않는다. 불안감을 자신감의 일부로 보고 앞으로 나아갈 수 있는 길을 찾으면, 불안감과 더 쉽게 화해할 수 있으며, 그것이 자신에게 불리하게 작용하지 않고 유리하게 작용하도록 유도할 수 있다.

불안감이나 자기 의심이 커지면, 자기 연민에 기반한 목소리를 찾아라. 어른의 옷을 입은 겁에 질린 아이에서 벗어나서, 자신의 능력을 받아들여야 할 때다. 불편한 느낌에 익숙해져야 하고, 그것을 헤쳐나가는 법도 배워야 한다고 타이르며 자신을 안심시켜라. 다른 사람들도 불안함을 느끼고, 모든 것을 아는 사람은 아무도 없다는 생각을 마음속에 새겨라. 당신은 이것을 활용하여 자신이 가면을 쓰고 있다는 잘못된 믿음에 도전할 수 있다.

자기인식

당신이 양호한 정신건강을 유지할 정도로 충분할 만큼 느끼는 불안감과 당신에게 문제를 유발하는 불안감 사이의 경계는 약간 모호하다. 후자 즉 문제를 유발하는 불안감을 피하기 위해 자기를 인식하라. 자기인식은 불안해지지 않고 불안감을 느낄 수 있게 해준다. 자기인식은 자기 스스로와 자신의 강점과 한계를 아는 것을 의미하므로, 자신이 할 수 있고 할 수 없는 것에 대해 더 자신감을 갖게 된다. 이 책에는 자기인식을 높이고, 자신의 강점을 파악하고, 자신을 더 잘 알 수 있도록 돕는 많은 전략들이 있다. 하지만 그것을 가장 간단하게 시작하는 방법은, 매일 하루를 성찰하는 연습을 하는 것이다. 아직 시작하지 않았다면, 앞에서 이야기한 대로 노트를 사서 메모를 하거나 스마트폰에 메모를 해보라.

성찰

　　깊이 숙고하는 성찰의 중요성에 대해선 의심의 여지가 없다. 그것은 자신을 더 잘 이해하고, 기분을 전환시켜주고, 경험을 통해 배우고, 개인적인 성장을 촉진하는 방법이다. 역사를 통해 철학자와 영적 지도자들이 그것의 이점을 인식했으며, 이는 인간의 행복을 향상시키기 위한 많은 심리적 접근법의 초석이기도 하다.

　현재의 좋은 일이나 삶에서 상대적으로 어려운 부분을 생각해볼 시간을 갖든, 5분 동안 떠오르는 생각을 종이에 적어보든, 자신의 삶을 되돌아보는 것은 중요하다. 자신의 현재 위치와 자신이 어디로 향하는지 살펴보는 것이 좋다. 이를 통해 어려운 영역과 당신이 만들고자 하는 변화들을 해결할 수 있을 뿐만 아니라, 잘 진행되고 있는 부분과 그 과정에서 자신의 역할을 인식하여 자신에 대해 더 잘 알고 자기인식 수준을 높일 수 있다.

　우리는 당황, 분노, 걱정 같은 부정적인 감정을 피하려 할 수도 있지만, 그것들을 두려워하지는 말아야 한다. 어려운 경험과 감정을 무시하려고 애써도 사라지지 않는다. 그것은 마치 큰 자루에 집어넣는 것과 같다. 자루에 넣으면 잘 보이지는 않지만, 어디를 가든 그것들을 달고 다니게 된다. 더 많이 집어넣을수록 당신이 져야 할 짐도 무거워져서 자신을 짓누르게 되며, 결국 이런 느낌들이 당신 곁에 더 오래 머무는 결과를 낳는다.

직관에 반하는 것처럼 보일 수 있지만, 어려운 감정을 지나가게 하는 가장 좋은 방법은 그것들을 바라보는 것이다. 성찰은 자루를 풀어헤치고 자신의 대처능력을 키우는 데 도움이 된다. 단지 글로 적는 행위 때문에 기분이 나아지는 것이 아니라, 감정적 경험을 표현하고 자신이 한 일에서 배우는 것 때문에 기분이 나아진다.

성찰은 일이 잘 풀릴 때에도 큰 도움이 된다. 다음 일로 바로 넘어가지 말고, 좋은 일들에 대해서도 깊이 생각할 수 있는 시간을 가져 보라. 그렇다면 당신이 하고 있는 일과 더 잘 연결될 수 있을 것이며, 성공할 수 있는 자신의 능력에 대한 자신감도 쌓을 수 있을 것이다.

다음을 기억하자!
- 항상 100% 자신감을 느끼지 못한다고 해서, 당신이 불충분하다는 것은 아니다.
- 자기 자신을 '충분하다'고 판단하기 위해 스스로에게 기대하는 것에 주의하라.
- 자기 의심을 받아들이고, 자신의 한계를 일깨워주는 환영의 의미로 받아들여라.
- 과도한 자신감은 문제다.
- 때때로 불편함이 느껴지는 것에 익숙해져야 하며, 이 느낌을 헤쳐나가는 방법도 익혀야 한다. 모든 것을 다 알지는 못하므로 때로는 불안해하는 것이 정상이다.

완벽해야 한다는
압박

"완벽을 추구하지 않는다고 해서, 당신이
상관하지 않거나 성공에 대해 더 이상
신경 쓰지 않는다는 뜻은 아니다.
그것은 단지 당신의 기준을 좀 더 합리적인
수준에서 설정한다는 것을 의미한다."

체크 포인트 수행할 목표

- 완벽은 존재하지 않는다는 것을 인식한다.
- 완벽주의의 부정적인 영향을 이해하고, 건강한 성실성과 건강하지 못한 완벽주의를 구분할 수 있다.
- 모든 면에서 완벽을 추구하려는 유혹을 물리치기 위한 유용한 전략들을 수립한다.

완벽은 존재하지 않는다

완벽은 존재하지 않는다

완벽은 존재하지 않는다

완벽은 존재하지 않는다

완벽은 존재하지 않는다

완벽은 존재하지 않는다

완벽은 존재하지 않는다

완벽은 존재하지 않는다

완벽은 존재하지 않는다

완벽은 존재하지 않는다

이 진술이 글로 써진 것을 보라. 이것을 받아들이라. 끊임없이 완벽을 추구하면 실패할 수밖에 없다. 삶에서 완벽한 것은 없기 때문이다. 당신이 '완벽주의자' 유형이거나 '슈퍼우먼·슈퍼맨' 유형이라면, 이번 장에 관심을 기울이기 바란다.

완벽이 가능해 보일 때는, 적당히 어려운 일을 시도해서 더 열심히 일하거나 일이 더 잘될 때뿐이다. 실제로 그것은 눈에 보이지만 도달할 수는 없는 곳에 잠깐 나타나는 신기루에 불과하다. 이 아름다운 오아시스에 도달하기 위해 자신을 몰아붙일 수도 있지만, 거기 도착하면 무슨 일이 일어날까? 아무 것도 보이지 않을 수도 있고, 생각했던 것보다 완벽을 더 멀리 있다는 것을 알게 될 수도 있다. 완벽을 추구하면, 가만히 앉아서 쉬지도 못하고, 지금 자신이 있는 장소를 즐기지도 못한다. 만족감을 느끼지 못하게 되며, 지금까지 자신이 한 모든 일이 불충분하게 여겨져서 과소평가하게 된다.

당신은 '내가 왜 이렇게 불안하고 불만족스러운 거지?'라고 묻지만, 완벽을 추구하는 것을 문제로 보지 않고, 특정 목표에 도달했다면, 승진했다면, 좀 더 잘했다면, 기분이 괜찮을 것이라는 잘못된 결론을 내린다. 그리고는 중간 과정이나 도중에 얻는 교훈보다는, 결코 도달할 수 없는 목표를 달성하는 데 초점을 맞춘다.

도달할 수 없는 것을 목표로 정하면 자신이 늘 부족하게 느껴진다. '완벽에 못 미치는 것은 모두 실패'라는 개인적인 채점표를 만들고는 자신에게 0점을 매긴다. 성공하더라도 '별거 아니야', '어쨌든 큰 의미는 없어'라며 곧 그 성공을 무시한다. 자신이 달성할 수 없는 높은 기준을 정하고 끊임없이 더 많은 것을 원하면, 아무리 잘해도 만족하지 못한다.

성공했다는 사실을 부인하기 어려워지면 어떻게 될까? 압박이 가중되는 상황에서 이런 일을 계속 잘할 수 있을지 의심하는 것으로 변명이 바뀐다. '지금까지는 잘해왔는지 모르겠지만, 과연 이렇게 계속할 수 있을까?'라고 자신에게 묻는다. 예전에는 무언가를 할 수 없다는 것이 당신의 문제였지만, 이제는 현재처럼 계속 잘할 수 없다는 것이 문제가 된다.

많은 사람들은 자신이 진정으로 원하는 일을 하기 위해 시험에 합격하거나 새로운 직업을 찾는 등 건강한 수준의 목표를 정하여 출발하지만, 그 과정에서 압박감이 커지기 시작한다. 당신이 매우 집중하게 되고 더욱 더 힘든 일정을 따를 때 당신은 다른 모든 것을 소홀히 하게 된다. 자신에게 모든 초점을 맞추는 경향이 있다. 기준을 정해놓고 거기에 부응하지 못하면 실망하는 사람이 바로 당신이다. 하지만 당신의 기준은 기대에 부응하기 불가능하므로, 이것은 패배할 수밖에 없는 삶의 방식이다.

안타까운 것은 당신이 탁월한 업적을 이루었을 때에도, 자신의 골대(목표 지점)를 조금 더 멀리 옮겨 놓는다는 점이다. 무지개 끝에 묻혀 있다는 전설의 항아리처럼, 당신이 원하는 것은 계속해서 다음 언덕 너머로 이동한다. 마틸다Matilda에게는 너무나 익숙한 얘기다.

마틸다는 연극학교에 들어가기 위해 필사적이었다. 경쟁이 치열할 것을 알았기에, 합격하리라고는 상상도 못했다. 그래서 합격하자 뛸 듯이 기뻤다. 첫날에는 흥분했지만, 학교에 도착해서 주위를 둘러보고는 다른 학생들의 훌륭한 모습에 깜짝 놀랐다. 그녀는 속으로 이렇게 생각했다. '이 과정에 합격했을지라도, 내가 좋은 역할에 뽑히지 않으면 아무 의미도 없어.' 그녀는 가능한 한 자신이 최상의 기회를 부여잡기 위해 열심히 노력하겠다고 다짐했다.

그녀는 매일 아침 7시에 체육관에 가서, 오전 8시 30분부터 오후 8시 30분까지 연습했으며, 다음날 할 일을 정한 후 잠자리에 들었다. 매주 5~6일 동안 그렇게 했으며, 그 대가로 첫 번째 연극에서 주연을 맡았다. 공연이 끝나자, 모든 사람이 그녀의 연기를 칭찬했다. 하지만 마틸다는 2막에서 대사를 실수한 것만 생각났다. 사람들이 그냥 좋은 말을 해주는 것이라고 생각했다. 사람들이 대놓고 나쁜 말을 할 리는 없다고 생각했다. 어쨌든 다음번에는 주연으로 뽑히지 않을 수도 있었다.

연극학교에서의 시간이 쏜살같이 흘러서, 마틸다가 알기도 전에, 첫 번째 일자리를 찾아야 할 때가 왔다. 영화의 배역을 제안받자, 믿을 수가 없었다. 하지만 성공을 즐기기는커녕, 세트의 다른 사람들은 경험이 매우 많을 테니 자신이 거기에 출연해서는 안 된다는 생각이 들기 시작했다. 자신이 아무리 잘해도 불충분할 것 같았다.

친구들을 만나자 모두 축하해주려 했다. 하지만 행복해하기는커녕, 마틸다는 눈물을 흘리기 시작했다. 그리고는 자신의 두려움과 압박감을 털어놓았다. 그러자 가장 친한 친구가 이렇게 말했다, '열여덟 살 당시의 너에게 지금 네가 하고 있는 일을 이야기해주는 모습을 상상해봐. 걔가 어떻게 생각하겠어?' 마틸다는 깜짝 놀랐다. 열여덟 살 때는 자신이 지금 하고 있는 일을 할 수 있다면 어떤 희생도 감수했을 것임을 알았기 때문이다. 그 순간 그녀는 자신이 얼마나 멀리 왔는지 깨달았다.

완벽함이라는 유혹

완벽주의는 자신의 자의식sense of self과 연결되어 있으며, 불충분하다는 느낌을 시정하거나 그것에 대처하려는 시도의 형태로 흔히 나타난다. 불안을 느끼는 사람들은 이 얘기에 대부분 공감할 수 있을 것이다. 성취는 안전하게 느껴질 수 있고, 자신의 통제 범위 내에 있으며, 외부환경을 관리하고 자신에 관해 좋은 느낌을 가지는 데에도 도움이 될 수 있다. 완벽주의는 성취에서 자신의 정체성을 찾으려는 데서 오며, 불충분하다는 느낌을 감추는 기능을 한다. 이 때문에 완벽주의를 떠나보내기 어렵다.

단기적으로는 도움이 될 수도 있지만, 장기적으로는 완벽함에 대한 이런 추구 때문에 불안감이 커져서 과로나 회피가 유발된다. 성공하지 못하면 자신이 한 일에 실망하는 데 그치지 않고 자신에 관해 수치심을 느끼게 된다. 얄궂은 점은, 이럴 경우 완벽주의가 수치심을 억제하는 방어전술이 된다는 것이다. 자신이 완벽하면 결코 실패하지 않을 것이고, 결코 실패하지 않으면 수치심도 없을 것이라고 생각하게 된다. 이렇게 악순환이 창조된다. 완벽해지는 것은 불가능하므로, 이런 시도는 실패할 수밖에 없다. 당신이 얼마나 많은 일을 할 수 있는지가, 당신이 얼마나 좋은 사람인지를 결정하는 것은 아니다.

하지만 완벽함의 유혹은 중독성 있는 약물과 같아서, 당신의 기분이 좋아지고 완벽함만이 이렇게 좋은 기분을 느끼게 해줄 수 있다고 말한다. 처음에는 별생각 없이 완벽주의를 추구한다. 예를 들어 일하는데 자신에게 높은 기준을 적용한다. 하지만 나중에는 거기에 중독된다. 당신이 잘하는 것에 대해 흥분을 느끼고, 모든 것을 완벽하게 관리하고 있고, 어려움도 완벽하게 극복했다는 느낌이 성취감을 안겨준다.

일단 완벽주의에 대한 경험을 하게 되면, 그것은 다른 영역으로도 확산된다. 당신은 일, 관계, 가정 및 외모에서 자신의 최고를 달성하기 위해 끊임없이 노력하면서 탁월함을 향한 강한 충동을 느낀다. 처음에는 완벽함을 추구하는 것이 좋게 느껴진다. 자신이 하는 일을 잘하면, 긍정적인 보상이 많이 주어진다. 흔히 재정적 보상과 더불어 자신감도 커진다. 하지만 심지어 결과가 좋더라도 그런 느낌은 곧 사라지며, '다음은 뭐지?'라는 익숙한 생각이 행복을 가로막는다. 이 때문에, 자신을 몰아붙여서 달성한 것이 무엇이든 이내 그 가치가 사라져버린다.

갑자기 당신은 자신의 삶 전체가 완벽해지길 바라게 되고, 그렇지 못할 때 실망하게 된다. 너무 많은 일에 매달리면 끊임없이 스트레스를 느끼게 되어, '충분히'(존재하지 않는 척도이다) 잘 하려는 시도 때문에 기력이 소진된다. 당신의 기준을 유지하기 위한 노력 때문에 당신의 삶은 점점 더 황폐해진다. 당신의 시야가 좁아지고 자신의 모든 일에 엄격한 규율을 적용하려 한다. 당신은 정해진 시간 동안 일하고, 운동하고, 적절한 음식을 섭취하고, 너무 늦은 시간에는 카페인을 피하고, 충분한 수면을 취하는 등 '모든 것'을 통제하기 위해 노력한다.

높은 생산성을 발휘하는 것이 기분 좋게 느껴지고, 아드레날린이 주는 흥분에 익숙해진다. 가끔 이영역에서 벗어날 때면, 정말 피곤함을 느낀다. 가끔 저녁에 긴장을 풀고 쉬는 것이 어떤 기분인지 잊을 뿐만 아니라, 심지어 그렇게 하면 죄책감을 느끼기도 한다.

삶은 기본적으로 혼란스러우므로, 사건들이 말끔하게 맞아떨어지는 경우는 거의 없다. 늘 문제가 생기고, 예상치 못했던 새로운 방향으로의 전환이 일어난다. 집, 파트너, 자식, 기타 수많은 책임에서 이런 일이 생긴다. 그러면 당신은 늘 불만족을 느낀다. 목표에 도달하지 못한 것 때문에 자기 자신에게 무자비한 평가를 내릴 수도 있다.

당신이 모든 것을 불충분하게 느끼면, 자신의 파트너, 가족, 친구와 동료의 삶이 매우 어려워질 수 있다. 당신은 남을 믿거나 남에게 어떤 일을 맡기는 것을 매우 어려워한다. 심지어 그렇게 하더라도, 남들은 일을 제대로 못 해낼 것이라고 보통 생각하기 때문에, 당신과 주변 사람 사이에 거리감이 생긴다.

당신이 자신의 기준을 모두 충족하는 순간도 가끔 있다. 매일 헬

스클럽에 가고, 아침 8시부터 저녁 늦게까지 일하고, 잘 먹고, 계획했던 일을 모두 해내고, 일관된 접근법을 유지하는 것 등. 그러면 기분이 너무 좋다! 하지만 이렇게 계속하는 것은 불가능하다. 완벽함을 추구할수록 완벽함에 더 도달하기 힘들어진다. 성취의 만족감이 줄어들기 때문이다. 완벽을 유지하는 것이 점점 더 어려워지므로, 당신은 자신을 정신적 및 신체적 한계까지 밀어붙인 채 결승선 없는 초장거리 마라톤을 한다.

그러면 서서히, 당신이 설정한 성공의 조건을 재현하는 것이 점점 더 어려워진다. 하루하루가 최적의 상태가 아닌 느낌이 들기 시작하고, 당신은 완벽주의의 결정적인 특징인 자기 비판적이 된다. 따라서 당신은 사소한 세부사항에 시간을 낭비하고 작업 프로젝트를 포기하며, 다른 사람에게 평가받는 것에 대한 걱정을 하면서 위험을 감수하지 않으려 할 것이다. 이는 생산성에 영향을 미치게 되고 당신의 잠재력도 약화시킨다.

당신은 자신이 부족하다는 생각에 움츠려 들 수도 있다. 이 때문에 당신은 더 잘해야 하고, 더 많은 것을 해내야 했으며, 당신 스스로 충분히 최선을 다 하지 않았다고 생각한다. 완벽함이 도움을 준다고 말할 수도 있겠지만, 실제로는 그것이 당신을 불행하게 만들고 있다. 그럼에도 완벽을 추구할 때는 자신이 이미 하고 있는 것보다 더 잘 할 수 있는 부분을 언제나 찾게 될 것이다. 중요한 것은 사람들은 정말로 완벽주의가 불행함을 준다는 이러한 생각을 정말로 믿고 싶어 하지 않는다는 것이다.

왜 성공해야 하는가?

인간은 무언가를 추구하려는 목표를 가진다. 우리는 태생적으로 목표지향적인 존재다. 진화의 관점에서는 그것이 합당하다. 항상 행복했다면 그것은 인류의 생존에 큰 도움이 되지 않았을 것이다. 무언가를 성취하고, 개인적인 발전을 이루고, 배우자를 만나서 자손을 남기려는 욕구가 적었을 것이기 때문이다. 행복이 약간 먼 곳에 있는 것이 더 낫다. 우리가 계속 전진하게 되어 개인적 성장이 촉진되기 때문이다. 하지만 당신의 삶에 도움이 되는 목표와 당신을 불행하게 만드는 목표 사이에는 미묘한 차이가 있다. 그리고 우리가 더 많은 것을 성취하거나 더 많은 목표를 달성할 수 있다고 해서, 이것이 행복에 이르는 길이거나 반드시 따라야 한다는 것을 의미하지 않는다.

왜 당신은 완벽을 추구하는지 잠시 생각해 보기 바란다. 대부분의 사람들에게 욕망은 선한 동기 때문에 생긴다. 종종 우리는 행복이라는 궁극적인 목표를 달성하기 위해 열심히 일하고 잘하는 것을 목표로 삼는다. 하지만 그것이 정말 당신을 위한 것일까?

내 경험에 따르면, 완벽주의는 정반대의 결과를 가져다준다. 성취의 만족감을 낮추고, 자신이 이미 이룬 것에 감사하지 못하게 한다. 경제적 성공, 사회적 인식, 신체적 매력과 같은 당신이 갈망할 수 있는 성공의 외부 지표는 어떤가? 그것들 역시 당신을 행복하게 해주지는 못한다. 실제로 그것들은 건강한 삶well-being에 부정적으로 관련되며 불안, 우울, 자아도취, 신체적 질병의 증가와도 연결된다. 자신의 중요한 것에 사용하는 시간과 자신의 관계들이 건강과 행복에 가장 중요하다. 하지만 완벽주의 접근법은 바로 이것들을 희생시킨다.

완벽주의의 비현실적인 문제점

우리는 모든 것을 완벽하게 해낼 수 있다는 생각 때문에 감당할 수 없을 정도의 압박을 받는다. 하지만 그 해로운 영향에도 불구하고 완벽주의의 단점은 놀랍게도 쉽게 떠오르지 않는다. 그 이유를 알기는 어렵지 않다. 완벽함은 우리 사회에서 칭송되며, 과도하게 경쟁적이고 결과 중심적인 디지털 시대를 맞아 모두가 성공에 비정상적일 정도로 집착하기 때문이다. 완벽주의자가 되면 더 나은 직장인, 부모, 친구가 된다는 믿음이 널리 퍼져 있다. 우리는 우리가 누구인지보다는 우리가 하는 일에 대해 더 소중히 여겨진다.

소셜미디어는 이러한 비현실적인 기준을 강화하는 그럴듯한 피드백으로 모든 것을 가능하고 완벽해 보이도록 만들었다. 이를 뒷받침하는 연구에 따르면 젊은이들의 사회적 기대치에 대한 인식이 높아짐에 따라 그들이 어려운 경제적, 사회적 환경에서 성장하고 있는 것으로 나타났다. 이는 완벽주의 성향이 계속 증가하고 있음을 보여준다. 경쟁은 중고등학교와 대학에 내재되어 있으며, 일자리를 차지하기 위한 경쟁은 젊은이들로 하여금 그들의 학업 성적에 집중하도록 압력을 가한다.

완벽주의자들이 완벽주의를 가치 있게 생각하는 경우도 많다. 그들은 그것을 문제로 여기지 않는다. 희생과 성공의 결합은 대학생들이 여학생 클럽sorority 정회원이 되기 위해 겪는 호된 입문 의식들로 인해 그것들을 더욱 가치 있게 만드는 것과 같은 방식으로 이상하게 매력적으로 만든다. 자신이 경험하는 좋은 감정을 부정하기는 어려우며, 이러한 감정들이 완벽주의의 중독성을 강화한다. 또한 완벽주의가 자신이 불충분하다는 느낌을 억제하는 기능을 하므로, 완벽주의를 떨쳐내는 것이 더 어렵다. 특히 당신의 자부심이 탁월함에 기반해 있는 경우에는 더 그렇다. 중요한 사람이 되었다는 느낌, 열심히 일할 때의 흥분감, 잘할 때의 짜릿함 같은 부차적 이득역시, 완벽주의가 초래하는 문제에 대해 눈멀게 할 수 있다.

심지어 당신이 장시간의 업무로 지쳐있을 때, 정신적·육체적 건강이 나빠지고 있을 때, 또 완벽주의가 초래하는 문제를 '인식'하고 멈추고 싶어 할 때조차도 '완벽주의 이상'은 당신에게 이렇게 외친다. "멈추지 마! 이것이 너를 특별하게 만드는 거야." 그것은 마치 그리스 신화에 나오는 사이렌Siren 처럼, 아름다운 노랫소리로 뱃사람을 유혹해 배를 난파시키고 죽음에 이르게 하는 바다의 요정처럼 행동한다. 완벽주의는 당신의 접근 방식보다는 '당신 자신'이 문제라고 확신시킨다. 당신은 자신의 몸과 마음이 당신을 따라오지 못하고 있다고 하면서 그 일을 감당할 수 없는 것이 아니라 단지 자신이 아직 충분히 효율적이지 못해서일 뿐이라고 말한다. 그렇다면 당신은 언제 완벽주의를 완성할 것인가? 언제 그 가치있는 영광을 맛볼 것인가? 이런 이야기는 영광이 기다리니 참고 견디라는 얘기 다름아니다.

그저 한 인간으로서의 삶은 그다지 마음을 끌지 못한다. 평범한 일반적 수준은 따분하고 지루하며 심지어 생각만 해도 끔찍하다. 완벽주의는 자신의 삶을 희생할 이유를 제공해준다. "다른 사람들은 이런 기준에 따라 일하지 않을 수도 있다. 하지만 그들은 결코 그렇게 성공하지 못할 것이고, 기준 미달을 받아들이는 것에도 행복해 할 것이다. '또 다른 사람들은 이 정도 수준까지 일하지 않아서 결코 성공할 수 없으며 보다 적은 소득에도 만족하지'라며 생각들의 긴 목록은 끝이 없다.

하지만 좀 더 면밀히 살펴보면, 사이렌과 마찬가지로 완벽주의가 약속하는 영광은 쉽게 성취되는 것은 아니다. 매일의 희생은 작게 느껴질지 모르지만, 그것들이 축적되면 마치 수천개의 희생으로 토막토막 되어 죽는 것처럼 부인할 수 없는 엄청난 희생이 되고 만다. 노력이 가치 있다고 느껴지는 만족할 만한 순간들은 순식간에 사라진다. '충분히' 만족하기 위해 자신의 에너지를 고갈시키면, 당신은 자신이 특별하다는 느낌과 쓸모없다는 느낌 사이를 오가며, 이와 함께 수반되는 자기비판과 자기 의심 때문에 자신이 부족할지도 모른다는 두려움을 부추길 것이다. 다음의 규칙을 자신에게 강요하면 그 영향을 인식하기가 더 어려워진다. 만약 누군가가 당신에게 다음과 같이 해야 한다고 말했다고 상상해보라!

- 아침 일찍부터 밤늦게까지 일한다.
- 사회생활을 줄이거나 단절한다.
- 좋아하는 일을 더 이상 하지 않는다.
- 피곤할 때도 일한다.
- 절대 휴식을 취하지 않는다.
- 끊임없이 자신을 몰아붙인다.
- 신체적으로나 정신적으로도 할 수 없다고 느낄 때에도 계속 일한다.
- 사랑하는 사람과 함께 보내는 시간을 포기한다.
- 밤에도 일하고 주말에도 근무한다.

끔찍하지 않은가? 이러한 요구를 다른 사람이 당신에게 했다고 상상하면, 이런 생활방식이 용납될 수 없다는 것을 훨씬 쉽게 알 수 있을 것이다.

완벽주의를 떠나보내야 할 때가 왔다.
이제 놓아 주어라!

내 클리닉에서 이런 방식은 사람들을 깜짝 놀라게 하지만, 나는 당신에게 더 높은 목표를 그만두라고 요구하지 않는다. 당신은 여전히 최선을 다하고 열심히 일하고 있지만, 자신의 건강과 행복을 희생할 정도로 모든 것을 소진하지는 말라는 것이다. 당신은 자신이 하는 일에 능숙하기 때문에 여전히 높은 성공과 노력을 경험하게 될 것이다. 하지만 그렇게 자신을 강하게 몰아붙이는 것을 멈추어야만 이것을 발견할 기회가 있을 것이다.

이 생각에 대해 가면증후군의 목소리가 비명을 지를 것이다. 그 가짜 목소리는 당신에게 이렇게 외친다.

'기준을 낮추고 삶에 접근하는 이 새로운 방식을 받아들이면 화가 날 거야.'

'넌 절대 만족할 수 없을 거야.'

'완벽하게 해냈을 때의 만족감을 느끼지 못할 거야.'

'그것 없이는 인생이 충분하지 않을 거야.'

그러므로 당신 스스로가 이 접근 방식에 수반되는 대가를 오랫동안 면밀히 살펴보아 당신 스스로를 확신시켜야 한다.

완벽함의 대가

완벽주의는 비현실적일 뿐만 아니라 그에 따른 대가도 크다. 연구에 따르면 완벽주의의 수준이 높을수록 더 많은 심리적 장애를 겪을 것이라고 한다. 완벽주의와 관련된 심리적 장애는 많다. 우울증, 불안, 자해, 사회적 불안, 공황장애, 집착-강박 장애, 식욕부진(거식증), 식욕항진(폭식증), 폭식, 외상 후 스트레스 장애PTSD, 만성피로, 불면증, 저장강박증hoarding, 그리고 만성두통이 유발될 수 있으며, 심지어 조기사망과 자살도 발생할 수 있다. 이것들은 당신의 관계에도 부정적인 영향을 미친다.

이렇게 자문해보라. '삶에 대한 이 접근 방식이 나에게 정말로 도움이 되는가?'

- 대가가 무엇인가?
- 나에게 중요한 것들이 포함된 삶을 살 수 있는가?
- 좋은 관계를 유지할 수 있는가?
- 좋아하는 일을 할 수 있는 시간이 있는가?
- 존재하지 않는 것을 추구하느라 신체적·정신적 건강을 희생할 가치가 있는가?

완벽을 추구하는 것은 불완전한 마음가짐을 보여주는 것이다.

구분

당신의 접근법을 바꿔야 한다는 것은 분명하다. 12장

에서 더 자세히 살펴볼 것이지만, 지금은 건강한 성실함과 건강하지 못한 완벽주의를 구분하는 것이 중요하다. 열심히 일하는 것과 완벽을 원하는 것은 차이가 있다. 둘 모두 높은 기준을 지향하지만, 건강한 성실함은 자신의 건강과 행복을 우선시하고, 채찍(처벌) 대신 당근(연민)을 사용한다.

완벽을 추구하지 않는다고 해서, 당신이 상관하지 않거나 성공에 대해 더 이상 신경 쓰지 않는다는 뜻은 아니다. 그것은 단지 당신의 기준을 좀 더 합리적인 수준에서 설정한다는 것을 의미한다. 자신의 건강과 행복을 희생하지 않고서도, 최선을 다하고 열심히 일할 수 있다. '놓아주는'(let it go) 태도를 기억하라. 삶에 관한 경직되고도 딱딱한 이 접근법을 놓아주고, 사람들이 자신을 어떻게 생각할까 하는 두려움도 놓아주고, '훌륭해야' 한다는 필요도 놓아주고, 자신이 바라는 결과도 놓아주라. 자신이 가치 있게 생각하는 일을 하면서 시간을 보낼 때에 비해, 성공한 사람이 되려고 애쓰면 사람이 훨씬 더 경직된다. 최종 결과보다 과정에 집중하는 것이 훨씬 낫다.

완벽을 추구하면 매우 자기 비판적이 되기 쉽다. '이건 틀려먹었어.' '이걸로는 불충분해.' '도대체 내가 무슨 생각을 했던 거지?' 실수에 과도하게 반응하는 것과 수치심을 느끼고 자신을 비난하는 것을 조심해야 한다. 부정적인 메시지를 상쇄하고, 약간의 연민이 들어올 공간을 마련하라. 무언가가 희망대로 되지 않으면, '실망스럽지만 괜찮아, 난 여전히 전반적으로 좋은 사람이야.'라고 자신에게 말하라. 그러면 당신은 자신이 '실패자이고 충분하지 않다'고 스스로에게 말할 때와는 매우 다른 느낌을 갖게 될 것이다.

모든 것을 완벽하게 하려고 애쓰지 말고, 자신이 정말 잘하고 싶은 것을 몇 가지 골라라. 항상 최선을 다할 수 있을 것이라 기대하지 말고, 유연한 접근법을 취하라. 하나의 기준을 모든 영역에 적용해서는 안 된다. 자신을 늘 평가해서 끊임없이 단점을 찾으려 하지 말고, 달성 가능한 목표를 정한 후 성공을 받아들여라. 자신이 얼마나 멀리 왔는지 확인하려면, 마틸다에게 물어본 질문에 답해보라.

'당신이 지금 하고 있는 일을 18세의 자신에게 말했다고 상상해보라. 어떻게 생각할까?'

- 완벽을 지향하지 않는 한, 높은 수준의 기준을 가져도 괜찮다.
- 삶의 다른 부분들을 희생하지 않는 한, 열심히 일해도 괜찮다.
- 실패했을 때 자신을 채찍질하지 않는 한, 높은 의욕을 발휘하고 규율에 따라 생활해도 괜찮다.
- 최선을 다해도 늘 불충분하다는 느낌이 들지 않고, 목표를 달성하지 못해도 좌절하지 않을 수 있으면, 최선을 다해도 괜찮다.
- 차분하게 자신의 목표를 평가하고 자신이 얼마나 잘하고 있는지 파악하기만 하면, 목표를 달성해도 괜찮다.

드물기는 하지만 모든 일이 쉽게 느껴지고 부담감이 사라지고 집중할 수 있고, 의욕이 넘치고, 재미있고 차분하게 상황이 잘 통제되고 있다고 느껴지는 즐거운 기간도 있을 수 있다. 이런 기간을 보며 자신이 늘 그래야 한다고 생각하지 말고, 스쳐 지나가는 아주 소중한 시간으로 여겨야 한다. 그런 기간을 잘 활용하고 마음껏 즐겨라. 다만 그것이 영원할 것이라고 기대하지는 마라. 그러나 그런 순간이 경험되지 않는다고 자신을 비판하지는 마라. 늘 그렇지 않다고 해서, 당신이 가짜가 되는 것은 아님을 기억하라. 그것은 당신이 인간이라는 뜻이다.

건강한 성실함으로도 성공에 이를 수 있다. 완벽주의만큼 높게 올라가지 못할 수도 있지만, 훨씬 더 즐거울 것이다. 그것은 당신이 한계를 가진 인간임을 기억할 수 있게 해준다. 더 친절하고 더 성취감 있는 접근법이므로, 자신을 현재 모습 그대로 받아들일 수 있게 되어(모든 장점, 단점, 능력 포함), 자신이 원하는 삶을 살 수 있다.

실수와
실패

"첫 번째 시도에서
제대로 해내지 못하더라도
시도하고, 또 시도하라!"

체크 포인트 수행할 목표

- 실수와 실패가 삶의 정상적인 일부이며, 자신이 불충분하다
  는 신호가 아님을 인식한다.
- 실수와 실패를 자신의 회복력을 높이는 데 활용할 수 있고,
  그것들이 긍정적인 영향을 미칠 수 있다는 것을 이해한다.
- 모든 성공담에 실수와 실패가 포함되어 있음을 이해한다.

내가 장담컨대, 당신의 마음 한구석에서는 자신이 훌륭한 사람일 뿐만 아니라 심지어 위대한 사람일 수 있다고 생각할 것이다. 하지만 그런 생각을 한동안 하고 있으면, 두려운 생각이 불쑥 든다. '실패하면 어쩌지?'

완벽주의가 자신이 이런 두려움에서 당신을 지켜준다고 이야기할 수도 있지만, 실제로 그 둘은 불가분의 관계로 연결되어 있다. 실패에 대한 두려움은 완벽주의를 유발하며, 완벽주의는 실패했다고 느낄 가능성을 높인다. 이렇게 실패를 두려워하면, 잠재력이 제한된다. 과도하게 자신을 몰아붙여서 장기적으로 집중력과 효과적인 작업 수행능력이 낮아지거나, 제대로 된 시도를 하지 않음으로써 성공 가능성을 무의식적으로 줄이기 때문이다. 실수와 실패에 수반되는 실망감과 분노를 피하기 위해서 최선을 다할 것이며, 수치심을 느낄 상황을 만들지 않는 것이 최우선 과제가 된다. 대부분 감정은 우리 행동에 대한 반응이지만(후회, 분노 등), 수치심은 자신을 나쁘게 느끼도록 만든다. 실패가 공포로 느껴지는 것도 당연하다.

이런 실패에 대한 선입견을 정반대로 뒤집어서, 실수와 실패는 거의 모든 일의 정상적인 부분이고, 그것에 수반되는 실망감을 관리하는 일은 삶에서 꼭 필요한 기술임을 인식해야 한다. 실수와 실패는 성공하는 데 있어 중요한 부분이기도 하다. 역설적으로, 우리의 성공은 시도를 통해 이루어지지만, 대부분의 시도는 실패로 끝난다.

두려움 극복하기

두려움을 극복하는 방법을 배우면, 두려움이 당신의 발목을 잡고 당신의 생각을 지배하는 것을 멈출 수 있다. 그러면 실수와 실패를 더 잘 관리할 수 있고, 그것들의 숨겨진 장점을 이해할 수 있으며(실제로 장점이 있다), 두려움에 기반한 사고방식을 모험심에 기반한 사고방식으로 바꿀 수 있다.

미리 알려드리지만 이번 장에서는 실패하지 않는 법을 가르쳐주지 않을 것이다. 가면증후군을 극복하는 것이 실수를 더 이상 하지 않는다는 뜻은 아니다. 그것은 실수가 삶의 일부임을 받아들이고, 실수를 활용하는 방법을 배워야 한다는 뜻이다. 첫 번째 시도에서 제대로 해내지 못하더라도 시도하고, 또 시도하라!

1단계: 실수와 실패가 삶의 정상적인 부분임을 받아들인다

당신이 실패를 걱정하는 것도 당연하다. 그것은 자기비판, 완벽주의, 자기 의심의 부산물이다. 이것들 모두가 서로를 강화하면서 함께 큰소리를 질러대서, 당신이 스스로 불충분하다고 느끼게 한다.

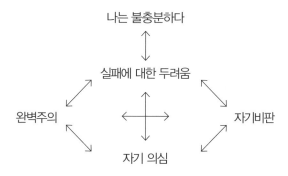

당신이 스스로 실패로 간주하는 것에 관해 생각할 때면, 당신의 비현실적인 기준 때문에 상황이 매우 불리하게 돌아간다. 모양 맞추기 장난감(112쪽 참조)을 떠올려보라. 부정적인 것은 모두 붙잡아서 큰 양동이에 넣지만, 긍정적인 것은 정확한 모양의 것이 정확한 각도로 와야 구멍을 통과해서 받아들여진다.

연구도 이를 뒷받침한다. 가면증후군인 사람은 실패를 두려워할 뿐만 아니라, 그렇지 않은 사람들에 비해, 자신의 실수를 더 염려하고 자신이 저지르는 실수의 빈도나 횟수도 과대평가하는 경향을 보인다. 지난 장에서 살펴보았듯이, 그들은 또한 자신의 성과에 대해 더 불만족을 나타내고 덜 성공적이라고 평가하는 경향이 있다. '시도해'라고 속삭이는 작은 목소리가 묻히는 것도 당연하다.

실수하거나 실패하면, 자기 의심과 자기혐오가 증폭된다. 하지만 당신은 퍼즐의 중요한 조각을 놓치고 있다. 한 번도 실수나 실패를 하지 않고 사는 사람은 정말 아무도 없다.

실패를 피하는 것은 독감 같은 흔한 질환을 피하려고 애쓰는 것과 같다. 그런 질환에 걸려서 힘든 것보다, 그것을 피하려는 노력(다른 사람 피하기, 대중교통 안 타기, 사람과 접촉 안 하기)이 훨씬 힘들다. 정상적으로 살다가 어쩔 수 없는 상황이 되면 질환에 걸리고, 그로 인해 면역력이 강화되는 것에 감사하는 편이 낫다.

실수와 실패는 똑같다. 무언가에 실수하거나 실패하면 마음이 아프다. 마음이 심하게 아플 때도 있다. 하지만 그것을 피하려 애쓰면, 삶의 정상적인 부분을 피하려고 애쓰는 것과 같다. 실수와 실패가 없으면, 교훈 얻기, 회복력 증가 등의 많은 편익도 놓치게 된다.

2단계: 실수와 실패가 회복력을 높여준다는 것을 받아들인다

겪을 당시의 기분은 별로지만, 좌절은 긍정적인 역할을 한다. 흔한 질환이 면역력을 높여주는 것과 마찬가지로, 5~7회의 큰 좌절을 경험한 사람들은 삶의 질이 더 높고, 역경을 이겨낼 수 있다는 자신감도 더 큰 것으로 연구에서 밝혀졌다. 스트레스에 반응하는 방식이 사람마다 다르고 상대적으로 더 취약한 사람도 물론 있지만, 지금 우리가 보고 있는 것은 소규모이다. 불편함이나 당황스러움을 피하려고 하기보다는 이런 경험들을 개인적 성장에 유익한 것으로 재해석해보라. 심지어 많은 스트레스를 유발하는 극히 부정적인 경험조차 긍정적인 심리적 결과를 유발할 수 있다. 그런 경험을 겪으면서 효과적으로 대처하기만 하면, 문제해결능력, 낙관론, 수용성, 자신에 대한 이해 향상 등의 효과를 얻을 수 있다.

이러한 경험을 통해 어려운 상황에 대처하는 방법을 배울 수 있는 기회를 얻게 되며, 생각보다 무섭지 않다는 것을 알게 된다. 우리 모두는 세상이 어떻게 작동하는지에 대해 정신적 본보기를 갖고 있다(당신의 신념체계를 다시 생각해보라). 이를 통해 우리는 문제를 예상할 수 있고, 특정 상황에서 행동하는 방법도 계산할 수 있으며, 우리 자신과 남들에게 기대할 수 있는 것도 파악할 수 있다. 우리는 당황스럽거나 불쾌한 경험은 보통 피하려 하지만, 어쩔 수 없이 그것을 겪고 나면, 전에 없던 중요한 정보를 얻게 되며, 이것은 자신 및 세상의 작동방식에 관한 이해 향상에 도움이 된다. 뇌가 가진 정보가 많아질수록, 정신적 본보기도 나아져서, 우리 뇌가 부정적 감정을 이해, 예상, 처리 및 대처할 수 있는 능력도 향상된다.

일이 잘못되어도 세상이 무너지지 않는다는 증거가 생기면, 그런 상황을 덜 두려워하게 된다. 또한 당신이 그런 상황에 대처할 수 있다는 것을 보여주기 때문에, 어려움에 대처하는 연습도 된다.

이런 앎이 있으면 성공해도 덜 불안하다. 모든 일이 늘 잘될 것이라고 예상하지도 않고, 일이 잘못되면 어떻게 할까 걱정하지도 않기 때문에, 무슨 일을 하든 압박감이 줄어든다. 힘든 상황을 이겨내면, 회복력이 커질 뿐만 아니라, 교훈도 얻을 수 있다.

3단계: 실수에서 배우고 더 강해진다는 것을 받아들인다

모든 것을 항상 제대로 해내는 사람은 없다. 처음에는 첫 시도에서 성공했지만, 그다음에는 몇 번 시도해야 할 수도 있다. 심지어 한동안 했던 일이어도, 당신이 더 잘하고 더 오래 할수록, 실패할 가능성도 커진다. 같은 실수를 여러 번 반복했다면, 당신이 자신에게 화내도 이해할 수 있지만, 지금은 그런 상황이 아니다.

이것을 악기 연주를 배우는 것과 비교해보라. 심지어 천부적인 재능이 있더라도, 연주법에 통달하려면 연습하고 열심히 노력해야 한다. 첫 번째 시도에서는 음악의 모든 소절을 완벽하게 연주하지 못할 것이다. 그것이 가능하리라고 보는 것이 잘못된 생각이다. 재능이 있든 없든, 실력을 키우기 위해 노력하려는 욕망도 있어야 한다.

성공으로 가는 길은 직선이 아니며, 실패가 없이는 전진할 수 없다. 당신의 능력 유형이 '타고난 천재'라면, 아래 그림을 잘 살펴보기 바란다!

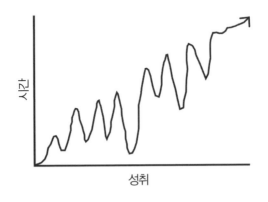

성공으로 가는 길

첫 번째 시도에서 제대로 해내지 못하는 일이 있더라도 당신이 무능한 사람이 아니라는 것을 자신에게 상기시켜라. 매주 향상이 일어나는 것도 아님을 상기시켜라. 도전은 당신이 그 임무를 감당할 수 없다는 신호가 아니다. 그것은 가치 있는 일을 할 때 반드시 겪어야 하는 과정의 일부이며, 성공으로 가기 위해서 극복해야 할 한 단계에 불과하다.

실수와 실패는 완전 정지가 아니라, 올바른 작업방식을 파악하기 위한 과정의 일부다. 당신이 아직 목적지에 도착하지 못했다는 뜻이다. 잘못된 방향전환을 몇 번 해봐야 올바른 방향전환을 발견할 수 있는 경우도 있다. 잘못된 방향전환은 시간낭비도 아니고, 정지하라는 신호도 아니며, 교훈을 얻을 기회일 뿐이다. 올바른 길을 파악하는 데 유용한 정보를 주기 때문이다.

일이 잘못될 때도 모든 일이 잘될 때만큼이나 많은 것을 배울 수 있다. 이렇게 무언가를 배울 수 있는데도, 그것을 계속 실패로 간주해야 할까? 실수를 하고 그 사실을 인정하는 것은 인간으로서 성장하고 배우는 데 꼭 필요한 부분이다. 실수에서 배우면, 경력과 관계에서 더 크게 성공할 수 있으며, 전체 삶에서도 그렇다. 실수를 무조건 피하려 하면, 목표에 도달하기 훨씬 어렵다. 자신을 추스르고 일어난 일을 살펴보면, 전진하는 데 가장 좋은 방법을 파악할 수 있다.

성공은 타고나는 것이 아니라, 오랜 시간 동안 갈고 닦아야 하는 것이다. 재능이 잘하는 데 도움은 되지만, 연습, 경험, 힘든 노력도 필요함을 인식하는 것이 중요하다. 성장을 염두에 두는 사고방식이 필요하다. 지능과 능력이 고정되어 있는 것이 아니라 계발되는 것이라는 생각을 받아들여야 한다. 경험을 이런 시각에서 바라보면, 좌절이 있어도 계속 전진할 가능성이 훨씬 커지며, 조그만 진전을 많이 이루고 열심히 노력하면 목표에 도달할 수 있다는 것도 훨씬 잘 기억할 수 있다.

성공을 위한 중요한 자질을 생각한다면, 절대 실패해서는 안 된다는 법칙은 없다. 실제로 성공의 핵심적인 자질 중 하나는 실수하거나 실패하더라도 계속 나아갈 수 있는 능력인 '끈기'다!

실패한 경험 없이 잘한 사람을 찾기는 매우 어렵다(내가 조사해봤다!). JK 롤링, 일론 머스크, 오프라 윈프리, 리처드 브랜슨(영국의 억만장자 버진그룹 회장), 베라 왕,* 스티브 잡스, 아리아나 허핑턴,** 워렌 버핏, 마돈나, 마이클 조던, 안나 윈투어*** 등이 모두 그렇다. 이런 사람들도 당신과 똑같다는 것을 알고 행복해지기 바란다.

성공을 향해 일직선으로 달려가지 않은 대표적인 인물이 빌 게이츠Bill Gates다. 그는 17살 때 첫 번째 회사를 공동창립했다. 소프트웨어로 교통 데이터를 분석하는 Traf-O-Data란 회사였다. 이 회사가 크게 성공하지는 못했지만, 그와 공동창립자 폴 알렌Paul Allen

* Vera Wang: 패션 디자이너.
** Arianna Huffington: 〈허핑턴 포스트〉 창립자.
*** Anna Wintour: 〈보그〉 편집장을 역임한 패션계 거물. 영화 〈악마는 프라다를 입는다〉에 영감을 준 인물이기도 하다.

은 이 경험에서 배운 것을 이용해서 마이크로소프트Microsoft를 창립했다. 그들은 '성공을 축하하는 것은 좋지만, 실패에서 교훈을 얻는 것이 더 중요하다'고 이야기했다.

마이크로소프트 역시 계속 성공하지는 못했다. 1993년에 빌 게이츠가 혁명적이라고 생각했던 데이터베이스 프로젝트는 실패했으며, 90년대 중반에 마이크로소프트가 MSN에서 출범시킨 TV 스타일의 인터넷 쇼도 성공하지 못했다. 하지만 그는 포기하거나 머뭇거리지 않고, 도전을 받아들인 후 교훈을 얻었다. 그는 이렇게 말했다, '불쾌한 소식을 부정적인 것이 아니라 변화의 필요성을 보여주는 증거로 받아들이면, 좌절하지 않는다. 당신은 실패에 접근하는 방법이 문제일 뿐이라는 점을 배우게 된다.'

모든 실수가 우리에게 중요한 교훈을 준다. 일어난 일을 반추할 기회를 자신에게 허용하기만 하면 된다. 그렇게 하면 그것을 처리, 재평가 및 재고한 후 앞으로 나아갈 수 있는 시간과 공간이 생긴다. 실패의 두려움 때문에 꼼짝도 못 할 것 같으면, 당신은 모든 것이 너무 어렵고 이런 스트레스를 감당할 만큼의 가치가 없다고 자신에게 말한다. 하지만 진실은 정반대다. 열심히 하지 않고 잘하는 사람은 누구도 없으며, 최고의 성취를 이루려면 늘 많은 노력과 훈련, 시간이 필요하다. 과제가 어려울수록, 그것을 관리할 수 있을 때의 만족감도 커진다.

삶의 모든 것을 어렵게 만들고 싶지는 않겠지만, 한두 개의 도전은 삶에 흥분을 더해준다. 가끔 도전이 어려우면, 극복했을 때의 보상도 크다는 것을 기억하라. 극복했을 때의 기분을 잘 기억해뒀다가, 다음에 어려움이 닥치면 떠올려라.

실패하는 법 배우기

실패를 개인적인 추락에서('나는 실패자야. 나는 불충분해') 배움의 기회('실망했어. 하지만 여기서 배우고 성장할 거야')로 바꾸면, 기분이 매우 달라지고 수치심도 떨칠 수 있다.

당신의 이전 접근법을 생각해보면, 실패가 그렇게 아픈 이유 중 하나가 사후분석 때문임을 알 수 있다. 당신은 머릿속에서 모든 것을 반복해서 살펴보면서, 일이 얼마나 잘못되었는지 생각하고 자신을 호되게 꾸짖는다.

- 실수를 곱씹으며, 잘되지 않은 일에 관한 생각도 멈출 수 없다.
- 대화, 이메일, 자신이 한 말 또는 하지 않은 말의 세부내용에 집착한다.
- 다른 사람들에게 받은 사소한 냉대 및 비판과 자신이 한 작은 실수를 머릿속에서 계속 재생한다.
- 과거의 실패가 계속 머릿속을 맴돈다.
- 다른 사람들이 자신에게 불만이 있는지, 자신이 잘못한 일은

없는지 궁금해한다.

- 자신을 비난하고, 그렇게 하지 말았어야 한다고 후회한다.

이제, 이번 장의 3단계를 다시 살펴보자.

1단계: 실수와 실패가 삶의 정상적인 부분임을 받아들인다.

2단계: 실수와 실패가 회복력을 높여준다는 것을 받아들인다.

3단계: 실수와 실패에서 배운다는 것을 받아들인다.

실수와 실패를 정상으로 받아들이고 배움, 성장, 회복력 향상의 기회로 간주하면, 훨씬 쉽게 그것들을 떠나보낼 수 있다. 이 3단계를 따랐다면 이것을 잘 알 수 있을 테지만, 아는 것만으로 모든 것이 좋아지지는 않는다. 그것을 이용해서 자신이 실패에 반응하는 방식을 적극적으로 바꿔야 한다.

실패에 대한 두려움 때문에 무언가를 시도하지 못하거나 실수를 저지르는 순간이 오면, 다음 다섯 가지 기법을 사용해보라. 상황이 달라 보일 것이다.

1. 자신에게 실패를 허용한다

당신이 가면증후군의 목소리를 따를 때면 실패를 무조건 피하려고 애쓸 것이지만, 어쩔 수 없이 실패하게 되면, 이런 태도 때문에 실패의 고통이 훨씬 커진다. 그 대신, 자신을 미완성의 존재로 생각하라. 실수와 실패는 삶의 일부다. 일어나기 마련이므로, 받아들이는 것이 낫다. 첫 시도 때는 모든 사람이 힘들어한다는 것을 아는 상태로 일에 접근하고, 자신이 첫 시도에서 모든 일을 제대로 해내지 못할 수 있다는 것도 기억하라.

배울 때 어렵게 느껴지는 것은 정상이다. 몇 번 해 봐야 가장 잘하는 방법을 알 수 있다. 포기하지 말고, 다시 시도하고 열심히 노력하고 자신에게 약간의 연민을 보여라. 해낼 수 있다는 것을 자신에게 상기시켜라. 어려울 수도 있지만 그럴 만한 가치가 있을 것이며, 자신에 대한 튼튼한 자신감을 키우는 유일한 방법이기도 하다. 자신만 이런 것이 아니라는 것을 기억하고, 앞의 3단계를 다시 떠올려라. 실제로 모든 사람이 그렇다(심지어 빌 게이츠도 그렇다).

2. 생각과 느낌은 사실이 아니다

무언가를 할 수 없을 것이라는 두려움이 생긴다고 해서, 그 느낌이 맞는 것은 아니다. 프레젠테이션 하는 것에 공포를 느낄 수는 있지만, 그렇다고 해서 할 수 없는 것은 아니다. 생각과 느낌은 사실이 아니라는 것을 기억하라!

우리가 불안한 예견을 듣고 무언가를 피하거나 시도를 포기하면, 우리는 진실을 알 수 있는 기회가 사라진다. 진실은 다음과 같다.

- 불안한 예견은 보통 틀렸다.
- 무언가를 시도할 생각만 한다면 실제로 시도하는 것보다 열 배는 더 나쁘다.
- 기대한 대로 일이 잘 풀리지 않더라도, 그 결과는 예상보다 나쁘지 않다.

위험의 크기를 생각해보고, 그것을 보상과 비교해보라. 당신의 예상과 달리 위험이 보상만큼 크거나 영구적인 경우는 거의 없으며, 일이 잘되면 얻을 수 있는 보상이 훨씬 크다. 안전하게 행동할 때 놓칠 수 있는 것에 관해 생각해본 후, 과감하게 행동하라! 자신이 진정으로 원하는 일을 하는 것은 무섭지만, 그럴 만한 가치는 충분하다. 연구에 따르면, 우리는 자신이 한 일보다 하지 않은 일에 대해 훨씬 더 많이 후회한다. 그러므로 무언가를 하는데 두려움이 생기면, 자신에게 이것을 상기시켜라.

무언가를 진정으로 추구하고 제대로 시도해야만, 자신이 어려움을 극복하고 그것을 할 수 있다는 것을 알 수 있다. 프레젠테이션을 마치고 나면, 자신이 잘했고, 무서웠지만 실제로는 느낌이 괜찮았다는 사실을 알 수 있는 기회가 생긴다. 이런 두려움을 더 많이 극복할수록, 발표가 더 쉬워진다. 그러면 다음에 걱정이 또 들면, '지난번 프레젠테이션 때도 이런 느낌이 들었지만, 프레젠테이션을 잘 해내고 나서는 정말 기뻤어.'라고 자신에게 상기시킬 수 있다.

다음과 같은 생각의 편향을 조심하라.

- 일반화: '아무 일도 제대로 해내지 못할 거야.'라고 생각하는 대신, '이번에는 일이 잘 풀리지 않았어.'라고 생각해보라.
- 예견: '사람들은 내가 이 직무에서 쓸모없는 쓰레기라고 생각해' 또는 그 비슷한 생각. 타인의 마음을 읽을 수 있는 사람은 아무도 없다는 것을 기억하라. 그것이 다른 사람들의 진짜 생각인지, 아니면 당신의 생각인지 자신에게 물어보라.

- 느낌은 사실이 아니다. 자신이 불충분하다고 느끼더라도, 실제로 그런 것은 아니다.

- '모 아니면 도' 식의 사고: 실수 한 번이 실패는 아니다. 일보 후퇴에 불과하다는 것을 기억하고, 사고의 균형을 잃지 마라. 한 번 미끄러져도 재앙은 아니며, 모든 것을 망친 것도 아니다.

- 실수 확대하기: 당신은 부정적인 세부사항을 하나 끄집어낸 후 계속 곱씹는다. 그러지 말고, 전체 그림을 보라. 90%가 제대로 되었다면, 마음에 들지 않는 것에만 초점을 맞추지 말고, 좋은 점에 90%의 시간을 써라.

- 개인화: 부정적인 사건을 자신과 관련된 것으로 보는 것. 모든 것에 대한 책임이 당신에게 있는 것은 아니다. 영향을 미치는 요인은 많다!

- 자신의 결론을 조심하라: '내가 무능력하기 때문에 일이 제대로 되지 않은 거야'와 '내 준비가 부족했기 때문에 일이 제대로 되지 않은 거야'를 비교해보라. 첫 번째 결론을 믿으면, 자신이 할 수 있는 일이 별로 없다. 하지만 두 번째 결론 때는 많은 것을 배울 수 있다.

- 뒤늦은 깨달음은 잔인하다. 어떤 일이 일어나기 전에 미리 예견할 수 있었다고 말한다. 모든 우발적 사건과 결과를 예견할 수 없다는 점을 명심하고 효율성에 대해 생각하라. 특히 실수가 유용한 정보를 제공한다는 사실을 이해했을 때, 모든 잠재적인 문제를 주의 깊게 살펴보는 것이 시간을 가장 효율적으

로 활용하는 것은 아니다.

3. 성찰

바라던 대로 일이 잘 진행되지 않으면, 스스로 성찰할 시간과 공간을 주고 그 일을 헤쳐 나가라. 감정을 처리하거나, 교훈을 찾아보거나, 일어났던 일의 장점은 없는지 생각해보라. 그냥 힘든 감정을 표현하는 것만으로도, 그런 감정이 약해지는 경우가 많다. 이것은 당신에게 일어났던 일을 이해하는 데 도움을 주고, 자신을 동요시키는 일에 관한 통찰을 얻을 수 있으므로, 잠재적 해결책을 쉽게 찾을 수 있다.

4. 비판은 실패가 아니다

가면증후군을 없앨 수 있는 방법 중 하나가 비판이다. 앞으로 나아가려면, 비판을 더 잘 관리하고, 그것이 개인에 대한 공격이나 인신공격이 아님을 이해해야 한다. 피드백을 줄 때 자신이 하는 일을 생각해보라. 당신이 그 사람을 무가치한 사람이나 형편없는 사람으로 여기지는 않는다.

건설적인 비판을 유익한 것으로 간주하라. 당신의 작업 성과를 향상하려고 하거나 새로운 관점을 얻으려고 할 때는, 다른 사람들의 의견에 귀를 기울이는 것이 좋다. 피드백을 주는 사람은 당신이 유능하며 변화할 수 있다고 믿는다는 점을 기억하는 것도 도움이 된다. 부정적인 피드백에 모두 동의할 필요는 없다. 그냥 다른 시각일 뿐이다. 도움이 되는 것은 취하고, 그렇지 않은 것은 흘려보내라.

더 익숙해지려면, 피드백을 적극적으로 구하라. 연습을 통해 피드백이 점점 더 쉬워질 것이다. 그들의 직업적인 여정에서 신뢰할 수 있고 멘토 역할을 할 수 있는 사람(이상적으로는 비슷한 배경을 가진 사람)을 찾아, 자신의 감정에 대해 이야기하고 불안감을 털어놓아라. 이 사람은 당신의 인식과 실제를 분리하고, 개선해야 할 특정 영역에 대한 공감, 조언 및 지침을 제공할 수 있어야 한다.

자신보다 나이가 많고 더 현명하고 경험도 많은 사람이 자신의 일을 살펴봐 준다는 생각이 끔찍하게 느껴질 수도 있지만, 당신이 존경하는 사람에게서 피드백을 받으면 자신이 잘하고 있는 일과 잘못하고 있는 일을 파악할 수 있는 기회가 생긴다. 자신의 진전 상황에 관한 새로운 관점도 얻을 수 있으며, 현실적인 목표를 개발하는 데에도 도움이 된다. 당신이 지나치게 생각이 많은 사람이라면, 약간의 답을 제공해줌으로써, 생각이 너무 많아지지 않게 하는 데에도 도움이 된다. 제대로만 하면, 자신이 겪은 일과 들인 노력을 다른 사람이 이해할 수 있는 기회가 될 수 있으며, 당신 스스로도 그것을 이해할 수 있게 된다.

피드백 받는 것이 힘들면, 자신이 일에 너무 많은 것을 투자하는 것은 아닌지 자문해보라. 일이 당신의 삶과 자존감에서 너무 큰 부분을 차지하는가? 그렇다면 개인적으로 피드백을 자신의 평가로 받아들이지 않을 수 없을 것이다. 만약 이것이 문제라고 생각하면, 12장에 나오는 자신의 경계를 재검토할 기회가 있을 것이다.

5. '올바른' 방식은 없다

완벽을 지향하면, 하나의 올바른 선택이 존재한다는 환상이 생긴다. 올바른 선택이 존재한다면, 잘못된 선택도 있다는 뜻이므로, 긴장해서 몸이 굳을 수 있다. 올바른 방식으로 무언가를 해야 할 책임이 자신에게 있다고 느끼고, 성공하지 못하면 자신의 잘못이라고 느낄 수 있다. 그렇게 하는 대신 좀 더 현실적이 되도록 노력하라. 완벽한 선택은 없다. 무언가를 하는 방식은 많으며, 그 모두가 좋을 수 있다. 그리고 실수 또는 실패하거나 '잘못된' 선택을 한다고 해서 세상이 끝나는 것은 아님을 기억하라. 그것들은 최선의 방식을 찾는 과정의 일부이며, 더 많은 정보를 제공해주므로 당신은 그 과정에서 배우고 성장할 수 있다.

다음을 소리 내어 읽어보라.

- 실수를 해도 괜찮다. 실수는 삶의 정상적인 부분이며 배울 수 있는 기회다.
- 좌절은 정상이며 인내할 가치가 있다.
- 실패를 두려워할 필요가 없다.
- 실수와 좌절을 통해 회복력이 향상된다.
- 모험을 하지 않으면 얻는 것도 없다.

가면증후군의 목소리가
떠들어대는 헛소리

"인생에 있어 대부분의 일에는 약간의 행운이 따르지만,
그렇다고 해서 행운이 성공을 무효로 만들거나
그 가치를 줄어들게 하지는 않는다."

체크 포인트 수행할 목표

- 당신 안의 가짜 목소리가 당신의 성공에 대해 늘어놓는 변명들을 인식하고, 그것들이 근거 없는 이야기임을 밝힐 수 있다.
- 자신의 성취를 있는 그대로 인식하고 자축할 수 있다.

지금까지 우리의 주된 초점은 당신이 좀 더 현실적인 기준을 세우고 자신의 능력을 신뢰할 수 있도록 말하는 방식과 자신에 대한 생각을 바꾸는 것이었다. 다음 단계는 당신이 수행하는 모든 좋은 일들을 발견할 수 있도록 돕는 것이다. 당신은 성공을 갈망하면서, 자신이 성공을 이루었을 때 그것의 진정한 이유를 깊이 생각하지 않는다. 이번 장에서는 그것을 바꾸려 한다.

　당신의 관점과 성취에 대한 시야를 흐리게 하는 장애물을 더 많이 제거해야 자신이 이룬 업적을 자기 것으로 하는 데 한 발짝 더 다가갈 수 있다. 가면증후군을 극복하려면 이것이 매우 중요하다. 이번 장에서 우리는 당신 안의 가짜 목소리가 당신의 성공에 대해 늘어놓는 헛소리들을 살펴보고, 그것들이 근거 없는 이야기임을 밝힐 것이다. 그런 헛소리들은 다음과 같다.

- 운이 정말 좋았어.

- 요행인 게 틀림없어.
- 그냥 정말 열심히 일했기 때문이야.
- 적절한 시기에, 딱 맞는 장소에 있었을 뿐이야.
- 나를 좋아했기 때문이야, 내 매력 덕분이야.
- 우리 팀이 잘한 거야, 다 같이 한 일이야.
- 인맥 덕분일거야.

위의 내용 중 전부는 아니더라도 최소한 하나쯤은 우리에게 익숙할 것이다. 현실은 이러한 요인의 거의 모두가 일정한 역할을 한다는 것이다. 이 요인들이 합쳐지면 누가 잘하지 못하겠는가? 하지만 늘 그렇듯이, 당신의 뇌는 자신에게 불리한 상황을 왜곡하고 있다. 아주 작은 세부사항 하나를 끄집어낸 후 확대해서, 다른 모든 것을 흐리게 한다. 그건 마치 훌륭한 저녁식사를 요리하고는 주재료가 소금 '한 술'이라고 주장하는 것과 같다. 이는 훌륭한 요리에 기여한 다른 재료를 무시하는 것과 다름없다.

위의 목록 외에도, 다음과 같이 성공에 기여하는 다른 많은 요인이 있다.

노력　　**추진력**　　**끈기**　　**열정**
정직　　**의지력**　　**자립심**　　**호기심**
자신감　　**창조성**　　**낙관주의**
결단력　　**소통**　　**집중력**　　**인내심**

의심할 여지없이 당신의 성공 중 일부는 행운이나 타이밍과 같은 요인의 결과이지만, 이것들은 당신이 이룬 전반적인 성공의 작은 부분을 차지할 뿐이다. 이런 요인들은 당신에게 문을 열고 들어갈 수 있는 기회를 제공하고 있다. 외부 환경이 당신의 성취도를 떨어뜨리지 않는다. 문을 열고 안으로 들어가 자리를 완전히 차지하는 것은 여전히 당신의 몫이다. 이 후속 단계들이 없으면, 아무 것도 이룰 수 없다. 이러한 외부 요인들과 내부 자원(당신의 문제해결 능력)이 결합하여 성공을 만들어내는 것이다.

그럼, 각 변명 별로 그 영향과 실제로 무슨 일이 일어나고 있는지 살펴보자.

헛소리 1: 운이 정말 좋았어

누군가가 나에게 이처럼 잘해낸 것이 행운이라고 말할 때마다 1파운드씩 준다면, 나는 매우 부유한 사람이 될 것이다. 나는 이 얘기를 매일 들으며, 이 책을 쓰기 시작한 이후로 그 말이 내 입에서도 얼마나 자주 나오는지 깨닫는다. 자신에게 이런 말을 할 때 완전히 틀린 것은 아니다. 그러나 인생살이에 있어 대부분의 일에는 약간의 행운이 따르지만 이것이 유일한 초점이 되어서는 안 된다.

행운은 성공을 무효로 만들거나, 그 가치를 줄어들게 하지도 않는다. 행운을 잡아도 합당한 자격이 없으면 곧 탄로가 날 것이다.

행운을 활용하는 방법을 아는 것이 차이를 만든다.

새로운 기회, 성공한 프로젝트, 일자리 제의, 훌륭한 피드백 등은 우연히 생겨나는 것이 아니다. 일을 못하는 사람이라면, 행운이 따라와도 잘할 수 없기 때문이다. 행운이 일어날 수 있게 해준 것은 바로 당신 자신의 행동이며, 행운을 그 이상의 것으로 바꾸는 사람들은 다른 많은 강점과 자질도 있어야 한다.

한 걸음 더 나아가서, 당신이 기회가 생길 수 있는 상황에 뛰어들 때도 운이 관여하는가? 같은 일을 할 수 있는 많은 다른 사람들은 뛰어들지 않았지만, 당신은 뛰어들었기 때문에, 행운을 잡을 가능성이 커지는 것은 아닐까? 당신의 경력을 바꿀 수 있는 사람을 만나라는 제안을 수락하거나, 그런 사람을 만날 수 있는 상황에 뛰어들 때에도 운이 작용하는가? 평소와 약간 다르게 행동하면, 그것도 운인가? 정말 가고 싶지 않았지만, 어쨌든 갔다면 그게 행운인가? 아니면 그것은 당신이 잘하기 위한 두 가지 핵심 요소인, 추진력과 결단력이 있다는 신호인가?

행운이라는 헛소리(근거 없는 믿음)는 단지 우리 자신의 성공에 대한 사고방식으로만 연관이 있는 것은 아니다. 우리는 행운의 개념을 다른 사람들의 기분을 좋게 만들고, 우리의 성공을 과소평가하기 위해 사용하기도 한다. '별거 아니야. 제발 나를 나쁘게 생각하지는 말아줘.'라고 얘기하는 셈이다. 이것은 성공이 우리의 관계에 부정적인 영향을 미친다는 걱정에 바탕을 두고 있다. 사람들이 다른 사람의 성공에 늘 행복해하지는 않으므로, 당신이 다른 사람의 감정에 매우 민감하다면, 자신의 성공을 이야기하는 것이 어려울 수 있다. 야심과 성취욕이 강하면 사회적으로 고립되기 쉬우며, 여성의 경우에는 더 그렇다. 이러한 상황은 우리 모두가 공개적으로 말할 때에만 일어날 수 있기 때문에 그것을 사람들이 별 문제 없이 받아들일 수 있는 정상적인 상황으로 만들어야 한다.

또한 우리에게 운이 좋았다고 말하는 다른 사람들을 주의하는 것도 중요하다. 당신의 성공을 행운 탓으로 쉽게 돌려 '운이 정말 좋았어'라는 생각을 강화시키는 역할을 하는 사람들이 있다. 그들은 성공을 행운 탓으로 돌림으로써, 그들 자신도 성취할 수 있는 가능성을 무시하며, 운이 좋았더라면 같은 일을 할 수 있었을 테지만 그런 행운이 없었기에 이루지 못했다고 이야기한다.

카리나Carina는 친구인 로즈Rose와 만나는 것을 좋아했지만, 일에 대한 어떤 논의도 싫어했다. 일 얘기가 나올 때마다 로즈는 카리나가 얼마나 운이 좋은지 말해주곤 했다. '하늘이 네 편이야.' 카리나는 그 말에 악의가 없다는 것은 알고 있었고, 그녀의 마음 한편에는 전적으로 동의한 부분이 있었다. 카리나는 운명이 자신에게 친절했다고 느꼈지만, 그 일이 있은 후로는 그녀의 기분을 씁쓸하게 만든 무언가가 있었다. 마치 그녀가 아무것도 하지 않은 것처럼 자신의 노력이 아니라고 얘기하는 것 같았기 때문이다. 그것은 그녀가 직장에서 일해 왔던 많은 시간과 희생을 무시한 것처럼 느껴졌다.

로즈도 장시간 일하고 많은 노력을 기울였지만 현재 성공하지 못했다면, 카리나가 성공한 요인이 자신에게도 있는 자질 때문이 아니라 행운 때문이라고 생각한 것이 어쩌면 당연했다. 의도적인 것은 아니었지만, 그녀는 이런 식으로 카리나의 성공을 무의식적으로 깎아내렸다.

당신이 '나의 성공은 운 때문이므로 나는 자격이 없다'라는 믿음이 틀렸다는 것을 알고, 자신의 모든 성취를 자동으로 깎아내리지 않았으면 좋겠다. 행운을 다른 무언가로 바꾸는 능력이 성공과 실패를 가른다.

〈헛소리 1〉의 가설은 무너졌다! 행운 때문에 성공의 가치를 부정할 수는 없다. 행운은 성공의 작은 부분에 불과할 뿐이다. 행운이 찾아왔을 때 어떻게 하는가가 성공 여부를 결정한다.

헛소리 2: 요행인 게 틀림없어

자신을 엉터리라고 느끼는데 일이 잘 풀리면 요행이었다고 결론 내리기 쉽다. 이것은 '운이 좋았다'는 〈헛소리 1〉과 매우 비슷하지만, '운'은 "내 경력에 행운이 따랐어." 또는 "이렇게 훌륭한 친구가 있어서 나는 정말 행운이야."처럼 더 광범위한 의미로 사용되었다. '요행(뜻밖의 행운)'은 특정한 상황에 적용되는 경향이 있다. 경주에서 이기는 것, 상을 받는 것, 교육과정에 합격하는 것 등이 모두 요행일 것이다. 그러면 이런 생각이 떠오른다. '다음번에 실패하면 어쩌지? 그러면 사람들이 진실을 알게 될 거야!' 이런 생각이 들면 다음번 비슷한 상황이 처했을 때 더 큰 압박감을 받을 뿐만 아니라, 자신이 거둔 성공의 가치도 사라져버린다. 자신이 잘한 것을 살피는 대신, 파국 같은 대실패를 예상하느라 부산을 떤다. 이것은 자신의 성공을 되돌아보고, 교훈을 얻고, 자신감을 키우는 것을 어렵게 만든다.

요행의 정의는 계획되거나 미리 준비되어 정리되기보다는 우연히 발생하고 재현될 가능성이(반복될 가능성이) 낮은 이상하고도 특이한 사건이다. 당신이 요행이라고 부르는 것을 이성적으로 살폈을 때도, 그것들이 정말로 우연한 사건으로 보이는가? 자신의 삶에서 얼마나 많은 우연의 일치가 있었는지 생각해보기만 해도, 앞에서 말한 요행의 정의와는 맞지 않는다는 것을 알 수 있다. 자세히 들여다보면, 이것이 당신이 거둔 성공에서 주의를 돌리려는 얘기임을 알 수 있다. 그럴 경우, 그런 성공을 가능하게 한 많은 요소는 보지 못하게 된다.

〈헛소리 2〉의 가설도 무너졌다! 당신이 열심히 노력해서 일이 잘됐다면, 그것은 요행이 아니다!

헛소리 3: 그냥 정말 열심히 일했기 때문이야

이것 역시 사람들이 자신의 성공을 깎아내릴 때 흔히 쓰는 이유이다. 그것은 열심히 해서 결과가 좋게 나온다면 누구나 그렇게 할 수 있다는 생각과 연결되어 있다. 정말 쉽게 달성한 것만 성공으로 인정할 수 있다는 얘기처럼 들린다!

열심히 하는 사람은 주도권을 쥐고, 좋은 아이디어를 내며 실패도 감내한다. 끈기를 보여야 하며, 긍정적인 피드백과 부정적인 피드백에도 귀를 기울일 수 있어야 한다. 그들은 호기심이 많고, 질문을 던지며 끊임없이 배운다. 강좌나 워크숍에 참석하기도 하고, 대학원에 가기도 한다. 스스로 목표를 정하고, 그것을 달성하기 위해 노력하며, 목표 달성에 필요하면 희생도 한다.

이 모든 노력과 그것에 수반되는 것들을 제대로 생각해보면, 누구나 그렇게 할 수 있다고 자신 있게 얘기할 수 있을까? 이런 얘기를 하는 데 익숙해지다 보면, 수반되는 노력을 간과하기 쉽다. 하지만 모든 사람이 그렇게 하지 못하는 이유가 있다. 힘들기 때문이다.

〈뉴요커〉 기자였던 말콤 글래드웰Malcom Gladwell은 〈타임〉지가 선정한 2005년 가장 영향력 있는 사람 중 하나였다. 그의 저서 『아웃라이어Outliers: The Story of Success』*에서 그는 몇몇 사람들이 성공하는 이유를 조사했다(당신의 능력 유형이 '타고난 천재'라면 이 책을 읽어라). 그의 핵심 메시지는 빌 게이츠가 되었든 비틀즈가 되었든 성공하려면 장시간 노력해야 한다는 것이다. 글래드웰은 그것을 '1만 시간의 법칙'이라고 부른다. 1만 시간은 하루 3시간씩 주당 20시간 동안 연습하는 것을 10년 동안 하는 것과 비슷하다.

● 『아웃라이어(10주년 리커버 에디션): 성공의 기회를 발견한 사람들』, 김영사(한국어판), 2019.

무언가를 잘하는 유일한 방법은 열심히 하는 것뿐이다. 운만으로 성공하는 사람은 없다. 발명가 토머스 에디슨의 말처럼, 천재는 1%의 영감과 99%의 노력으로 이뤄진다. 당신이 자신의 성공 요인을 노력 덕분이라고 간단히 설명해버리면, 자신의 장점을 인식하지 못한다.

〈헛소리 3〉의 가설도 무너졌다! 노력은 성공의 핵심 요소이지만, 성공을 깎아내릴 이유는 아니다!

헛소리 4: 적절한 시기에, 딱 맞는 장소에 있었을 뿐이야

행운 및 노력과 마찬가지로 타이밍도 성공의 핵심 요소지만, 이것 역시 한 요소에 불과하다. 빌 그로스Bill Gross는 미국에서 가장 성공적인 기술 인큐베이터인 아이디어랩Idealab을 창립한 하이테크 기업가다. 그로스는 수백 개 회사의 데이터를 수집해서 회사의 성패에 가장 중요한 요인을 발견했다. 그는 다섯 가지 주요 요인, 아이디어, 팀/실행, 비즈니스 모델, 자금조달, 타이밍을 살폈다. 분석 결과 그의 예상과는 달리, 타이밍이 성공의 가장 중요한 요인으로 밝혀졌다. 성공과 실패의 차이 중 42%가 타이밍으로 설명되었다.

타이밍이 왜 중요한가? 아이디어가 너무 늦게 나오면, 경쟁자가 너무 많아서 성공할 수 없다. 너무 일찍 나오면, 그 아이디어를 뒷받침하는 데 필요한 발전이 이뤄지지 못해서, 아이디어의 실현이 불가능하다. 그로스가 온라인 동영상 공유 온라인 플랫폼인 Z.com을 창립했을 때도 그랬다. 당시에는 기술 발전이 미흡했기 때문이다. 하지만 2년 후에는 문제가 해결되었으며, 유튜브는 똑같은 아이디어로 엄청난 성공을 거뒀다.

타이밍이 맞으면 아이디어가 성공할 수 있다. 하지만 타이밍이 맞는다는 것을 어떻게 알 수 있을까? 바로 여기서 그게 운이라는 변명이 개입한다. 하지만 좋은 타이밍을 파악하는 것은 기술이다. 자신의 장점을 알고 그것을 잘 활용해야만, 행동해야 할 때를 알 수 있다. 모든 일이 잘된 후에는 언제가 적기였는지 쉽게 알 수 있지만, 그 전에 그것을 알기는 어렵다.

〈헛소리 4〉의 가설도 무너졌다! 성공은 운 좋게 홈런을 친 결과가 아니다. 열심히 노력해야, 타이밍이 잘 맞아서 성공할 가능성도 생긴다.

헛소리 5: 나를 좋아했기 때문이야, 내 매력 덕분이야

당신은 최종후보 2명 중 1명으로 선발되었다. 다른 후보가 당신보다 경험은 많았지만, 회사는 당신을 선택했다. 당신이 팀에 정말 잘 맞으리라 생각했기 때문이다. 자신이 자격이 없다고 생각하는 사람은 그들을 속여서 그 자리를 얻었다고 느낀다. 자신의 매력을 이용해서 그들을 구워삶았다고 믿는다.

잠깐 생각해 보라…, 당신은 최종후보 2명 중 1명으로 선발되었고, 회사는 당신을 선택했다. 나는 당신이 그 지점에 도달하기 위해 다른 많은 지원자들을 이겨야 했다고 확신한다. 그리고 이것은 당신이 속임수를 썼다는 증거가 아니라, 당신이 충분한 자격을 갖췄으며, 당신의 경험 부족은 큰 문제가 아니라는 뜻이다.

나는 특히 누군가가 한 자리에 오랫동안 있었거나, 조직의 구조 조정이 있을 때 여러 가지 다른 모습으로 '호감도' 논쟁을 많이 듣는다. 그들은 자신이 그 자리에 오른 것은 다른 사람들과 잘 지냈기 때문이라고 상상하고, 비슷한 일자리를 찾지 못할 것이라는 두려움 때문에 이직은 꿈도 꾸지 못한다. 심지어 이직하더라도, 자신의 부족함이 드러날까 걱정한다.

단순히 가장 똑똑한 사람이 성공하는 것은 아니다. 호감likeability 역시 중요한 요소이다. 호감이 높으면 더 나은 직원이 되는 데 도움이 되고 팀에서 일하기도 더 쉬워지며, 어떤 자리에 뽑힐 가능성도 커진다. 엄청나게 똑똑하지만 소통이 어려워서 사회적 불안을 느낄 수도 있다. 이럴 경우, 직무 수행이 훨씬 어렵다. 한 가지 기술만을 기준으로 사람을 고용하지는 않는다.

학교 수업을 다시 생각해보라. 학창 시절 가장 영리했던 친구가 현재 가장 성공하여 반드시 잘 나가는 것은 아닐 수도 있다. 영리함이 성공을 보장하지 않기 때문이다. 다른 많은 요인들이 작용한다.

물론 지능이 높은 것만으로 충분할 수도 있겠지만, 많은 경우 지능 외의 것도 필요하다. 종종 당신이 갖고 있는 것 능력 그자체보다는 갖고 있는능력을 어떻게 활용하는지가 더 중요하다. 가장 똑똑한 사람이 아니어도 좋은 자리를 얻을 수 있다.

현재 소셜미디어 인플루언서(영향력을 행사하는 사람)들이 가진 힘을 생각해보라. 그들에게는 호감도가 가장 중요하다. 그것이 성공의 열쇠이다. 그렇다고 호감이 성공의 전부라는 뜻일까?

호감은 장점이며, 다른 사람들과 잘 지내는 데 중요한 자질이다. 무시하거나 경멸할 것은 절대로 아니다. 많은 사람의 경우, 호감은 스스로 익히거나 계발한 것이며, 사회적 및 감정적 지능, 공감능력, 자기인식을 나타낸다. 삶에서 무슨 일을 하든 매우 강력한 힘을 발휘하는 조합이다. 개인적으로 나는 그것을 매우 엄청난 강점 요소의 하나로 본다. (심리학자 기준으로는 내가 약간 편향되어 있을 수도 있다!)

호감이 가는 사람들은 사려 깊고, 주변 사람들과 잘 지내려고 노력하는 경향이 있다. 그것은 다른 사람들에게 관심을 기울이고, 시간을 들여서 다른 사람들이 어떤 상태인지 파악한다는 것을 의미한다. 다른 사람들에 관한 사실을 기억하고, 잘 지내는지 정기적으로 확인한다. 사려 깊음과 친절함은 유용한 삶의 기술이다. 사람마다 장점이 다르므로, 잘 맞을 수 있는 조합은 많다.

다시 한번 말하지만 호감은 아주 중요한 강점 요소의 하나임에는 틀림없다. 그러나 매력과 인간관계 기술만으로는 그렇게 높은 위치에 오를 수는 없다. 어느 정도까지만 가능하다. 구직이나 승진

PART 2 | 당신이 가짜가 아닌 이유

에서 장점이 될 수는 있지만, 매력 있다는 것만으로 일자리를 얻지는 못한다. 그 정도로는 면접관들이 다른 모든 것을 무시하게 만들 수 없다! 대부분의 채용 때는 당신을 자세히 조사하므로, 연기만 잘해서는 통과하기 어렵다. 제 몫을 하지 못하는 사람을 숨아내기 위한 장치가 회사에는 많다. 정기 면담, 성과 보고, 보너스 제도 등이 대표적이다. 다른 요인들도 성공에 중요하다는 것을 인정하기 바란다.

호감과 비위 맞추기people pleasing를 구분하는 것도 중요하다. 가면증후군인 사람은 자신이 존경하는 사람에게 좋은 인상을 줘야 한다고 느낄 수 있다. 상사, 강사, 감독관 등이 그 대상이며, 심지어 자신의 배우자에게도 이렇게 느낄 수 있다. 이런 사람들의 긍정적인 피드백을 원하므로, 그들에게 맞춰서 끊임없이 자신을 조정하고, 그들의 필요를 자신의 필요보다 우선시한다. 하지만 그렇게 갈망하던 긍정적인 피드백을 얻더라도, 그것을 무시한다. 단지 그들이 자신을 좋아하기 때문에 그런 피드백을 줬다고 믿기 때문이다. 이렇게 해석을 바꿔보라. '그들이 나를 좋아하는 것은 맞지만, 그들은 내가 일을 잘한다고도 생각한다.'

비위 맞추기를 하면, 도움을 요청하거나 자신의 진짜 의견을 말하기도 어렵다. 자신의 필요에 관해 생각하기 힘들며, 심해지면 자신에게 중요한 것이 무엇인지, 자신이 원하는 것이 무엇인지도 불확실해질 수 있다. 실제로 모든 사람이 자신을 좋아하게 만들면, 자기는 자신을 별로 좋아하지 않게 되는 결과가 흔히 초래된다.

인간관계 기술을 잘 활용해야 하지만 자신의 의견도 있어야 하며, 그것을 이야기할 수 있는 자신감도 있어야 한다. 사람들은 자신과 똑같이 생각하는 사람은 원하지 않는다. 따분하기 때문이다. 새로운 아이디어를 내고 다른 의견을 제시하면 토론이 촉발되며, 흔히 거기서 새로운 아이디어가 생긴다.

〈헛소리 5〉의 가설도 무너졌다! 호감은 매우 강력한 성공 요인이지만, 그것 때문에 성공의 가치를 부정할 수는 없다.

헛소리 6: 우리 팀이 잘한 거야, 다 같이 한 일이야

당신이 팀의 일원으로서 잘해냈다면, 팀의 일원들도 일정한 역할을 한 것이다. 하지만 다른 사람들이 관여했다고 해서 자신이 거둔 성공을 부정할 수는 없다. '협동심a good team player'이라는 말이 모든 구직 광고에 나오는 이유가 있다. 고용주가 찾는 가장 중요한 자질 중의 하나이기 때문이다.

아리스토텔레스가 말했듯이, '전체는 부분의 합보다 크다.' 이 명언은 팀워크와 관련해서 특히 잘 들어맞지만, 팀이 제대로 작동할 때에만 그렇다. 모든 팀원이 리더가 되고 싶어 하거나 반대로 리더를 맡지 않으려 하면 좋지 않다. 팀워크가 잘 되려면, 당신의 기술과 훈련을 이용하고(필요한 경우!), 서로의 얘기에 귀를 기울이며, 필요하면 리더 역할을 하고, 여러 역할을 유연하게 맡아야 한다. 쓸데없는 자존심을 버리고 책임을 공유하는 것이 중요하다. 이것은 많은 사람에게 힘든 부분이다!

또 모든 것을 잘하기 위해 모든 능력이나 기술을 가질 필요도 없고 모든 일을 직접해야 할 필요가 없다는 것을 명심하는 것이 중요하다. 모든 것을 독자적으로 하거나, 모든 것을 직접 해야 할 필요는 없다는 것을 기억하는 것도 중요하다. 실제로 그렇게 하면 실매할 가능성이 더 커진다. 이것에 관해서는 13장(303쪽 참조)에서 더 자세히 설명한다.

〈헛소리 6〉의 가설도 무너졌다! 팀워크는 자랑스러운 일이다. 팀에 융합할 수 있고 좋은 팀의 원동력으로 일부가 되는 것은 누구에게나 쉬운 일이 아니다.

헛소리 7: 인맥 덕분일거야

이것이 사실이라면 당신은 순전히 인맥contact 때문에 일자리를 얻은 셈이 된다. 그야말로 충격과 공포다! 그건 참으로 비열한 일이기 때문이다. 그렇지 않은가? 하지만 실제 상황은 그와는 다르다. 모든 일자리의 85%가 네트워킹(정보나 조언을 얻기 위한 개인적 정보망의 형성) 덕분에 채워진다. 접촉은 일자리를 찾는 데 필수적이고 구직과정의 정상적인 부분이다.

일자리를 찾을 때 비슷한 업계에서 일하는 지인을 만나는 것은 상식적인 일이다. 조언을 얻을 수도 있고, 당신에게 맞는 일자리가 그들에게 있을 수도 있으며, 그런 일자리가 있는 사람을 그들이 알고 있을 수도 있다. 심지어 당신은 이런 접근법을 '부지런하다'고 부를지도 모른다. 일자리에 지원하고 다른 사람들에게 구직 중임을 알리기 위해, 자신이 가진 모든 옵션을 활용하기 때문이다.

인맥과 네트워킹을 이용하는 것은 잘 알려진 유용한 접근법이다. 네트워킹의 장점에 관한 글은 매우 많다. 당신이 꿈꾸는 일자리를 얻는 방법을 인터넷에서 검색해보면, 내가 확신하건대, 인맥을 활용하는 것이 권장되는 구직 경로 중의 하나로 올라있을 것이다. 채용 담당자들도 이 방법을 권장하므로, 구직과 관련해서는 최고의 방법 중 하나다. '이래서는 안 돼. 부정행위야.'라고 경고등이 들어오지도 않고, 이 방법을 이용해서 얻은 일자리는 진짜로 인정하지 않는다는 메모도 없다. 실용적이고 전략적인 접근 방식이다! 모두가 하는 일이고, 그렇게 하지 않는 사람은 기회를 놓치기 쉽다.

이 접근법을 썼다고, 당신이 부정행위를 했으므로 현재 자리를 정당하게 얻은 것이 아니라는 뜻은 아니다. 자신이 아는 모든 사람을 만나서 이야기를 나누고 궁금한 것도 물어보는 것은 지극히 상식적인 행동 아닌가?

- 그들이 당신을 만나는 것을 승낙한다면, 그들은 당신을 만날 가치가 있다고 생각하는 것이다.
- 그들이 당신에게 사람을 소개시켜 준다면 당신을 좋게 생각한

다는 뜻이다.

- 그래도 당신에게 그냥 일자리가 주어지지는 않는다. 스스로 노력해서 일자리를 얻어야 한다.

만약 지인이 만남에서 당신을 마음에 들어 하고 무언가를 얻었다면, 그들은 당신이 그 자리에 적합한 사람이라고 확신했던 것이다. 당신이 그들을 설득해서 좋은 인상을 심어주었기 때문이다. 그들이 자신의 인맥을 기꺼이 소개해준다면, 그 이유를 생각해보라. 당신이 구제불능의 끔찍한 사람이라고 생각했다면, 그들이 단지 예의를 차리기 위해서 당신을 소개하지는 않을 것이다. 그렇다면 그들의 평판도 나빠질 수 있기 때문이다.

당신의 지인이 당신을 정말 아끼는 사람이라고 가정해보자. 어쩌면 당신의 숙모가 만남을 주선할 수도 있다. 물론 숙모가 당신을 대신하여 특별히 좋은 이야기를 하여 설득했을지도 모르지만, 아무도 그것만으로 채용을 결정하는 사람은 없다. 실제로 이런 상황에서는 자신이 그런 기회를 받을 만한 사람임을 보여주기 위해 더 열심히 노력해야 하는 경우가 많다! 당신을 위해 문이 열렸을 수도 있지만, 안에 들어가서 자리를 획득하는 것은 여전히 당신의 몫이다.

당신이 프리랜서라면, 이 과정이 어떻게 작동하는지 잘 생각해보라. 입소문을 통해 새로운 고객을 알게 되었다면, 그것은 당신의 이전 성과 때문이다. 따라서 이렇게 생계를 꾸린다고 해서, 당신이 속임수를 쓴다는 것은 아니다.

한 걸음 더 나아가 보자. 좋은 인맥을 가진 사람이 얼마나 될까? 꽤 많을 것이다. 하지만 그런 인맥을 이용해서 괜찮은 결과를 얻어 낸 사람은 얼마나 될까? 따라서 인맥이 중요한 것이 아니라, 그것을 이용해서 결과를 얻어내는 능력이 중요한 것이다.

인맥의 역할을 인정해도 되지만, 그것 때문에 인맥을 활용한 결과로 얻은 모든 일의 가치를 부정하지는 말아야 한다.

일자리 찾는 게 힘들다고 투덜대다가, '아는 사람이 있지만, 연락하지는 않을 거야. 그건 옳지 못한 일이잖아. 안 그래?'라고 이야기하는 모습을 상상해보라. 그것은 마치 자전거를 탈 때 기어를 쓰는 것이 부정행위라고 말하는 것과 비슷하다. 자전거를 탈 때 기어를 쓰는 것이 당연한 것과 마찬가지로, 인맥도 일과 삶의 정상적인 부분일 뿐이다.

〈헛소리 7〉의 가설도 무너졌다! 인맥을 이용한 것 때문에 성공의 가치를 부정할 수는 없다. 인맥과 네트워킹을 이용하는 것은 채용 가능성을 극대화하려는 노력의 일부이며, 모든 사람이 예상하는 잘 알려진 구직 방법이다.

자신이 현재 위치에 오른 방법을 살펴보라

우리는 모두 어느 정도의 재능을 가지고 태어났으며, 성장하면서 여러 능력과 기술을 갈고 닦는다. 지능, 스포츠 능력, 호감 등이 그 예다. 하지만 이런 것들만으로는 성공을 보장할 수 없다. 그것을 사용하는 방식이 중요하기 때문이다. 당신을 유능하게 만들어주는 단 한 가지 요인은 없으며, 성공으로 향하는 인가된 단일 경로 즉 지름길도 없다.

당신은 현재 위치에 있을 자격이 있다. 다시 한번 읽어보라. "당신은 현재 위치에 있을 자격이 있다!"라고 이를 상기시키기 위해 다음과 같이 해보라.

- 4장(115쪽 참조)에서 작성한 성취 목록을 다시 살펴보라.
- 각 항목 옆에 행운, 노력, 타이밍, 호감, 팀워크, 인맥 등이 어떤 역할을 했는지 기록해보라.
- 일어났던 일을 머릿속에 떠올려보라. 앞의 요인들 중 하나가 관련되어 있다고 해도, 어떻게 현재 위치에 오를 수 있었는가? 어떤 전략을 사용했는가?
- 일이 순조롭게 진행되면, 무엇을 해야 했는지 생각해보라.
- 이러한 기여 요인을 최대로 활용하기 위해서 당신이 취한 행동을 적어보라.
- 다른 기술도 사용했는가? (250쪽에 열거된 다른 요인들을 참조하라)
- 다른 사람이 같은 일을 했어도, 속임수라고 하겠는가?

3

가면증후군에 영원히 작별을 고하는 방법!

삶의 회복:
과로와 회피 물리치기

"자신의 삶을 즐기면서, 여전히 야망을 가질
수 있는 시간은 얼마든지 있다."

체크 포인트 수행할 목표

- 과로와 회피를 멈추는 것이 중요함을 인식한다.
- 삶에 대한 접근 방식을 바꿀 몇 가지 새로운 전략을 수립한다.
- 삶을 누리기 시작하고, 삶을 모험으로 인식한다.

여기까지 오게 된 것을 축하한다. 당신이 매우 잘하고 있으므로, 가야 할 길은 얼마 남지 않았다. 당신은 지금 여기까지 온 이유가 자신이 그럴 만한 자격이 있기 때문이라는 것을 잘 알고 있다! 우리가 앞으로 몇 가지 남은 문제들을 완전히 극복하기 위해서는 당신이 지금까지 사용해온 대처전략, 즉 '과로와 회피' 전략을 바꿀 필요가 있다. 과로를 멈추고 회피를 해결할 때만이, 자신이 불충분한 사람이 아니라는 증거를 얻게 될 것이다. 그렇다면 당신은 과로와 회피의 사이클을 끝낼 수 있으며, 이 새로운 접근 방식을 신뢰할 수 있게 되어, 성공하기 위해 고생할 필요가 없다고 생각할 수 있다.

당신은 자신이 하는 일에 능숙하여, 더 이상 예전처럼 일할 필요가 없다. 이제 당신의 삶을 누릴 수 있는 새로운 방식을 재조명해보고 생각애야 할 때이다.

기존의 접근 방식

지금까지 당신은 가면증후군의 행동규범에 따라 살았다. 열심히 일하면서 자신을 기계처럼 취급하거나, 자신의 책임에서 도망치고 삶을 회피했다. '과로 모드'에 있을 때는 최선을 다하고 추구하고 전진했지만, '회피 모드'에 있을 때는 자신을 믿지 않고 자신의 잠재력을 숨겼다.

목표에 도달하기 위해 열심히 일할 때면, '그곳에' 도달하기만 하면 모든 것이 가치가 있을 것이라고 자신에게 약속을 한다. 일단 '그곳에' 도달하기만 하면, 가족이나 친구, 또는 여가를 위해 더 많은 시간을 할애할 수 있을 것이라고 스스로에게 말한다. 이 것은 삶을 즐기기 위해 도달해야 할 장소라는 점에서 대안 현실과 같다.

회피 모드(지연, 미루기 또는 방해)에 있을 때는, 어려운 문제와 정면 대결해서 해결할 수 있을 미래의 시간이 있을 것이라고 스스로에게 말한다. 아니면 그런 상태로 너무 오래 있었다면, 더욱 그렇게 하고 싶은 마음이 들 수도 있다.

이렇게 상상된 미래가 괜찮은 것처럼 느껴질 테지만, 그것은 당신이 오늘을 최대한 활용하는 데 방해가 될 것이다. 그리하여 당신은 현재 진행되는 삶에 제대로 참여하지 못한다. 부정적인 자기 믿음은 자신이 성취해온 모든 좋은 것들을 과소평가하므로, 당신은 그것들을 제대로 누릴 수 없게 된다.

가장 심각한 점은, 자신이 실제로 '그곳에' 도달했다고 느끼는 경우가 거의 없다는 것이다. 목표 지점에 가까워질 때마다, 무의식적으로 목적지를 재설정하기 때문이다. 그러므로 당신은 자신이 정말로 얼마나 멀리 왔는지 알 수 없으며, 자신이 또 어떻게 변했는지를 인식하지 못한다.

새로운 접근 방식

당신이 만족할 수 있는 이런 미래의 삶이 결코 존재하지 않을 것이란 사실을 받아들이면, 다른 존재 방식의 여지가 생긴다. 자신에게 충족감을 주는 일상생활을 즐기면서, 하루를 그냥 사는 삶이 그것이다. 이렇게 하면, 이제 당신은 자신의 삶을 살면서 자신에게 걸맞은 존재가 될 수 있다. 삶을 되찾는 과정은 다음의 3단계로 이루어진다.

1단계 : 재평가한다
2단계 : 과로와 회피를 해결한다
3단계 : 새로운 삶을 시작한다

1단계 : 재평가한다
다음 몇 장에서 우리는 성공에 대한 당신의 기준과 정의를 재평가할 것이다. 지금은 자신의 시간과 에너지를 현재 어떻게 나눠 쓰고 있는지 살펴보기 바란다. 한 주에 쓰는 시간과 에너지가 현실적인 수준인가? 당신이 현재 하고 있는 모든 일을 기록해보라. 식사 시간, 이메일 응답 시간, 소셜미디어 시간, 자신을 위한 시간뿐만 아니라 업무 시간도 포함하라. 일상적인 하루 일과에 포함되는 것을 하나도 빠짐없이 적어라.

각 활동 옆에 예상 시간을 기록한 다음, 총 시간을 합산한다. 이 모든 활동을 하루에 하는 것이 정말로 가능한 일인가? 여가활동에 쓸 수 있는 시간은 얼마나 있는가? 당신은 일과 관계를 위해 자신의 건강과 행복을 희생하는 것은 아닌가? 자신의 일과 인간관계만을 위해 모든 시간을 쏟지 말고 여유를 좀 두어서, 자신을 위한 시간을 확보하는 것이 좋지 않을까?

나는 이것이 약간은 비현실적인 제안이라는 것을 알고 있지만, 한번 동물 학대의 관점에서 이것을 생각해보기 바란다. 이런 식으로 동물을 다뤄도 괜찮은가? 당신이 경주마라고 해보자. 매일 온종일 말에게 연습과 훈련을 시키면서, 풀 뜯을 시간은 전혀 주지 않고, 경주 준비 전에 몇 시간만 쉴 수 있게 한다면, 과연 괜찮을까? 이런 식으로 말을 다루면 최고의 성적을 거둘 수 있을까? 만약 그것이 동물에게 맞지 않는 일이라면, 당신에게도 마찬가지다.

완벽함을 포기한다는 것은 합리적인 양의 일을 수행하고 (기력소진을 유발하는 수준이 아닌) 지속가능한 수준으로 업무를 유지하는 것을 의미한다. 이렇게 하면 회피 모드에 빠지는 것 때문에 어려움을 겪는 사람들에게도 도움이 된다. 현실적인 업무 일정을 유지하면 압박감이 줄어들고 보다 효과적으로 더 쉽게 일할 수 있다. 따라서 모든 것이 너무 과하게 느껴져서 일을 멈춘다거나 더 나쁜 경우, 당신이 하던 일을 의도적으로 게을리하여 자신의 성취를 스스로 훼손하는 일이 생기지 않을 것이다.

이제 목록을 다시 살펴보고 자신에게 가장 중요한 것에 초점을 맞춰라.

- 시간을 투자할 만한 몇 가지 중요한 일만 선택하라. 하나 더 고를 때마다 다른 일에 쓸 수 있는 시간이 줄어드니, 현명하게 선택하라.
- 자신에게 중요한 것이 무엇인지 생각해보라.
- 포기하거나 다른 사람에게 맡길 수 있는 일은 무엇인가? 예를 들어, 모든 사람의 이메일에 즉시 답장을 하는 것이 우선인가, 아니면 그 시간을 아끼는 것이 나은가? 이제 할 필요가 없는 일은 그만둬야 한다.

당신의 하루 일정에 빈틈이 전혀 없이 스스로 너무 많은 일을 하기가 쉽다. 하지만 그건 올바르게 살아가는 방법이 아니다. 당신이 하는 어떤 일에도 정신을 온전히 쏟지 못하며 단지 이 일에서 또 다음 일로 달려가고 있을 뿐이다.

이에 대해 생각해보기 위해, 나는 언론인 올리버 버크먼˙의 '테드 엑스TEDx' 강연인 〈시간과의 싸움을 멈추는 방법How to Stop Fighting Against Time〉을 시청할 것을 강력히 권한다. 그의 통찰력 있는 설명에 따르면, 바쁨에 대처하려는 노력 때문에 우리는 더 바쁘다고 느끼게 되며, 그 결과 대부분의 사람들은 인생의 유한성(약 4,000주)을 부정하는 상태로 살게 된다. 그는 이렇게 말한다. "제대로 의미 있는 삶을 살고 싶다면, 그리고 제대로 차이를 만들고 싶다면 유한한 인생을 아무 부끄러움 없이 온 마음을 다해서 살려고 노력해야 한다. 여기서 우리에게 주어진 시간이 많지 않다는 사실을 직시한 후, 그 시간으로 정말 중요하고 의미 있는 일 한두 개를 하는 데 집중해야 한다." 단순한 진실은 '우리는 유한하고, 우리가 할 수 있는 일도 유한하다'는 것이다. 우리에게 주어진 시간이 많지 않다는 이 사실을 직시해야, 비로소 자유로워지고 우리에게 가장 중요한 일에만 집중할 수 있게 된다.

당신의 능력은 무한하지 않으므로 할 일을 현명하게 선택하라. 시간은 가장 소중한 것 중의 하나이며, 아무리 많은 돈을 줘도 살 수 없다. 늘 바쁘게 사느라 시간을 허비하지 마라.

● Oliver Burkeman : 영국의 언론인·작가이다. 영국의 유력 일간지 〈가디언〉 기자로 일하고 있으며, 그의 인기 칼럼 '이 칼럼이 당신의 인생을 바꿔줄 것이다'를 모은 작품 『행복 중독자』(한국어판, 2012), 『합리적 행복: 불행 또한 인생이다』(한국어판, 2013) 등이 있다.

2단계 : 과로와 회피를 해결한다

자신이 유능하다는 것을 제대로 알고, 스스로가 무능력하지 않다는 사실을 믿기 시작하는 유일한 방법은 과로와 회피를 멈추게 하는 것이다. 이로 인해 처음에는 자신의 취약함이 노출되어 드러나는 기분이 들면서 두렵겠지만, 단기간의 괴로움은 장기적으로 놀라운 이득을 줄 것이다.

당신은 일을 줄여야 한다. 자신이 현재 너무 열심히 일하고 있는 사람이라면, 이렇게 일을 줄이는 것이 마음에 들지 않을 것이다. 하지만 일을 줄이는 것만으로도, 당신의 일이 충분히 훌륭하다는 것을 알 수 있게 해줄 것이고, 당신도 그 일을 즐기게 될 가능성이 더 커질 것이다. 당신이 자신에게 정한 기준은 다른 사람들이 당신에게 정한 기준보다 훨씬 높은 것이 일반적이다. (나를 믿어라!) 당신이 '괜찮다'고 여기는 것을 다른 사람들은 '탁월하다'고 생각한다. 그리고 아이러니하게도 당신의 동료와 친구, 가족 중 대다수도 당신과 같이 느낀다는 것이다. 그들 역시 자신보다는 다른 사람들에게서 탁월함을 더 쉽게 발견한다.

100%를 목표로 하는 대신 80%를 목표로 하고, 마지막 20%에 대한 괴로움을 멈추어라. 이를 시험하기 위해서, 80%가 완성되었다고 생각될 때 연구과제를 넘겨주기 시작한다. 다른 사람들이 그것에 대해 어떻게 생각하는지 확인해보라. 아니면 자신이 매일 밤 집에서 세 시간씩 더 일하고 주말에도 일해야 한다고 느끼는 사람이라면, 1주일 동안은 일을 하지 않는 실험을 해보자. 또는 그 절반만

해본다. 개별적인 프로젝트의 가치와 난이도에 따라, 그에 합당한 작업과 노력을 투입함으로써 가면증후군의 악순환을 타파한다.

내 클리닉에서 고객들에게 이렇게 하라고 제안하면, 그들은 일반적으로 업무량을 줄여도 별 차이가 없다고 생각한다. 실제로, 자신이 다른 방식으로 일하고 있다는 사실을 아무도 눈치 채지 못하거나 신경 쓰지 않는다. 이로 인해 휴식이나 즐거움을 위해 여유로운 시간을 갖는 것은 그들의 수행 능력을 향상시킬 수도 있다.

당신에게 이것이 어렵다는 것은 잘 안다. 그러니 그것을 효율성 측면에서 생각하기 바란다. 모든 일을 완벽하게 하는 것은 시간을 효과적으로 사용하는 것이 아니다. 생각해보라! 사소한 일에 마음 졸이면서 신경 쓰는데 들이는 추가의 시간은 과연 그럴 만한 가치가 있는가? 완벽하지 않거나 다른 사람들이 어떻게 평가할지 걱정되어서, 당신이 쓰레기통에 버린 프로젝트가 얼마나 많은가? 당신이 일을 다른 사람과 공유하기 전에 늘 완벽해야 하는 것은 아니다. 당신의 힘든 일을 포기하기보다는 꺼내놓고 다른 사람들에게 제공하는 것이 더 낫다. 당신이 너무 가까이에서 어떤 일이나 사물을 보면 제대로 볼 수 없다. 다른 사람이 보고 '완벽함은 위대함의 적'이라는 사실을 기억하도록 내버려 두라. 정말 중요한 것은 완벽이 아니라, 앞으로 나아가는 것이다.

보다 합리적인 방식으로 일하기 위해서는 직장 밖에서의 생활에 대해 좀 더 투명해지는 것도 중요하다. 모든 제안을 수락해서 개인 생활을 힘들게 하기보다, 당신이 하고 있는 다른 일에 대해 정직해야 한다. 자녀들을 픽업하기 위해 일찍 퇴근해야 한다면, 그렇게 이야기하라. 배우자가 아파서 돌봐야 한다면, 이에 대해 솔직하게 이야기하라. 동료들과 공통점을 찾고, 가능한 한 유대감을 형성하라. 당신이 정보와 조언을 공유하고 서로를 의지할 수 있다는 사실을 아는 것은 큰 차이를 만든다. 그것은 또한 당신이 숨길 필요가 없다는 것을 알게 해줄 것이다. 그들은 당신의 모든 것을 알면, 당신을 가짜라고 여기지 않는다. 투명성이 높아지면 자신의 삶을 바꿀 수 있고, 일과 가정이라는 삶의 두 가지 측면이 그렇게 분리되어 있다는 것을 느끼지 않을 것이다.

과로하지 않으려면 다음 사항을 반드시 지켜야 한다.

- 자신을 최우선시한다.
- 일에 선을 긋는다.
- 항상 다른 사람들의 욕구를 자신의 욕구보다 우선시하지는 않는다.
- 휴식을 취한다.
- NO라고 말한다(제안을 거절한다).
- 위임한다(다른 사람에게 일을 맡긴다).
- 사소한 세부사항까지 관리하는 것을 멈춘다(다른 사람들과 당신에게 끔찍한 일이다).
- 정직하고 투명하게 자신의 상황을 밝힌다.
- 자신의 일정을 고수한다. 요청과 약속이 쌓이지 않게 한다.

만약 당신이 이런 태도를 고수할 수 있으면, 많은 시간을 확보할 수 있을 것이다. 이렇게 하면 악순환이 고리가 끊어지므로, 자신이 잘하고 있다는 것을 알 수 있는 기회도 생긴다.

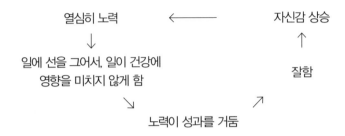

이렇게 하면 할수록 더 쉬워지고, 자신을 파멸로 몰아붙이지 않는다는 느낌도 강화되어, 정상적인 삶을 유지하는 데에도 도움이 된다. 그 다음으로 멈추어야 할 것은 과로의 해로운 쌍둥이, 회피(미루기)이다.

과로가 당신을 너무 바쁘게 만드는 반면, 회피는 또한 당신의 시간을 갉아먹는다. 이런 상황을 상상해보라. 오늘 끝내야 할 중요한 과제가 당신에게 있다. 일을 시작하기 위해 자리에 앉았지만, 먼저 이메일을 잠깐 확인하기로 한다. 이메일을 확인하는 동안, 소셜미디어도 확인하기로 한다. 그러자 어느새 자신도 모르는 사이에 휴대폰 게임도 하고, 세탁기도 돌리고, 냉장고의 내용물도 확인하고, 차도 한 잔 내리게 되었다. 하지만 일은 시작도 못했다.

뭔가 느낌이 오는가? 우리 모두가 집안일이나 귀찮은 일을 가끔씩 미루는 것에 대해 죄책감이 들면서도, 별로 재미없는 일은 뒤로 미루고 싶은 유혹을 느끼는 것은 이해할 수 있다. 하지만 미루는 것이 중요하지 않은 일에만 영향을 미치는 것은 아니다. 종종 우리는 중요한 일이 있을 때 약간 불안함을 느낄 수 있다. 그 일을 해야 하는 것이 두렵기 때문에, 우리는 그것을 무시한 채 기분이 좋아지는 다른 일을 한다.

두려움이 커지면 자기조절이 어려워지므로, 과제가 어려울 때 우리는 두려움이 느껴지지 않는 다른 일로 눈길을 돌린다. 장기목표를 추구하는 대신 지금 이 순간의 만족이라는 유혹에 넘어간다. 실패에 대한 두려움과 완벽주의가 일정한 역할을 한다는 것도 분명하다. 피할 수 없는 일을 미루면서, 능력이 부족했다기보다는 노력이 부족했다는 평가를 받으려 한다. 모든 일을 완벽하게 이루고 싶어하기 때문에 최적의 접근 방식을 찾느라 집착하므로 무언가를 착수하지 못하기도 한다.

미루는 것이 탈출구처럼 느껴질 수도 있지만, 그것은 기분이 훨씬 더 나빠지고 소중한 시간도 낭비하게 만든다. 또한 잠재력도 발휘하지 못하게 되고, 중요한 기회도 놓치게 되며, 목표도 달성할 수 없고, 자존감도 낮아지고, 스트레스와 불안도 커진다.

마음의 휴식이 필요할 때 미루기도 한다. 아무 만족 없이 시간을 허비하기보다는, 삶을 향상시킬 두뇌 휴식시간을 갖게 하는 것이 더 낫지 않겠는가?

흔히 하는 조언은 일을 그냥 시작하라는 것인데, 이것은 큰 도움이 되지 않는다. 그렇게 간단한 과제였다면, 애초에 미루지 않았을 것이다! 이 문제를 극복해서 자신에게 중요한 일에 시간을 확보하는 데 도움이 되는 몇 가지 아이디어가 있다. 일을 끝내고 나면 기분이 얼마나 좋을지 스스로에게 상기시켜보라. 미루는 것이 기분이 나빠지는 것을 지연시킬 수도 있지만, 그것은 일시적인 것일 뿐이며 사실 장기적으로 스트레스, 수치심, 죄책감이 더해지면 기분이 더욱 엉망이 될 것이다. 대신, 일단 일을 끝냈을 때 어떤 기분이 들지 한번 생각해보라.

자신에게 친절해야 한다는 것도 기억하라. 자기연민을 잊지 마라. 이상하게 들릴 수 있지만, 연구에 따르면 당신이 할 수 있는 가장 효과적인 일 중 하나가 미루는 자신을 용서하는 것이다. 미루는 것은 부정적인 감정과 연결되어 있으므로, 용서를 통해 이러한 감정을 줄이면 다음에는 더 잘할 수 있다.

무언가를 하고 싶은 기분이 들 때까지 기다리지 마라. 미루는 사람들이 저지르는 실수 중의 하나가, 일을 하고 싶은 기분이 들 때가 오기를 바라는 것이다. 그런 시간은 결코 오지 않을 것이다. 그냥 시작하는 것이 최선이다. 비록 마음이 내키지 않더라도 일을 끝낼 수 있다.

큰일을 생각하면, '그렇게 힘든 일을 과연 해낼 수 있을까?'라는 생각이 따라온다. 하지만 그것을 달성하기 위해 오늘 해야 할 일이 무언지 살펴보면, 부담감이 줄어든다. 한 번에 하나씩 과제를 수행하라. 한 번에 하나의 과제에만 집중을 하고, 해낼 수 있는 양을 현실적으로 예상하라. 대부분의 과제는 예상했던 것보다 오래 걸린다.

큰 과제이면, 작은 부분들로 쪼개라. 일단 시작하면 해낼 수 있다는 느낌이 들고 자존감도 높아지며, 계속하다 보면 자신감이 든다.

만족을 미루어라. 일을 시작하기 전에 스스로에게 보상하는 대신, 일을 마쳤을 때 보상해보라. 45분 동안 일한 후에, 15분 동안 이메일을 확인해보라. 과제를 바꿔가면서 하는 것 역시 수행 능력 향상에 좋다.

주의를 분산시키는 것을 없애라. 다이어트 중이라면, 쿠키를 부엌에 두지 마라. 소셜미디어의 알림을 끄고, 이메일도 로그아웃하라. 과제와 상관없는 것은 모두 배제하라.

마지막으로, 미래의 자신과 접촉하라. 지금 하는 일을 하려는 이유를 명확히 알고 있어야 한다. 그것이 미래의 자신에게 어떤 도움이 되는가? 왜 도움이 되는가? 목표를 굳건히 하고, 목표에 도달하면 무엇을 얻게 될지 생각해보라.

아무리 좋은 의도라도 모든 사람이 때때로 미룰 수 있다는 것을 기억하라. 우리가 하겠다고 말하는 일과 우리가 실제 하는 일 사이의 간극은 당신이 생각하는 것보다 크다. 좋은 의도로 헬스클럽에 등록했지만, 운동은 전혀 하지 않는 사람들을 생각해보라. 만약 당신이 미루고 있다면, 그것을 자신을 책망하는 수단으로 사용해서는 안 된다.

회피 때문에, 가면증후군인 사람들은 흔히 위험기피자가 될 수 있다. 자신이 아는 것에 초점을 맞추면, 지나치게 낙관적인 태도를 취해서 실수하거나 위험을 감수할 때에 비해, 더 안전하게 느껴진다. 약간의 위험 회피는 정상적이며 건강한 것이다. 복잡한 도로를 건너다가 차에 부딪힐 뻔했다면, 다음번부터는 신호등이 있는 횡단보도를 건너기로 하는 것이 위험을 줄이는 데 적합한 반응이다. 하지만 다시는 도로를 건너지 않겠다고 결심하는 것은 과도한 반응이다. 이렇게 결심하고 나면, 적절한 맥락에서는 완벽하게 안전한 활동도 피하느라 터무니없는 일을 점점 더 많이 하게 된다. 이로 인해 부정적인 피드백이나 실패를 피할 수 있고, 새로운 일을 시도할 필요도 없다고 생각할 수 있다. 현 상태를 유지하면서 일이 무난하게 진행되는 것을 선호하므로 위험도 크지만, 더 큰 보상이 따르는 발전적 기회를 놓치게 되는 셈이다.

당신이 더욱 발전하려면 어떤 대가를 치르더라도 위험을 피하지 않는 것이 중요하지만, 융통성 있게 대처하는 것이 중요하다. 지금까지 배운 교훈을 바탕으로, 예견되는 위험을 감수할 가치가 있다고 여기는 것을 검토해보라. 우리는 15장에서 안일(安逸) 위주의 행동에서 벗어나는 방법에 대해 살펴볼 것이다. 이것은 자신의 한계를 극복하고 스스로 기회를 열 수 있는 좋은 방법이다.

3단계 : 새로운 삶을 시작한다

이전에 당신은 긴장을 풀고 즐길 수 있는 여지를 자신에게 주지 않았다. 하지만 이제는 삶의 균형을 회복하는 데 생각할 시간을 좀 더 가져야 한다. 이전에는 쾌락과 휴식이 입에 담아서는 안 될 말처럼 느껴졌겠지만, 이제 곧 바뀔 것이다. 자신의 삶을 즐기면서, 여전히 야망을 가질 수 있는 시간은 얼마든지 있다. 당신은 자신을 위한 시간을 게으른 것과 동일시하는 기존의 믿음을 떨쳐낼 수 있다.

당연하게 들릴지 모르지만, 당신이 가장 먼저 해야 할 일은 자기 자신을 돌보는 것이다. 이것은 잘 먹고, 충분한 물을 마시고, 충분한 수면과 운동을 한다는 것을 의미한다. 이것들이 좋은 하루의 기초이다.

이러한 기본적인 욕구뿐만 아니라, 진정으로 당신을 행복하게 만드는 것이 무엇인지 알아내는 데 있어서 자신에게 더 관대해지는 것이 중요하다. 의미 있는 활동, 자기관리 및 연민의 시간이 기분을 좋게 하는 문으로 들어가는 열쇠가 된다. 이것들을 시간 낭비로 여기지 말고, 자신에게 투자하는 시간으로 생각하라. 자기 스스로를 돌보는 것은 이기적이지 않다. 특히 당신이 지금처럼 계속 잘하고 싶다면 그런 노력이 필요하다.

우리가 느끼는 감정은 우리가 선택하는, 특히 우리 각자가 매일 매일 선택하는 작은 선택의 산물이다. 휴식이나 반성에 전혀 시간을 쓰지 않으면, 녹초가 될 것이다. 기분이 자연스럽게 좋아지는 일을 하는 데 시간을 내지 않으면, 기분이 좋기 어렵다. 큰 것을 기다리느라, 매일 일어나는 작지만 훌륭한 것들을 놓치게 된다. 지금까지 자신이 해온 모든 일의 가치를 인식해야 한다.

진정으로 만족하려면, 다음의 3가지 단순한 변화가 필요하다.

1. 속도를 늦춘다.
2. 시간을 비운다.

3. 자연스럽게 기분이 좋아지는 일(자연적 고양감)에 초점을 맞춘다.

첫째, 매일 약간씩 속도를 늦춰보라. 160km/h로 달리고 있으면, 삶을 즐기기 어렵다. 과속하지 않고 속도를 늦추면, 다른 것들을 받아들일 수 있다. 목표 달성을 기다리지 말고, 자신이 이미 가진 것들에 감사하려고 노력해보라. 이 전략은 긍정적인 것에 초점을 맞추는 태도를 키우는 데 매우 좋으며, 자신의 삶을 단순한 방식으로 인식하도록 하는 데에도 도움이 된다.

감사하는 것들에 관해 생각하다 보면, 가지고 있지 못한 것을 곱씹거나 새로운 것을 찾는 대신, 이미 가지고 있는 좋은 것들에 초점을 맞추게 된다. 이것은 하기도 쉽고, 장점도 많다. 감사하는 사람은 더 행복하고 더 건강하고 더 많이 만족한다. 또한 감사함을 느끼면, 감사해야 할 삶의 다른 영역들도 더 잘 인식할 수 있다. 일단 시작하면 눈덩이처럼 커지므로, 항구적인 행복을 가져다준다.

둘째, 자신에게 약간의 여유 시간을 허용하라. 예전에는 하루 중에 한가하게 보내는 시간이 어느 정도 있었다. 창문 밖을 바라보거나, 공상에 잠기거나, 약간 따분하게 보내는 시간이 있었다. 이제는 휴대폰을 보거나, 이메일을 쓰거나, 청구서를 지불하느라 거의 늘 바쁘다. 자신이 시간을 아껴 쓴다고 생각할 수도 있지만, 당신의 뇌는 그렇게 해석하지 않는다. 뇌는 업무와 집중력에서 휴식이 필요하며, 정보가 끊임없이 쏟아지면 과부하 상태에 빠진다. 이것을 논거로 사용해서, 늘 일하면 생산성이 낮아질 수 있음을 자신에게 상기시켜라. 끊임없이 무언가를 하거나 생각할 필요는 없다. 우리는 기계가 아니다. 현재는 자신의 기준을 충족할지라도, 그것은 지속가능하지 않다.

우리의 문화 때문에 무언가를 거절하기는 어렵다. '기회가 다시 안 오면 어떻게 하지?', '삶을 최대한 충실하게 살아야 하지 않을까?'라는 두려움이 있다. 간단히 말해서, 그 대답은 '아니오'다! 모든 것에 'Yes'라고 답할 필요는 없다! 'No'라고 이야기하는 법을 배우는 것은 중요한 삶의 기술이다. 자신의 기대를 적절한 수준으로 조절하고, 자신을 기계로 보는 사고방식은 버려야 한다. 때로는 최선을 다하려면 일을 줄여야 한다.

너무 바빠서 느긋하게 쉬면서 생각을 정리할 시간이 전혀 없거나, 너무 피곤해서 삶을 즐길 수 없다면, 도대체 무슨 소용인가? 휴식과 회복은 건강하고 행복한 삶에 필수적이다. 예를 들어, 하루 정도는 특별한 일정 없이 여유롭게 시간을 보내도록 계획해 보라. 아니면, 한 번에 세 가지 일 대신 한 번에 한 가지 일만 해보라.

셋째, 자신이 즐기는 것들을 위한 시간을 만들어야 한다. 나는 이것을 '자연적 고양감natural highs'이라고 부른다. 바로 이런 것들이 살아 있다는 느낌을 준다. 자신이 가장 좋아하는 음악은 크게 볼륨을 높여 듣기, 달리기, 야외활동하기, 회사생활 잘하기, 맛있는 음식 요리하기, 그리고 공연에 참여하기 등이다. '자연적 고양감'은 우리의 관계에서도, 즉 사랑하고 사랑받는 관계, 보답하는 관계, 또 우리보다 더 큰 무언가의 일부가 되는 관계에서도 느끼게 된다.

자연적 고양감(정신이나 기분 따위가 북돋우어지는 느낌)에 맞추어 자신이 살아 있다는 느낌을 주는 것이 무엇인지 알아내는 것도 항상 완벽을 추구하는 욕구를 대체할 수 있는 좋은 방법이다. 성취만이 기분을 좋게 하는 유일한 방법은 아니다! 원하는 대로 모든 것에서 얻을 수 있는 만족을 추구하기보다는 매일 당신을 둘러싸고 있는 위대한 것들을 찾아라. 세상을 자신의 뜻에 따라 바꾸려고 노력해서 자기 자신과 주변 사람들을 힘들게 하기보다는, 모든 것을 있는 그대로 받아들여라. 비록 그것이 당신이 정의하는 완벽함을 충족시키지 못하더라도 일상의 가치를 진정으로 느껴라.

이제 이번 장의 내용을 명심하고, 잠시 시간을 내어 자신이 원하는 것이 무엇인지 생각해보라. 복잡한 것일 필요는 없다. 완벽한 공식을 찾는 것도 아니고, 일을 하는 정해진 방식을 갖기 위한 것도 아니다. 그저 자신의 삶과 자신이 아끼는 사람들과의 관계를 생각해보는 것이다. 자신의 몸과 마음에 귀를 기울이고, 눈을 크게 뜨고 있어야 세상과 그 모든 아름다움과 경이로움의 진가를 알아볼 수 있다.

- 자신의 삶을 사는 더 합리적인 방법은 무엇일까?
- 속도를 늦추려면 어떻게 해야 할까?
- 자신에게 여유 시간을 좀 허용하려면 어떻게 해야 할까?
- 자신이 즐기는 일상생활에 무엇을 포함시킬 수 있을까?

이러한 방법들이 정해져 있을 필요는 없다. 시도해보고, 자신에게 효과가 있는지 살펴라. 자신의 마음을 바꿀 수 있는 권리는 늘 자기 자신이 가지고 있지 않은가? 효과가 없는 것이 있으면 그게 무엇인지 파악해서 필요하다면 적절히 변형시키고 바꿔라.

삶을 모험으로 여기면서 살기

삶은 목표에 도달하기 위한 경주가 아님을 기억하라. 나는 삶을 모험으로 생각하는 것을 좋아한다. 정복하기 위해 올라야 할 산이 아니라, 경험해야 할 무언가로 생각한다. 중간에 멈추거나 코스에서 벗어나도 상관없다. 탐험 중이기 때문이다. 이것이 바로 자신이 하는 일에서 최대한 많은 것을 얻고, 배우고 실수하는 것이 중요한 이유이다. 또한 자신의 생각과 감정에 귀를 기울이고, 여행을 통해 자신을 돌보며, 그것을 바탕으로 모험에 적응할 수 있는 기회도 생긴다.

출발 이유를 제공한다는 점에서 목표는 모험의 기초가 될 수 있다. 하지만 이상하게 들리겠지만, 목표에 도달하는 것은 중요하지 않다. 그것보다는 어떻게 도달했는가가 더 중요하다. 자신이 어떤 존재가 되는가는 별로 통제할 수 없지만, 자신의 인생에서 가장 중요한 자원인 시간을 사용하는 방식은 통제할 수 있다. 그 과정에 집중하다 보면 더 큰 의미와 더 큰 행복을 가져다준다. 성공은 노력의 결과가 아니라 노력하는 과정의 부차적인 산물이다.

자신의 기준
조정하기

"빈틈없이 모든 것을 다 아는 사람은 없다.
그게 다행이라고 생각한다."

체크 포인트 수행할 목표

- 모든 것을 아는 것은 불가능함을 인식한다.
- 도움을 요청하고, 다른 사람에게 조언을 구하고, 동료들과 협력해도 괜찮다는 것을 이해한다.
- 때로는 답을 모르는 것이 진정한 강점이 될 수 있음을 인식한다.
- 자신의 능력을 믿고 자신이 알고 있는 것에 자신감을 갖는다.

모든 사람이 어느 정도는 '나는 아직 능력이 부족하며 충분하지 않는 사람이다.'고 느끼고 있다는 사실이 지금쯤은 이미 분명해졌을 것이다. 우리는 모두 인간이기에, 많든 적든 얼마간의 자기 의심을 가지고 있다. 그러므로 모든 사람은 불안을 경험하고 때로는 자신감이 부족할 수 있다. 앞서 우리는 '과로와 회피'에 대해 살펴보았으므로, 이제 나는 당신이 모든 것을 알아야 한다는 생각과 자신의 힘으로 이룬 것만이 성공으로 인정된다는 생각을 무너뜨리려 한다. '전문가'들과 '솔로이스트(독주자)'들은 주목하기 바란다!

지금까지 나는 당신이 자신에 대해 갖고 있는 '인지 편향'*을 많

● 인지 편향(cognitive biases): 경험에 의한 비논리적 추론으로 잘못된 판단을 하는 것을 말한다. 개인의 합리성을 결여시키고, 지각을 왜곡시킬 수 있으며, 부정확한 판단을 내리거나 비논리적인 해석을 겪게 만들 수 있다(인지심리학). 이러한 인간의 편향적 사고방식은 인간이 생존을 위해 선택한 결과라는 새로운 시각도 있다.

이 살펴보았다. 그것들은 바로, 당신이 '충분히 알지 못한다고 생각하고, 충분히 똑똑하지 않다고 생각하며, 그리고 모든 사람을 가면을 쓰고 속여서 자신이 실제보다 더 유능하다고 믿게 만들었다고 생각한다'는 것이다. 나는 여전히 당신이 자신에 대한 이런 관점을 바꾸기를 간절히 바라지만, 사실 그것은 당신이 충분히 그 일을 감당할 수 있다는 신호라는 것을 당신에게 보여주고 싶다. 이를 위해서는 사람들이 실제보다 자신이 더 똑똑하고 유능하다고 믿는 인지 편향의 하나인 '더닝 크루거 효과'*를 살펴봐야 한다. 당신이 갖고 있는 편견과는 정반대이다.

심리학자 데이비드 더닝David Dunning 과 저스틴 크루거Justin Kruger 는 4건의 연구를 수행한 결과, 유머·문법·논리 테스트에서 하위 25%에 해당하는 참가자들이 자신의 시험성적과 능력을 크게 과대평가했다는 사실을 발견했다.

그들의 논문 「자신이 미숙련자임을 모르는 사람들: 자신의 무능함에 대한 인식 부족이 어떻게 부풀려진 자기평가로 이어지는가」** 에서 더닝 교수는 다음과 같은 사실에 주목했다. "과제를 잘하는 데 요구되는 지식과 지적 능력은 많은 경우에, 그 과제를 잘하지 못

● 더닝 크루거 효과(Dunning-kruger effect): 자신의 능력을 과대평가함. 인지 편향의 하나로, 능력이 없는 사람이 잘못된 결정을 내려 잘못된 결론에 도달하지만, 능력이 없기 때문에 자신의 실수를 알아차리지 못하는 현상을 가리킨다(인지심리학). 코넬대학교 데이비드 더닝 교수와 대학원생 저스틴 크루거가 1999년 제안한 것이다.

●● Justin kruger and David Dunning, 「Unskilled and unaware of it: how difficulties in recognizing one's own incompetence lead to inflated self-assessments」, cornell university, 1999.

한다는 것을 인식하는 데 필요한 자질과 동일한 경우가 많았다. 따라서 그러한 지식과 지적 능력이 부족하면 그 과제를 잘하지 못한다는 사실을 여전히 잘 알아차리지 못한다."는 데 착안하여 모든 참가자들에게 전술한 논리테스트에서 점수를 높일 수 있도록 기술을 가르치자 그들이 자기인식을 발달시키고 자기평가를 개선시키는 데 도움이 된다는 사실을 알았다.

근본적으로 어떤 일에 무능한 사람들은 보통 자신의 무능함을 인식할 수 없다. 이는 당신이 그 일을 감당하지 못할까봐 걱정한다는 것만으로도, 자기인식self-awareness 과 자기이해self-knowledge 능력이 상당히 높은 수준에 있음을 보여주고 있다는 것을 의미한다.

언어를 배우는 것을 예로 들어보자. 당신의 친구는 프랑스 여행을 계획하고, 프랑스어를 배우기로 결심했다. 공부를 시작하기 전에는 프랑스어 능력에 대한 자신감이 극히 낮다. 그는 자신이 이해하는 것이 없으므로 앞에 놓인 과제가 엄청나게 힘들어 보인다.

하지만 몇 주 배우고 나면, 그는 이제 이해하는 프랑스어 단어가 많다는 것을 깨닫는다. 심지어 프랑스인과 대화도 할 수 있다. 자신감이 치솟고, 외국어를 배우는 것이 전혀 어렵지 않다고 판단한다. 자신이 거의 유창하다고 판단하기 때문이다! 이것이 '더닝 크루거 효과'이다. 당신의 친구는 프랑스어 전문가가 되려면 아직 한참 멀었고 일상생활에 쓰이는 프랑스어만 알 뿐이지만, 그는 자신이 실제보다 더 능력이 있다고 믿는다.

하지만 당신의 친구가 프랑스어로 편지를 쓰려고 시도하거나 어려운 프랑스어 소설을 읽으려고 시도하면, 그는 자신이 배워야 할 것이 얼마나 많은지 곧 깨닫게 된다. 비록 공부를 시작하기 전보다는 훨씬 많은 프랑스어를 이해함에도 불구하고, 자신감이 확 떨어질 것이다. 지속적인 공부와 더 많은 이해력을 통해서만이, 그의 자신감이 다시 커지기 시작할 것이다.

이것은 삶의 많은 부분에 적용된다. 자신감이 처음에 크게 치솟았다가, 곧 우리는 좌절을 겪고 실망감을 경험한다. 우리가 더 많이 배울수록, 모르는 것이 아직 많다는 것과 배움은 끝이 없이 무한하다는 것을 더 많이 깨닫게 된다. 그러나 이러한 어려움을 극복하고 계속 나아갈수록 우리의 자신감은 다시 커지기 시작할 것이다. 우리가 인생에 대해 모든 것을 다 알지는 못하지만, 우리는 앞으로 닥쳐올 어떤 일이든 잘 대처할 수 있다고 더욱 확신하게 될 것이다. 우리는 평생 끊임없이 배운다. 나에게는 그것이 인생에서 가장 큰 선물 중 하나이다.

초기 자신감에는 많은 장점이 있다. 우리는 성공적으로 도전을 할 수 있다고 믿을 필요가 있다. 이 활기찬 낙관주의가 의미하는 바는 우리가 원하는 것을 얻기 위해 그만큼 노력한다는 것을 말해준다. 당신이 젊었을 때, 직장을 구하거나 주택을 임차하고 구입하는 문제 등으로 삶이 얼마나 힘들지 알고 있었다고 상상해보라. 또는 당신이 아이를 낳았을 때, 당신의 삶이 어떻게 바뀌는지 알았다고 상상해보라. 이러한 것들을 위해 노력한 결과 생기는 모든 눈부신 경험들을 놓치지 않으려면, 믿음과 자신감이 필요하다.

완벽을 추구하는 사람들에게 있어, 그들이 모든 것을 다 알지 못한다는 것을 깨닫는 것이 두려움이 촉발되는 도화선(트리거 포인터)이 된다. 그리고 이것은 그들로 하여금 '자격 없는 사람'임에 틀림없다는 잘못된 결론을 내리게 만든다. 당신의 기분 역시 '자신이 얼마나 알고 있다고 느끼는지'와 자신의 진척상황을 볼 수 있느냐'에 영향을 미친다. 두려움이 일고 우울한 기분이면 자신감을 떨어뜨리고 더 불안하게 만들지만, 기분이 좋아지면 더 자신감 있게 만든다. 나는 당신이 '모든 것을 다 아는 것'은 불가능함을 인식하기 바란다. 그럼에도 이것이 자신이 세운 목표라면, 당신은 평생 이런 기분을 느끼게 되므로, 당신 스스로 체념해야한다는 것도 깨닫게 되길 바란다. 모든 것을 알고 있는 사람을 생각해보라. 누구도 생각나지 않았으면 좋겠다. 하지만 당신이 누군가를 떠올렸다면, 그들이 과연 어떤 도움도 요청하지 않고 어떤 정보도 찾아보지 않으며, 또 어떤 것에 대해서 지금은 잘 모르니 나중에 당신에게 다시 돌아와 말하지 않을 것이라 확신하는가?

빈틈없이 모든 것을 다 아는 사람은 없다. 다행이라고 생각한다. 또한 모든 것을 다 알지 못하는 데서 오는 불편함도 나쁜 것이 아님을 알게 되길 바란다. 지금쯤은 이것이 당신이 '자격 없는 사람'이라는 증거가 아니라, 모든 사람이 그들의 그동안 익숙했던 영역에서 벗어날 때 경험하는 '두려운 감정'이라는 것을 인식해야 한다. 그리고 당신은 그것에 다른 방식으로 대응할 수 있어야 한다. 이런 두려움을 인지(알아차림)하면 학습에 더 개방적이고 호기심이 많아지게 되어, 전진하고 발전하는 데 도움이 될 수 있다는 것을 확인하기 위해 새로운 각도에서 바라보라! 이것은 우리가 더 많이 배우고, 질문하고, 성장하도록 동기를 부여할 수 있으며, 그리고 우리가 목표를 향해 나가도록 도울 것이다. 이에 대해 마지막 장에서 좀 더 자세히 살펴보자.

새로운 역할 시작하기

당신이 학생, 연수생, 신입사원이라면, 가르침을 받아서 배우는 것을 선택한 셈이다. 이 이름들을 생각해보라. 그들은 교수가 아니다! 학생이나 연수생 신분의 이점을 잘 활용하라. 누구도 당신이 모든 것을 다 알 것이라 기대하지 않는다. 아직 배우지도 않았는데 어떻게 그럴 수 있겠는가? 당신이 처음부터 완성된 인재일 것이라고 기대하는 사람은 없다. 그러면 교육과정이 있을 필요가 있겠는가? 모르는 것이 있어야 당신은 무언가를 배워 더 성장하는 학생이 될 것이며, 가르치기도 더 쉬울 것이다! 내가 임상심리학자 연수생이었을 때, 이것은 나에게 큰 변화를 주었다.

당신에게 새로운 역할이 주어진다면, 사람들이 당신을 완전히 준비된 인재라고 생각하기 때문이 아니라 당신의 잠재력을 보기 때문이다. 새로운 역할을 맡거나 새로운 회사에 입사할 때는, 자신이 신참이므로 아직 모든 것을 알 수는 없다는 것을 기억하라. 당신의 동료들은 당신이 해당 직무에 관해 배워서 그 역할에 적합한 사람으로 성장하기를 기대한다. 새로운 곳에서 업무를 파악하려면 3개월이 걸린다. 일상적인 루틴을 확립하려면 6개월이 소요되며, 그리고 당신이 정말로 편안함을 느끼기까지는 아마도 1년이 걸릴 것이다.

모든 것을 알아야 한다고 생각하는 대신, 자신을 학습자로 생각해보라.

- 아는 것과 모르는 것에 대해 솔직해지라.
- '모르겠습니다, 나중에 다시 알려드릴게요'라고 말하는 연습을 하라.
- 정보를 찾아라.
- 조언과 도움을 구하라.
- 질문을 하고 도움을 받아라.
- 워크숍에 가라. 교육과정과 콘퍼런스에 참석하라.
- 연민으로 자신을 대하고, 인내심을 가져라.

어떤 역할을 배우기 위해 열심히 노력할 것이라고 자신에게 다짐하라. 그렇게 하면 힘이 날 것이다. 자신에게 다음을 상기시켜라.

- 모든 것을 다 아는 사람은 없다.
- 이것은 나에게 새롭다.
- 나는 좋은 진전을 보이고 있다.

- 아직은 미숙련자이지만, 그 역할에 적합한 사람으로 성장할 수 있다.
- 내가 금방 전문가가 될 것이라고 예상하는 사람은 없다.
- 내게 필요한 것은 열심히 하려는 태도와 배우려는 자세뿐이다.

준비가 되었다고 느낄 만큼 충분히 알 때까지 기다리면, 오래 걸릴 것이다. 모든 것을 다 알지 못한다고 해서 미루는 것은 좋지 않다.

잘 아는 분야에서는 자신감을 가져라

한 분야를 잘 알거나 어떤 역할을 오랫동안 맡았더라도, 당신이 모든 것을 알 것이라 기대하는 사람은 없다. 모든 것을 안다는 생각은 아주 좁은 생각이다. 위대한 지성들이 자신이 모든 것을 안다고 생각한다면, 누구도 더 발전할 수 없을 것이며, 믿음의 비약적인 발전에 따른 감격도 없을 것이다.

당신이 어떤 분야에서 일하든, 그것은 끊임없이 발전하고 변화할 것이다. 자신의 일에 자부심을 갖고 자신이 하는 일에서 만족을 얻으려면, 자신의 역할에서 계속 배우는 것을 목표로 해야 하고 이런 생각에 익숙해져야 한다. 답을 모르면, 그 사실을 털어놓고 답을 찾을 것이라고 말하라!

다음을 생각해보라.

- 누군가가 당신에게 '모르겠어요'라고 말하면 어떤가? 그것이 나쁜 반응인가?
- 전문가가 되려면, 정말로 모든 것을 알아야 하는가?
- 당신이 자신에게 적용하는 규칙과 다른 모든 사람에게 적합하다고 생각하는 규칙이 서로 다른가? 당신의 상사는 지금의 일에 능숙하기 때문에, 가끔 자기가 무슨 일을 하는지 모른다는 걸 보여줘도 괜찮은가?

도움과 협력

중요한 질문은 이것이다. '접근 방식이나 답을 알아낼 만큼 충분히 알고 있는가?' 자신이 무엇을 하고 있는지 아는 것이 모든 것을 안다는 뜻은 아니다. 그것은 그중 일부는 직접 알고, 모르는 것은 답을 찾을 준비가 되어 있다는 뜻이다.

- 자신의 지식을 이용해서 올바른 방향으로 답을 찾을 수 있는가?
- 자신이 모르는 질문의 답을 찾는 방법을 아는가?
- 어디서 정보를 찾아야 할지 아는가?
- 보유한 실무 기술이 답을 도출하는 데 도움이 되는가?
- 도움을 줄 수 있는 사람을 아는가?

지원, 도움, 협력을 받는다고 당신이 하는 일의 가치가 사라지는 것이 아니다. 그것들은 업무 수행의 일부일 뿐이다. 메이지Maisie 가 훌륭한 예다. 잘하고 있음에도 불구하고, 그녀는 자신이 일을 아주 잘한다고는 생각하지 않았다. 이것은 메이지가 내 클리닉에 왔을 때 내게 말한 것이다.

다른 사람들이 제가 일을 잘한다고 생각하는 이유를 모르겠어요. 제 생각에, 저는 일에서 높은 평가를 받아요. 모든 사람이 저를 좋아하는 것 같지만, 그 이유를 모르겠어요. 전 정말 아무 것도 안 하거든요. 그냥 동료들과 잘 지낼 뿐이에요. 그건, 사람들과 이야기만 잘하면 별로 어려운 게 아니에요. 전 사람들을 잘 알아봐요. 어떤 사람인지 잘 알죠. 전 그냥 게임을 하고 있을 뿐이에요. 제가 상냥하고, 잘 웃고, 금발이고, 남자들이 많은 업계에 종사하고 있어서 특혜를 받는 것 같아요. 전 답을 하나도 몰라요. 그냥 답을 잘 찾을 뿐이죠. 여자라면서 그들 남자에게 부담을 떠넘기죠. 그게 아니었으면, 현재 위치까지 오지도 못했을 거고, 지금처럼 일하지도 못할 거예요.

전 마치 속임수를 쓰는 것 같아요. 다른 사람들에게 의존하죠. 의사결정에 관해서는 별로 몰라요. 누구에게 이야기해야 할지 알 뿐이죠. 뻔한 거라, 누구나 할 수 있어요. 전 그냥 질문을 던지고는, 다른 사람들이 일을 하게 만들어요. 어찌 된 영문인지 늘 그렇게 하는 데도 성공해요. 그다음에는, 사람들이 제가 제안하는 것을 자신이 원하는 것이라고 여기게 만들어요. 그것이 자기 아이디어라고 믿게 만들기 때문에, 사람들이 더 잘 받아들여요. 그것도 다 속임수예요. 문서, 사례연구, 파워포인트는 다른 사람들이 만들고, 저는 그저 사람들에게 이야기만 해요.

이번 주에 직장에서 문제가 생겨서, 사람들이 저에게 살펴봐달라고 부탁했어요. 답을 몰랐기에 저는 웹사이트를 좀 뒤지고, 컨설턴트 몇 명이랑 이야기를 하고, 회사 내 중요 인물 몇 명을 찾아갔어요. 그리고 나서 답을 생각해냈죠. 사람들은 제가 답을 찾기 위해서 엄청나게 많은 일을 했다고 생각하지만, 저는 제가 충분히 노력했다고 생각하지 않으며, 때로는 제 답이 옳은지 의심하기도 해요. 제가 빠뜨린 게 있을 수도 있고, 제가 모르는 사람들이 있을 수도 있고, 제가 던진 질문이 잘못되었을 수도 있죠.

또한 제 생각에, 저는 잘 알면서 이야기한다는 느낌을 사람들에게 줘요. 하지만 제가 하는 것은 사람들이 제게 하는 얘기를 잘 기억해뒀다가 그냥 반복하는 게 전부예요. 자신감 있는 앵무새죠. 제 작업물이나 아이디어는 하나도 없어요.

예전 직장 사람들은 제가 정말 일을 잘한다고 생각했어요. 후진적인 회사라 저의 일에 반응이 전혀 없었거든요. 제가 일을 잘하는 거랑은 아무 상관도 없었어요.

성공이 특별하려면, 제가 노력을 훨씬 많이 해야 해요. 지금은 충분하지 않아요. 제가 지금보다 훨씬 노력을 많이 해서 더 많은 결과물을 내면, 이해가 갈 것 같아요. 제 작업의 효율만 높여도 훨씬 많은 일을 할 수 있을 거예요. 하지만 전 계속 꾸물거리죠. 전 소셜미디어에 시간을 허비해요. 한 10% 정도 일하는 것 같아요.

전 주 4일 근무하고도 늘 결과를 내요. 하지만 그건 제가 사람들과 이야기를 잘하기 때문이에요. 회사 내 어느 한 부서가 새로운 업무 방식을 받아들이게 하려고 사람들이 몇해 동안 애썼어요. 하지만 꿈쩍도 하지 않았죠. 제게 참여를 요청하길래, 저는 모든 사람과 이야기한 후, 그들이 무엇을 염려하는지 알아냈어요. 그들의 말을 잘 듣고, 그들이 필요로 하는 것을 파악했죠.

그다음에는 워크숍을 열어서, 모든 관련자를 초대했어요. 그들이 질문에 개인적으로 답할 수 있게 했죠. 재무부서 책임자가 나중에 저에게 연락해서 정말 유익한 시간이었다고 이야기하면서, 이제 그것을 이해했고 전적으로 동의한다고 했어요.

제가 속한 팀의 책임자가 다가와서 제 어깨에 손을 올리고는 이렇게 말했어요, '자네는 정말 놀랍군. 그들이 동의하게 만들다니 믿을 수가 없어.' 하지만 저는 그저 적당한 시간에 적당한 장소에 적당한 사람들을 모았을 뿐이에요. 전 그저 그들을 겁에 질려서 의견 제시를 꺼리는 사람들이 아니라 정상적인 사람들로 간주해서, 그냥 이야기했을 뿐이에요. 특별할 게 전혀 없죠.

위의 모든 얘기는 모든 것을 다 알지 못하는 것이 때로는 장점이 될 수 있음을 보여준다! 그 덕분에 메이지는 해야 할 일이 생기면 사람들에게 찾아가서 이야기했다. 이런 이유 때문에 각 분야별로 전문가가 있는 것이다. 모든 일을 처음부터 다시 해야 할 필요는 없다.

한동안 클리닉에서 같이 이야기한 결과로 심사숙고한 후에 나는 메에지의 자신에 대한 평가를 반박할 수 있는 몇가지를 생각해냈다.

- 나는 여자가 아니다! 그들은 나를 남자로 생각한다. 그렇지 않으면, 내 말을 진지하게 여기지 않을 것이다.
- 회사가 내가 권고하는 일에 많은 돈을 지출한다.
- 나는 누구와 이야기해야 하는지 알고 있으며, 연구와 문제 해결이 나의 장점이다.
- 정보를 취합하고 기억하는 것은 쉬운 일이 아니다.
- 핵심 아이디어를 도출해서 문제를 해결하는 것은 누구나 할 수 있는 일이 아니다.
- 모든 사람이 때때로 꾸물댄다. 그것이 일을 잘하지 못한다는 뜻은 아니다.
- 생산성이 100%인 사람은 없다.
- 직장에서 좋은 관계를 맺는 것은 모든 직무에서 중요하다.

우리는 메이지의 역할이 주택 건설 부문의 프로젝트 관리자와 같다고 생각했다. 프로젝트 관리자는 벽 부수는 방법, 전기 설치 방법, 미장하는 방법, 내장하는 방법은 모를 수 있지만, 높은 기준에 맞춰서 그런 일을 해낼 수 있는 적당한 사람들을 알고 있으며, 작업자들로부터 최고의 결과를 끌어내는 법도 안다. 그렇게 할 수 있는 능력이 하나의 기술이며, 그것은 쉽게 얻을 수 없는 기술이다!

자신의 장단점을 현실적으로 파악하라

모든 일을 혼자 해내려고 애쓰느라 일이 계속 쌓이는 것 같으면, 한 걸음 뒤로 물러나서 현재 자신이 일을 관리할 수 없는 것이 충분히 열심히 일하지 않아서가 아니라 일의 양이 관리 불가능할 정도로 많기 때문임을 인식하라. 일을 잘하려면 일을 완수하는 방법뿐만 아니라, 자신의 한계도 알아야 한다.

자신에게 선택권이 별로 없다고 느낄 수도 있지만, 그것은 당신을 과로와 완벽주의의 악순환에 붙잡아두는 또 다른 거짓말이다. 현재 방식이 제대로 작동하지 않으면, 바꿔야 한다. 자신의 건강을 해치지 않고 일을 해내는 방법을 알면, 사람들이 당신을 더 존중할 것이다. 그리고 자신을 위해 일한다면, 잠시 일을 멈추고 자신이 진정으로 원하는 것을 파악해야 한다.

당신이 회사의 직원이면, 상사에게 말하라. 현실적인 업무량을 의논해보라. 그렇게 하지 않으면, 회사가 자신들에게 유리한 쪽으로 당신을 이용할 수 있다. 묵묵히 고통을 감내하지 말고 상황을 이야기하면, 회사는 감사할 것이다. 회사가 당신의 얘기에 귀를 기울이지 않는 것 같다는 느낌이 들면, 자신이 불충분하다는 믿음에 다시 빠지지 말고, 자신이 활용할 수 있는 옵션들을 생각해보라. 어려운 선택이지만, 당신의 삶이다. 혼자 모든 일을 꾸역꾸역 해내도 누가 금메달을 주지는 않는다.

당신의 건강은 대체 불가능하다. 당신은 자신을 위해 일의 양을 관리하고 스스로를 돌볼 책임이 있다. 누구도 당신을 대신하여 이 일을 해주지 않으며, 그래서도 안 된다. 당신은 성인이며, 자신을 위해 이런 일을 살필 능력이 있다.

- 더 많은 시간을 요청해도 된다.
- 맡은 일이 많으면, 중요한 일의 우선순위를 정하는 작업을 도와달라고 상사에게 부탁해도 된다.
- 요구사항이 분명치 않으면, 더 많은 정보를 요청해도 된다.
- 더 많은 예산이나 자원을 요청해도 된다.
- 자신과 자신의 건강을 소중히 여기는 것은 필수적이다.

허세!

자신이 알고 있는 것에 대해 투명하고 정직하게 밝히는 것이 좋지만, 약간의 허세도 필요하다. 핵심은 이것이 삶을 살아가는 자연스런 부분이며, 자신이 기본적으로 불충분하다는 의미가 아님을 이해하는 데 있다. 비록 완전한 확신은 없어도, 자신 있다는 암시는 할 수 있다. 모든 사람이 그렇게 한다! 말하는 내용을 항상 모두 다 알지는 못해도, 잘 알고 있다는 인상은 줄 수 있으며, 심지어 말하는 내용을 잘 모를 때에도 그럴 수 있다. 100% 준비되었다는 느낌이 없어도, 사람들은 새로운 도전에 뛰어든다. 취업 스펙에 열거된 기술을 전부 갖추고 있지 않더라도 일자리에 지원한다. 취업에 도전하는 모든 사람들이 당신보다 자격이 많은 것은 아니다. 그냥 자신감이 더 많을 뿐이다.

이제 자신을 믿어야 할 때다. 당신에게는 좋은 경험이 있으므로 자신의 본능을 따라라. 몇 가지 생각은 있는데, 어느 것이 옳은지 확신하지 못하는 것은 괜찮다. 한 가지를 선택하라! 그런 다음 이를 기반으로 더 많은 정보를 얻게 된다면, 다음에 어디로 가야 할지 알 수 있을 것이다. 이것은 당신이 활용할 수 있는 도구 중 하나에 불과하다. 모든 것을 아는 것처럼 행동하면서 도움은 절대 요청하지 말아야 한다는 뜻은 아니다. 가끔 허세 부리는 것을 정상적인 행동으로 간주해야 하고, 그렇게 하더라도 자신을 '가짜'라고 여기지 말아야 한다는 뜻이다. 모르는 것에 편안해지면 약간의 즉흥적인 대응을 할 수 있으며 그렇게 하는 것이 성장의 지름길이 될 수도 있다. 그리고 때로는 당신이 미지의 영역에 발을 들여놓거나 믿음을 한 단계 더 도약시키기 전까지는, 자신이 얼마나 유능한 사람인지 깨닫지 못할 수도 있다.

허세와 부정직에는 차이가 있다. 당신은 자신이 전혀 모르는 분야에서 살아남으려 하는 것이 아니다. 당신은 핵심 기술과 이해력을 바탕으로 업무를 충분히 수행할 수 있다. 모든 것을 해결할 수 있는 능력이 자신에게 있다고 믿어라. 시작하기 전에 모든 것을 다 알고 있어야 할 필요는 없다. 그러나 자신을 믿는 것은 자신의 능력에 대한 신뢰를 할 수 있고 당신의 삶에서 훨씬 더 나은 곳으로 전진하는 데 도움이 될 것이다.

이것을 따라 말해보라. '우리는 절대 모든 것을 다 알 수 없다!' 세상에 모든 것을 다 아는 사람은 아무도 없다는 것을 기억하라.

마음 돌보기

"우리의 마음을 돌보는 데는

일상의 접근 방식이 중요하다."

체크 포인트 수행할 목표

- 불안한 예견은 거의 정확하지 않으며, 그것에 대해 걱정하는 것은 도움도 안 되고 생산적이지도 않다는 것을 인식한다.
- 불안과 기분 저하를 극복하기 위한 전략을 수립한다.
- 성공을 그려볼 수 있다.
- 현재의 순간을 살아가기 시작한다.

당신의 성취는 당신의 재능과 노력의 결과이다. 이 솔직한 메시지가 당신의 가슴에 와 닿았기를 기대한다. 당신은 자기 자신에 대한 이 새로운 시각을 확고히 할 필요가 있다. 그리하여 자신이 누구인지에 대한 정체성을 정확히 이해하고 자신의 능력을 확고하게 믿어라.

마지막 두 장에서, 나는 당신이 이 새로운 통찰력을 유지하면서 가면증후군의 어떤 징후에도 경계를 늦추지 않는 최선의 방법에 대해 생각해보기를 바란다. 앞에서 우리가 해체하여 버린 기존의 대처전략을 대체할 몇 가지 새로운 대처전략도 소개하겠다. 이 전략들을 활용하면 당신의 삶이 진일보하는 데 도움이 되는 최상의 위치를 선점할 수 있을 것이다.

우리가 이 책의 시작 부분에서 보았듯이, 지금까지는 이상하게도 가면증후군은 '우리를 잠재적인 위험이나 실패로부터 벗어나게 하고, 우리를 더욱 열심히 일하게 하며, 결코 우리가 이미 성취하여 얻은 월계관(명예)에 안주하지 못하게 하는' 자기의심이라는 생존전략의 일환으로 보아왔다. 그러나 가면증후군이 당신을 현재 자리까지 인도했지만, 지금쯤이면 당신도 그 과정에서 자신이 많은 희생을 했고 성취와 성취감도 제한되었음을 충분히 인식하게 되었을 것이다.

이 모든 새로운 통찰력을 통해, 당신은 이제 가면증후군의 목소리가 작동하면 더 잘 알아차릴 수 있게 되었지만, 자신의 정신건강을 선제적으로 돌보는 것도 중요하다. 바쁠 때면, 좀 덜 바빠질 때까지 그냥 이렇게 계속하다 보면 마음이 알아서 괜찮아질 것이라고 생각하기 쉽다. 아니면 마음을 돌본다는 것은 휴가를 가거나, 온천 등 휴양시설에서 하루를 즐기거나, 직업을 바꾸거나, 외국으로 이사를 가야 한다는 등 뭔가 큰일을 해야 한다고 생각할 수도 있다. 그러나 우리의 마음을 돌보는 데 중요한 것은 사실상 일상적인 접근 방식과 태도이다. 기분 좋을 때, 지금까지 배운 모든 것을 기억하고 실천하는 것이 자신의 정신건강 회복을 위해 제일 쉽고도 좋은 방법이다.

행복이 우리에게 일어나는 일의 결과라고 느낄 수도 있지만, 연구에 따르면 행복 중 무려 40%는 우리가 의도적으로 하는 일상적 활동과 우리가 내리는 선택과 연결되어 있다. 외부상황이 차지하는 비율은 10%에 불과하며, 나머지 50%는 우리 유전자와 관련된 것으로 추정된다. 이것은 마음의 건강을 유지하기 위한 노력을 적극적으로 할 수 있다는 뜻이므로 더 행복해질 뿐만 아니라, 가면증후군의 목소리에서 자신을 더 잘 보호할 수 있다.

나에게 있어, 소소한 일상들은 나를 돌보는 데 있어 가장 중요하다. 이것들은 정신건강에 큰 차이를 만들 수 있다. 다음 전략들은 이러한 사실을 염두에 두고, 당신의 삶에 쉽게 적용해서 선제적 접근법의 일부가 될 수 있도록 설계했다.

이번 장에서는 불안과 우울한 기분을 다루고, 마지막 장에서는 자신감을 살펴보겠다. 모든 전략을 시험해보라. 그래야 문제가 발생했을 때 대처할 수 있는 선택 대안이 생길 것이다.

불안

가면증후군은 두려움을 통해 당신을 지배한다. 따라서 두려울 때 지금까지 배운 모든 것을 기억해내기 훨씬 어렵다. 불안해지면 정신적으로는 물론 육체적으로도 불안감을 경험한다. 당신의 마음이 동요하고, 투쟁-도피 반응이 시작된다. 아드레날린, 심박수 증가, 경계태세, 끊임없는 긴장이 결합되어 신경이 곤두선다. 이런 느낌들 때문에 모든 것이 잘못되었다는 느낌이 더 강해져서, 불안이 더 커지고 악순환이 심화된다. 가면증후군을 억제하고 통제력을 되찾으려면, 불안을 낮춰야 한다. 다음의 5가지 전략을 시도해보라.

1. 느낌은 지나간다는 것을 기억한다

불안은 정상적인 것이고 도움이 될 수도 있다는 생각을 마음속에 간직하라. 불안은 당신의 몸이 정상적으로 반응한 결과이며, 당신을 보호하기 위한 것이다. 기본적으로 그것은 당신에게 위험을 경고한다. 불안은 편안한 영역을 벗어났을 때 나타나는 이해할 만한 반응일 뿐, 자신이 엉터리라는 신호도 아니고, 무언가가 심각하게 잘못되었다는 신호도 아니다. 불안은 닥쳐올 것을 준비하게 하고, 마음을 명민하게 집중하게 하며, 중요한 것을 상기시키고, 동기도 부여한다. 따라서 불안을 모두 없애는 것은 우리의 목표가 아니다.

불안이 별로 좋은 느낌은 아니지만, 우리에게 해를 끼치지는 않는다. 불안은 무한히 증가하지는 않으며, 정점에 도달하면 줄어든다. 이것을 알면 유리하다. 다음에 불안이 느껴지면, 이런 지식을 이용해서 자신에게 연민을 보임으로써 스스로를 안심시킬 수 있다.

느낌은 구름과 어느 정도 비슷하다는 것을 기억하라. 영구적이지 않으며, 한동안 머물다가 다른 곳으로 간다. 비록 우리가 '좋은' 느낌이라고 부르는 것을 선호할 지라도, 모든 느낌이 유효하며, 모든 감정을 경험하는 것이 우리를 인간으로 만들어준다. 불길한 느낌이 들 때, 느낌은 실제와 다를 수 있음을 기억하라. 따라서 우리의 느낌이 실제가 아니므로, 우리는 우리의 느낌에 어떻게 반응할 것인가를 선택할 수 있다. 이런 느낌이 영구적이지 않다는 것과 구름 사이로 태양이 비칠 수 있다는 것을 자신에게 상기시켜라.

2. 불안한 예견을 믿지 않는다

한 연구에서 사람들에게 걱정하는 것들을 써달라고 부탁했다. 나중에 그들에게, 불안한 예견 중 실현된 것이 어떤 것인지 밝혀달라고 요청했다. 걱정 중 약 85%는 실현되지 않았다. 비록 15%가 걱정을 인식하고 있었지만, 그런 응답자의 79%는 예상했던 것보다 자신이 난관에 더 잘 대처할 수 있음을 알게 되었거나, 난관 때문에 값진 교훈을 얻었다고 대답했다. 다시 말해서, 그들의 걱정도 실제로 실현되지 않았다는 것이다.

만약 이 그룹의 사람들(15%가 인식했지만 그중 79%는 잘 대처함=11.85%)을 두려움이 실현되지 않은 85%의 사람들과 합치면, 연구에 참여한 사람들의 약 97%의 걱정이 실현되지 않았음을 알 수 있다. 이것은 우리의 불안한 예견이 거의 정확하지 않다는 것을 증명한다. 당신의 걱정 중 97%는 일어날 가능성이 낮은 사건을 당신의 마음이 불러내는 것에 불과하다는 것을 기억하라. 그리고 당신이 걱정하는 일이 실제로 일어나더라도, 이전에 했던 걱정이 대처에 도움이 되는 경우는 거의 없다. 이것을 스스로 증명하기 위해, 다음 1주일 동안 아래와 비슷한 표에 자신의 모든 걱정을 적어보라. 계획하는 일을 기록한 다음, 그 옆에는 불안한 예견을 기록하고, 그 결과와 당신이 대처한 방식을 기록한다.

걱정 결과 일지				
행동	불안한 예견	결과가 어땠는가?	예상보다 나빴는가, 좋았는가?	어떻게 대처했는가?
중요한 일을 시작	불충분해서 부정적인 피드백을 받을 것이다.	꾸물댔지만 일을 마치자, 모든 사람이 결과물에 만족했다.	좋았다.	시한 내에 일을 마무리했다.
회의 주제	틀린 말을 해서 웃음거리가 될 것이다.	긴장했지만, 아무도 눈치 채지 못했다.	좋았다.	잘해서 정말 좋았으며, 이 역할에 자원한 것이 기쁘다.
검토 수행	부정적인 피드백을 받을 것이다.	부정적인 피드백을 약간 받기는 했지만, 예상했던 것보다 더 순조롭게 검토가 진행되었다.	좋았다.	실망했지만, 모든 피드백이 배움의 일부임을 자신에게 상기시켰다.

이 표를 작성하면, 자신이 했던 예상을 추적해서 그 후에 실제로 어떤 일이 일어났는지 알 수 있기 때문에, 불안한 예견은 거의 실현되지 않는다는 사실을 확인할 수 있다. 또한 다음에 자신을 안심시키는 데에도 이것을 사용할 수 있다. 무언가를 할 수 없을 것 같은 느낌이 들면, 자신을 의심했지만 걱정했던 일을 잘 이겨냈던 시기를

떠올려보라. 당신은 무엇을 걱정했는가? 어떤 조치가 차이를 만들어냈다고 생각하는가? 자신감이 더 커지면, 여기서 한 걸음 더 나아가서, 두려움을 의도적으로 시험해보라.

3. 몸과 마음의 연결고리를 이용한다

신체적 느낌을 바꾸는 것 역시 마음을 안정시키는 데 좋은 방법이다. 우리의 생각은 우리의 신체적 느낌에 영향을 미치지만, 그 반대도 성립한다. 뇌와 몸은 서로 끊임없이 메시지를 주고받으며, 당신을 잘 돌봐서 건강을 유지할 수 있도록 함께 협력한다. 당신이 가장 좋아하는 음식을 떠올리면 침이 고인다. 위장이 비어있으면 배가 고프면서 음식이 필요하다고 뇌에 알려준다. 따라서 당신은 자신의 몸을 좀 더 차분하게 느낄 수 있는 경로로 이용할 수도 있다.

당신이 투쟁-도피 반응을 경험할 때, 실제로 도망치거나 싸워야 할 필요는 없지만, 당신의 몸은 그럴 필요가 있는 것처럼 반응한다. 대표적인 반응을 이야기하자면, 심박수가 높아지고, 호흡이 얕아져서 가슴으로 숨을 쉬게 되며, 체온이 올라가고, 근육이 긴장한다. 이 반응을 반대로 활용해서, 호흡을 느리게 하는 기법을 사용하면, 스트레스 반응에서 벗어나고 신경계가 차분해진다. 호흡이 몸과 마음에 주는 편익은 그 외에도 많다.

당신의 호흡은 하나의 닻anchor이다. 어디서든 호흡은 하므로, 기분을 좋게 하는 정말로 간단한 방법이다. 다음의 '4-7-8 호흡법'을 시도하여 몸과 마음의 연결고리가 작동하도록 해보라.

- 한 손을 가슴에 댄다.
- 다른 손은 갈비뼈 바로 아래의 배에 댄다.
- 천천히 깊게 코로 숨을 들이쉬면서 4까지 세서, 배가 튀어나오는 것이 손에서 느껴지고 가슴도 솟아오르는 느낌이 들게 한다.
- 숨을 7초 동안 참는다.
- 최대한 조용하게 입으로 천천히 숨을 내쉬면서 8까지 센다. 배가 들어가고 가슴이 내려가는 것이 느껴져야 한다.
- 3~5회 반복한다.

마음이 과부하 상태이면, 몸에 맞추는 것이 더 쉬울 수 있다. 호흡이 도움이 되지 않으면, 도움이 되는 것을 찾아라. 운동은 몸의 스트레스 호르몬을 줄이는 데 탁월한 방법이다. 엔도르핀 생성을 자극해, 긴장이 풀리고 낙관적인 느낌을 증가시킨다. 근육의 긴장과 이완, 심상요법,* 요가, 필라테스, 또는 당신에게 가장 잘 맞는 다른 선택사항들도 많이 있다.

4. 불확실성을 관리한다

불안의 주된 요인 중 하나는 불확실성이다. 문제는 당신이 불안

• 심상요법(guided imagery): 긍정적 이미지를 떠올려서 스트레스를 줄이는 심리치료법.

할 때 스스로에게 의문을 품게 될 가능성이 더 커지는데, 이것은 도움이 되지 않는다는 점이다. TV 퀴즈프로에서 사회자가 출연자들에게 '자신 있습니까?' '최종 답변인가요?'라고 묻는 순간을 생각해보라. 보통 이런 질문을 받으면, 정답을 알고 있다는 자신의 믿음이 사라지거나 현저히 낮아진다. 자신에게 질문을 더 많이 할수록, 자신감이 더 낮아진다. 의심이 의심을 부르기 때문이다. 질문과 분석을 너무 많이 하면, 도움이 되기는커녕 자신감만 줄어든다! 그렇다면 대안은 뭘까?

　100% 자신할 수는 없으므로, 불확실성을 관리하는 가장 좋은 방법은 확실성을 높이는 것이 아니라 불확실성에 대한 내성을 키우는 것이다. 현대생활에서는 이것을 연습할 기회가 많지 않다. 모든 일이 빨리빨리 즉각적으로 이루어지기 때문이다. 이메일을 보내면 즉시 답장이 오고, 교통 체증을 회피하기 위하여 지도 앱을 이용해서 최적 경로를 찾고, 드라마도 전편을 모두 박스세트로 볼 수 있어서 다음 이야기를 기다릴 필료가 없다. 그 결과 우리는 불확실성이나 무언가를 모르는 상황을 거의 경험하지 못한다. 모르는 상황을 경험할 방법을 찾아보라. 가령, 이메일을 하루 두 번만 확인하거나, 드라마를 연달아 보지 말고 한 회씩 띄엄띄엄 감상하라. 이런 연습을 계속할수록 불확실성 관리가 더 쉬워질 것이다. 또한 불확실성이 나쁜 것이 아니라, 아직 답을 모르는 것에 불과하다는 것을 자신에게 상기시키는 데에도 좋다.

5. 성공을 시각화한다

우리 뇌는 잘못될 수 있는 상황을 반복(리허설)하는 데 자주 초점을 맞추지만, 잘될 수 있는 상황은 거의 생각하지 않는다. 큰 행사나 취업 면접에 가야 한다고 상상해보라. 두려움이 느껴지면, 부정적인 방식의 연습이 머릿속에서 이미 시작된 것이다. 최악의 시나리오를 상상할 때면, 부정적인 일이 실제 일어났을 때와 똑같은 감정적 및 신체적 반응이 느껴진다.

대신 성공을 위해 준비해보라. 다음번에 중요한 일을 준비할 때가 되면, 최악의 시나리오를 떠올리지 말고, 최선의 자기 모습을 상상해보라. 운동선수와 배우들은 경기를 하거나 공연 전에 종종 이 기술을 연습한다. 그것은 그들의 몸과 마음이 방금 시각화한 것을 정확하게 재현하도록 자신감을 준다. 실패보다는 성공을 보고 듣고 느낄 수 있도록, 일의 모든 긍정적인 결과를 경험하는 자신의 모습을 상상해보라.

가능한 자신의 최고의 모습을 시각화해보라.

- 상상할 수 있는 가장 자신감 넘치는 모습, 즉 매일 당신이 최고의 결과를 얻는 모습을 그려보라.
- 자신감이 생기고, 말이 논리정연해지고, 발음도 분명해지는 모습을 상상해보라. 자신 있는 모습으로 당당하게 사는 모습을 상상해보라.
- 상상했던 자세와 태도가 신체로도 나타난다. 어깨가 펴지고,

허리가 꼿꼿해지며, 고개가 들린다.

- 원하는 일을 머릿속으로 마지막 세부사항까지 정확하게 재빨리 살펴보아라. 이렇게 자신감 넘치는 모습의 당신은 어떻게 말하고, 행동하고, 생각하고, 느끼는가?
- 원하는 모습으로 자신이 성공하는 모습을 지켜보라.
- 이 과정을 반복하고, 계속 연습하라!

기분

정신건강을 유지하려고 할 때 극복해야 할 다음 장애물은 우울한 기분이다. 당신의 기분이 긍정적이면 사고가 넓어지고, 모든 것이 가능할 것처럼 느껴진다. 기분이 우울하면 모든 것이 어려워 보인다. 기분이 우울하면 당신이 누구인지, 그리고 당신이 무엇을 할 수 있는지조차 기억하지 못하게 할 수 있다. 다음의 5가지 전략을 시도해보고, 자신에게 가장 효과가 있는 전략을 기억해두라.

1. 자기검열을 피한다

모든 사람이 당신의 삶에 세심한 관심을 기울이고 있다고 생각하기 쉽지만, 현실은 대부분의 사람들이 그들 자신의 삶에 더 관심이 크다는 것이다. 반드시 부정적이거나 이기적이어서가 아니라, 단지 그들 자신의 삶과 불안감, 두려움에 사로잡혀 있기 때문이다. 그들은 당신이 '가짜'란 생각을 단 한 번도 해보지 않았으므로, 이 사실을 스스로에게 상기시키면 도움이 될 수 있다.

우리가 우리 자신에게 하는 자기검열self-scrutiny은 우리가 다른 사람들에게 하는 검열과 전혀 다르다. 아들과 함께 합창단에 참여했던 기억이 난다. 때때로 합창단 리더는 땅바닥에 엎드려서 게처럼 이리저리 허우적대곤 했다. 나로서는 정말 부끄럽겠다는 생각이 전혀 들지 않았다. 나는 그저 그 모습을 바라보면서, '애들이 정말 좋아하는구나'라고 생각했을 뿐이다! 내가 이 이야기를 하는 이유는, 당신이 하는 일에 정말로 신경을 쓰는 사람은 아무도 없다는 생각을 당신이 잘 간직할 수 있도록 하기 위해서이다. 심지어 다 큰 남자가 바닥에서 게처럼 기어 다녀도 누구도 눈살을 찌푸리지 않았다.

다른 사람들이 남에게 큰 관심을 기울이지 않는다는 사실을 알게 되면, 다른 사람들이 어떻게 생각하는지에 대한 두려움 없이 자신이 원하는 것을 추구할 수 있는 자유가 생긴다.

2. 당당하게 말하라!

위와 같은 자기검열 주장을 염두에 두고, 자신의 생각을 말하는 데 익숙해지기를 바란다. 당신이 가면증후군을 경험하고 있다면 틀린 얘기를 하거나 자신의 정체가 발각될까 두려워한다. 아이디어를 머릿속으로 생각할 때는 편안하지만, 그것을 말하기 시작하면 다른 사람의 판단이 걱정된다. 당신은 모든 사람이 귀를 쫑긋 세우고 자신에게 집중하리라 생각한다. 하지만 그렇지 않다.

여러 사람이 이야기하는 회의에 참석했다고 생각해보라. 거기서 다른 사람의 의견을 세밀하게 조사하여 음미한다는 것이 얼마나 어렵겠는가? 아니면, 다른 사람들의 의견을 유효한 주장으로 무작정 받아들이는가? 심지어 그들의 얘기가 틀렸다는 생각이 들어도, 그것 때문에 그들에 관한 당신의 의견이 바뀌는가? 아마 별로 바뀌지 않을 것이다. 그들의 말이 틀렸다는 생각이 들어서 그 순간에는 그렇게 판단했더라도(때때로 이런 일이 벌어진다), 회의가 끝나면 이런 판단이 얼마나 오래 지속되는가? 이 일 때문에 그들에 관한 모든 것에 의문을 가지게 되는가? 아마 그러지 않을 것이다. 그것에 관해 더 생각하지 않을 가능성 클 것이다.

사람들에게 당신의 의견을 말하고, 당신의 아이디어를 제시하라. 다음 참석하는 회의부터는 당당하게 말하라! 생각과 아이디어의 혼합은 회의를 더욱 흥미롭게 만든다. 현 상황에 의문을 제기하는 것은 좋은 일이며, 의견 차이는 조직의 계획이나 프로젝트가 성공하는 데 매우 중요하다. 빈틈을 찾아내고, 잠재적 이슈를 지적하고, 발생할 수 있는 문제를 예상하는 사람이 필요하며, 아이디어를 개선하거나 강화하고 그 실현 가능성을 높이는 사람도 필요하다. 의구심이 들면, 질문하라. 논의 중인 주제를 이해할 수 없으면, 방 안에 있는 다른 사람들 중 일부도 마찬가지일 가능성이 크다. 마지막으로, 의견을 당당히 제시할 때, 사과 취지의 발언을 먼저 하지 말아라. 끊임없이 자신에 대해 사과한다면, 그것은 자신이 열등하다고 생각한다는 것을 보여준다.

3. 비교하지 마라

이런 시나리오를 상상해보라. 당신은 밖에 나가서 잠재적 고객을 직접 만나야겠다고 결심하고, 네트워킹 이벤트에 참가했다. 사람들에게 나눠줄 명함도 챙겼고, 좋은 인상을 줄 준비도 마쳤다. 하지만 당신은 그러지 못한다. 행사장에서 다른 사람들을 만나고 그들의 일에 대해 듣게 될 때, 자신의 일은 뭔가 부족한 것처럼 느껴진다. 자기 자신을 다른 사람과 비교하면, 기분 좋게 이야기하기 어렵다. 여기서의 문제는 당신의 일이 아니라, 가면증후군이다.

우리는 우리 자신의 태도와 능력 그리고 신념을 평가하려는 욕구가 있으며, 또 이를 위해 종종 다른 사람들과 자신을 비교한다. 이것이 도움이 될 수도 있다. 하지만 반드시 사실이 아닌, '그들은 똑똑하다, 그들은 자신을 절대 의심하지 않는다, 그들은 모든 것을 적절히 관리한다, 그들은 자신감이 있다'는 등의 다른 사람들에 대한 가정을 하지 말아야 한다.

이런 비교방식은 불공평하다. 우리는 다른 사람들이 보이는 최고의 모습들만 기억하고, 우리가 아는 모든 사람의 좋은 면만 취사선택하며, 그들의 삶을 전체적으로 살피지는 않는다. 이런 기억을 이용해서 자신이 따라야 한다고 믿는 존재 방식을 고안하며, 그 결과 자신이 능력이 모자라며 불충분하다고 느끼기 쉽다.

소셜미디어가 여기에 기여할 수 있다. 소셜미디어는 우리의 사회성과 연결성을 높여준다고 약속하지만, 그것은 우리로 하여금 능력이 모자라며 불충분하다는 느낌과 평가받고 있다는 느낌도 유발할 수 있다. 소셜미디어에서는 다른 사람들에게 보여주는 자신의 모습을 선택할 수 있기 때문에, 완벽한 모습만 보여줄 수 있다. 우리가 자신의 가장 좋은 모습만 보여줌에도 불구하고, 다른 사람들도 그렇게 한다는 사실을 잊기 때문에, 비교하는 마음이 생긴다.

비교의 함정에 빠지지 않도록 노력하라.

- 자신의 내면 느낌을 다른 사람들의 겉모습과 비교하게 된다는 것을 인식하라. 사람들이 내보이는 이미지와 그들의 내면 느낌은 매우 다를 때가 많다. 다른 사람들의 머릿속 얘기는 듣지 못한다는 것을 기억하라.
- 당신이 보는 것은 전체의 일부에 불과하다. 소셜미디어, 잡지, 파티 등에서는 사람들이 최고의 모습만 보이지만, 그것이 전부는 아니다. 표면 아래에서 무엇이 진행되는지는 전혀 모른다.
- 늘 준비되어 있는 사람은 없다는 것을 기억하라. 누구도 그렇지 않다.
- 소셜미디어를 가장 잘 활용하려면, 가치 있는 의견을 가진 사람들과 연결하라. 힘이 되는 사람들로 자신을 둘러싸고, 기운을 북돋워 주는 사람들과 연결하라. 이런 플랫폼을 이용해서

다른 사람들과 적극적으로 교류하면, 훔쳐보기(눈팅)만 하는 것보다 기분이 훨씬 좋아진다.

- 자신을 남들과 부정적으로 비교하는 순간이 포착되면, 즉시 멈춰라. 때로는 이런 생각들은 자동적으로 일어나므로, 인식하지 않으면 빠져들기 쉽다. 그 생각들이 떠오를 때를 알아차림으로써, 우리는 행동할 수 있는 기회를 갖게 된다.

- 자신을 남들과 비교하지 말고, 자신이 하는 일에 자부심을 가져라.

- 최선의 행동방식은 남과 전혀 비교하지 않는 것이다! 모든 사람이 다르므로, 누군가의 성공이나 실패를 자신에게 적용할 수는 없다. 그것들을 자신을 자책하는 공격 수단이 아니라, 영감과 동기부여의 원천으로 사용하라.

4. 전자기기를 꺼라

기술 덕분에 우리는 점점 더 많이 서로 연결되고 있다. 많은 사람이 아침에 깨자마자 휴대폰을 잡는다. 눈을 뜨자마자 다른 사람들의 삶, 자신의 일, 뉴스, 온갖 압력, 비교, 기대와 같은 당신의 것이 아닌 세계로 곧장 빨려들어 간다.

직장, 사회생활, 가정 사이의 경계가 흐릿해진 덕분에, 우리는 매 순간을 무언가로 채울 수 있다. 휴대폰, 노트북, 태블릿 등을 사용하지 않는 순간은 거의 없다. 핑pings, 콕찌르기pokes, 좋아요likes, 팔로우follows 등은 현대생활에서 보편화되었다. 심지어 우리는 화장실에서도 그것을 확인한다! 당신이 일을 할 때마다 확인하거나 업데이트하고, 아니면 답장을 보낼 때마다 'ON(켜짐)' 상태이고, 끊임없이 이런 상태에 있으면 에너지가 고갈된다. 심한 경우에는 그것이 회피의 수단도 될 수 있다. 너무 흡입력이 강해서, 그것에 몰입하면 삶의 다른 것들은 무시할 수 있기 때문이다.

기술은 놀라운 도구이다. 하지만 우리가 기술을 최대한 활용하려면, 주변에 몇 가지 경계를 설정하는 것이 필수적이다. 반드시 기술로부터 벗어나 자신에게 휴식시간을 주도록 하라. 그리고 그것이 기분과 수면에 악영향을 줄 수 있음을 명심하라. 그것은 또한 당신의 개인시간도 잠식할 수 있다.

스스로에게 물어보라.
- 내 자유시간 중 많은 부분을 이렇게 쓰고 싶은가?
- 근무일의 시간표를 작성하라. 근무시간을 정하고, 그것을 지켜라. 시간을 지키는 훈련이 잘 되어 있다면, 놀랄 정도로 빨리 시간표를 준수하게 될 것이다. 휴일의 시간표도 작성해보라.
- 휴대폰을 침실에서 치워라.
- 시간을 쓰고 싶은 방식을 생각해보라(12장을 참조하라).
- 잠자기 최소 1시간 전에 소셜미디어에서 로그아웃하라.

5. 마음가짐을 연습하라
기분이 나빠지면 부정적인 것, 불만족스러운 것을 곱씹기 쉽다.

바쁜 시간이 지나면 걱정과 문제점에 주로 초점을 맞추는 것이 습관이 되어, 결론 없이 문제를 계속 떠올리기만 할 수 있다. 이럴 때일수록, 주변에서 일어나는 일들의 현실에서 벗어나서 자신의 머릿속에서 일어나는 일들에 귀를 기울이기 쉽다. 그러면 자신의 머릿속에서 일어나는 부정적 생각과 연결된 모든 감정과 기억, 신체적 느낌이 생생하게 떠오른다.

당신의 마음이 들려주는 이야기에 주의하고, 그것들이 단지 사실이 아니라 이야기임을 기억하라. 생각은 미래를 바꾸거나 과거를 지울 수 없기 때문에, 무언가를 곱씹는 순간이 다시 오면, 무슨 일이 일어나는지 지켜보라. 기분이 어떤지 스스로에게 물어보라. 그 답이 '좋지 않다'이면, 멈춰서 주의를 다른 데로 돌려라. 이런 생각이 이런 생각은 당신에게 아무런 도움이 되지 않는다고 스스로에게 말하고 적극적으로 초점을 바꾸려고 노력하라. 그러면 당신은 생각에서 벗어나 당신 주변의 현실 세계로 되돌아간다. 커피를 한 잔 내리거나, 친구에게 전화하거나, 조깅하러 나가라.

지금 당신 주변에서 무슨 일이 일어나고 있는지 더 잘 인식하도록 노력해보라. 마음가짐mindfulness은 지나간 과거나 아직 도래하지 않은 미래를 생각하는 대신, 삶에서 지금 일어나고 있는 현실 세계의 일을 알아차리는 연습을 할 수 있도록 도와주는 훌륭한 기술이다. 마음가짐의 간단한 출발점은 주변 세계에 주의를 기울이는 것이다.

오감을 모두 사용하라.

1. 무엇이 보이는가?

2. 무엇이 들리는가?

3. 무엇이 만져지는가?

4. 무슨 냄새가 나는가?

5. 무슨 맛이 나는가?

당신이 음악을 들을 때, 다른 악기들 연주에 노래의 가사와 음이 어떻게 변하는지 주의를 기울여라. 방안과 바깥에서 들리는 소리들에 귀를 기울여라. 주위를 둘러보라. 무엇이 보이는가? 무슨 색깔이 보이는가? 빛은 어디에 있고, 그늘은 어디에 있는가? 질감을 생각해보라? 주위 물건들이 딱딱한가, 부드러운가? 오톨도톨한가, 매끄러운가? 만졌을 때 어떤 느낌이 드는가? 다음 식사 때는 음식에 주의를 기울여라. 음식이 어떤 모습인가? 냄새는 어떤가? 입속에 넣었을 때의 느낌은 어떤가? 씹을 때의 맛은 어떤가?

지금 이 순간에 머물려고 노력하다 보면, 심지어 외부세상을 볼 때도 마음이 다시 머릿속의 생각에 빠져드는 것을 발견하게 된다. 그것은 정상이다. 우리 마음은 정처 없이 떠돌아다니지만, 우리는 이 오래된 습관을 깨뜨리려 한다. 생각을 관찰한 다음, 지금 이 순간에 다시 초점을 맞춰라. 당신이 무언가를 할 수 있는 날은 오늘밖에 없으므로, 그 속에 머무는 것이 중요하다!

그다음은 자신감 차례다!

자신에게
편안해지기

"자신에게 편안함을 느끼고 자신의 능력에
자신감을 갖는 것이야말로 가면증후군에 대한
궁극적인 보호수단이다."

체크 포인트 수행할 목표

- 자신의 업적과 자신의 강점 및 능력을 인정한다.
- 가면증후군이 늘어놓는 과거의 변명에 대처할 전략을 수립한다.
- 자신의 일이나 개인적, 사회적으로 인생에서 행복을 가져오는 것들에 대해 심사숙고하기 시작한다.
- 자신이 이룬 성취를 기념한다!

자신감이 생기면, 실제로 삶이 훨씬 더 편안해진다. 자신감은 우리 자신을 되찾고, 목표를 달성하고, 새로운 것을 시도하고, 우리의 의사결정 능력을 믿도록 도와준다. 또한 자신감은 우리가 스트레스를 관리하고, 자긍심을 느끼고, 문제를 해결하는 데도 도움이 된다. 그것은 가면증후군의 궁극적인 해독제이다.

이 순간에도 당신이 자신을 바라보는 태도는 여전히 당신의 실제 모습보다 훨씬 뒤처져 있다. 자신의 모든 성취가 '자신감 '저장고'에 저장되어 있지 않기 때문에 새로운 문제에 직면했을 때 다시 의존하여 응용할 대안을 찾을 수 없게 된다.

이제 당신은 자신에 대해 '잘못된 판단을 내렸다는 것'(인지적 편향)을 곧 알 수 있게 될 것이다. 이와 더불어, 당신이 왜 지금 자신의 업적을 인정하고, 이러한 시대에 뒤떨어진 시각을 올바르게 바꿔야 하는지도 알 수 있게 되기를 바란다.

스스로 만족하지 못하는 5%에 해당하는 부분이 아니라 자신 전부의 모습을 보고 싶다면, 자신의 삶을 똑바로(제대로) 마음속에 그려봐야 한다. 그렇다면 자신의 '왜곡된' 믿음이 더 이상 작동하지 않으며, 확증편향*은 이전과 같은 방식으로 작동할 수 없을 것이다. 이는 당신을 가로막았던 오래된 인지적 편향 없이도 앞으로 나아갈 수 있다는 것을 의미하지만, 당신은 여전히 자신의 성취를 받아들이고 내면화하는 데 있어서는 실천이 불가능할 가능성이 크다. 이번 장에서는 그것을 바로잡는다!

　이것을 자신감 '극기 훈련'**이라 생각해보라. 많은 전략을 소개할 것이므로, 열심히 노력해 주기 바란다. 우리는 이 자신감 훈련을 통해 자기 자신에 대해 이성적으로 사고하고 스스로를 보다 더 나은 사람으로 여기게 될 것이다. 이것이 바로 당신을 새로운 길로 이끌 수 있는 방법이다.

자신의 성취를 내면화한다

　자신이 지금까지 했던 모든 일을 기반으로, 자신이 얼마나 잘하고 있는지에 관한 내면의 척도를 구축하기 바란다. 자신이 아는 것과 이룬 모든 것을 적나라하게 밝혀보라. 이렇게 하면,

* 　경험에 의한 비논리적 추론으로 잘못된 판단을 내리는 것(4장−106쪽 참조).
** 　극기 훈련(boot camp): 해병대의 신병 훈련소를 말한다(군사용어). 엄격한 훈련을 과함.

자신에 관한 더 안정적이고 정확한 그림을 얻게 되어, 자신이 얼마나 잘하고 있는지 알 수 있으며, 자신의 성취를 누릴 수 있다. 자신의 성취와 그 과정에서 자신이 한 역할도 더 잘 인식하게 된다.

자신의 성취를 마음속 깊이 자리잡게하여 자기 것으로 만들면, 지금까지 한 모든 일의 목록이 생기므로 자신의 능력도 알게 된다. 어떤 일을 시작할 때 어떤 소질이 필요한지를 파악한 후, 자신의 경험을 살펴 보아 자신에게 그런 소질이 있는지 알 수 있다. 자신의 경험을 살펴서 자신에게 그런 능력이 있는지 알 수 있다. 나는 이것이 정상급 테니스 선수들에게 시드seed를 배정하는 방식과 유사하다고 생각한다. 시드 배정 때는 선수들의 이전 성적을 모두 고려해서 순위를 매긴다. 한 시합에서 이겨도 자동으로 1번 시드가 되는 것은 아니며, 한 번 져도 가장 낮은 시드로 떨어지지는 않는다. 시드 배정 때는 모든 시합의 성적을 고려해서 전체적인 능력을 파악한다.

앞으로, 자신의 장점을 인식하고 그것에 연결될 수 있으므로, 자신에 대해 좋게 느끼기 위해 외부의 검정에 의존하지 않을 것이다. 이렇게 하면, 자신의 성공을 즐길 수 있고, 자존감도 키울 수 있으며, 자신의 의사결정에 자신감도 가질 수 있다. 자신의 직감을 믿는 법을 익히게 되며, 새로운 도전은 덜 힘들어 보일 것이다.

걱정마라. 거만해지라고 부추기는 것은 아니다. 당신은 거만과는 너무 거리가 멀기에, 자신감을 상당히 끌어올려도 거만에 도달하려면 한참 멀었다. 하지만 자신의 능력에 대한 정확한 인식과 자신에 대한 믿음을 바탕으로 건강한 자신감을 키우기를 바란다. 이를 위해서는 다음의 4단계 과정을 밟아야 한다.

1단계 : 자신의 성취를 받아들이고, 자신의 강점을 인식한다.
2단계 : 이 과정에서 자신의 역할을 인정하고,
　　　　 그것이 무엇을 의미하는지 인식한다.
3단계 : 자신의 강점과 성공을 더 잘 알아차린다.
4단계 : 안일로부터 탈출한다

그 첫 단계는 자신의 성취를 검토하는 것(4장 및 11장 참조)이었다. 당신이 다른 사람들에게 늘어놓는 변명들이 이렇게 부정되자, 당신의 내면적 자질이 드러났다. 이제는 자신이 수행한 모든 일을 살펴보고, 자신의 성취에 동참할 때다!

자신의 강점을 인식한다

자신을 특별한 존재로 만드는 자신의 강점, 기술, 자질에 주위를 기울여 보라.
잠깐만 자신의 좋은 자질들을 생각해보라.
- 내가 가지고 있는 좋은 자질은 어떤 것인가?
- 과거에 내가 보였던 좋은 자질은 어떤 것인가?

- 다른 사람들이 나를 긍정적으로 묘사한다면 어떤 식으로 묘사할까?

이런 자질들을 나열하는 것이 어려울 수 있으므로, 다음의 목록을 출발점으로 사용해서 자신에게 맞게 확장하기 바란다. 어려운 과제를 발견하면 친구 또는 가족에게 부탁하거나, '자신의 강점 찾기' 설문지를 사용해보라. 무료로 이용할 수 있는 〈VIA 성격강점검사〉*가 좋다.

수용성 단호함 유능 정이 많음
현실감각 자신감 결단력 경험 많음
열정적임 효율적임 공감능력 친화성
부드러움 열심히 일함 친근함 재미있음
정직 통찰력 지적임 논리적임
개방적인 사고 충성심 성숙함 주위를 잘 챙김
명민함 실용적임 빠른 두뇌회전 낙관적임
재치 현실적임 신뢰성 회복력 인내심
협조적임 책임감 진지함 강인함
다재다능함 사려 깊음 믿음직함 자발성

- VIA 성격강점검사(Survey of Character Strengths): 자신의 약점에 집중하기보다 내가 잘하는 것이 무엇인지 알고 자신의 강점에 집중한다. 전체 검사는 1~120 단계로 이루어져 있다. '자신의 강점 찾기' VIA 공식홈페이지는 www.viacharacter.org이다.

자신의 강점들을 식별했다면, 자신과 가장 관계가 깊은 강점들을 파악하라. 5개를 뽑아보라. 이 5대 강점을 얼마나 자주 사용하는지, 언제 가장 많이 사용하는지, 자신에게 물어보라. 그것들을 사용할 수 있는 다른 영역도 있는가? 이제부터는 자신의 강점을 알아차리려고 노력하고 자신이 하는 일에 집중해라. 강점을 사용하고 있다는 것을 매일 알아차리도록 노력하라.

사람들에게 물어본다

다음으로, 친구와 가족에게 당신의 좋은 자질을 적어서 보내달라고 부탁하라. 적어도 3명에게 물어보라. 3명보다 많은 것이 이상적이다. 이것은 내가 사람들에게 심리치료가 거의 끝나갈 무렵에 요청하는 것인데, 그들은 이런 아이디어에 늘 부끄러워한다. 하지만 충분히 가치 있는 일이다. 다른 사람들이 쓴 것을 살펴보는 것은 정말 특별한 경험이며, 당신의 자기 믿음을 크게 바꿀 수 있다. 겹치는 얘기가 보통 많으며, 다른 사람들이 자신을 어떻게 생각하는지 알게 되는 것은 놀라운 경험이다. 특히, 자기 자신을 정반대로 생각하고 있을 때는 더 그렇다.

자신의 주요 강점과 기술을 요약한다

앞의 4장과 11장에서 당신이 작성한 목록을 다시 살펴보라(4장-115쪽, 11장-266쪽 참조). 이제 그 목록들에 당신이 스스로 식별한 강점과 친구와 가족들에게서 받은 피드백을 추가하라. 다음으로, 자신이 현재의 자리, 관계, 봉급인상을 누릴 자격이 있는 이유를 전부 적어라. 현재 자신에게 합당한 이유라면 모두 적어라. 당신의 상사가 당신이 유능하거나 승진할 만하거나 봉급인상을 받을 만하다고 생각하는 이유는 뭘까? 이런 이유들을 모두 적어두면, 나중에라도 자신이 그렇게 무능한 사람이 아님을 알 수 있다. 불안하면, 이 목록을 다시 보면 된다.

마지막으로, 자신의 주요 강점과 기술을 결정하라. 쓰여진 것들을 보다 보면, 몇 가지 핵심 아이디어가 드러나는가? 같은 아이디어가 반복해서 등장하고, 몇 가지 핵심 주제가 드러나는 것이 보통이다. 당신은 열심히 일하는가? 충성심이 높은가? 창조적인가?

자신의 주요 강점 및 기술 5가지의 목록을 작성하고, '나의 주요 강점 및 기술'이라는 제목을 붙여라. 적은 내용을 소화해서, 이것이 진짜 자신임을 인식하라.

좋은 점들을 기록해둔다

이제 과거에 관해 더 공정한 그림과 지도를 가지게 되었으니, 당신의 일상생활에도 이와 같은 접근법을 사용해보기 바란다. 우리는 좋은 것들을 곱씹는 데 거의 시간을 쓰지 않는다. 삶이 바쁘면, 이런 것들에 충분히 주의를 기울이기 어렵다. 우리는 일상생활에서 잘못되는 일에 자동으로 초점을 맞춘 후, 불만족과 불안을 초래하는 요소나 어려운 일을 반복해서 생각한다.

주의를 기울일 대상을 선택할 수 있음을 기억하는 것이 중요하다. 큰 성공을 기다리거나 뭔가를 바라면서 시간을 흘려보내지 말고, 자신을 기분 좋게 하는 일상적인 것들을 알아차려라. 좋은 것들에 관해 생각하면 감정과 자신감에 긍정적인 영향이 발생해서, 몸에 힘이 나고 마음이 가볍고 차분해진다.

관점을 전환하려면, 자신에게 매일 일어나는 좋은 일들을 알아차려 적어라. 아무리 작은 것이라도 좋으니 긍정적인 경험을 떠올리도록 노력하라. 이렇게 하면 선순환이 시작된다. 이런 것들이 보이기 시작하면, 계속해서 더 많이 보게 된다. 그것들을 공책이나 스마트폰에 매일 적어라. 잘된 일이나 기뻤던 일이면 무엇이든 상관없다. 일, 개인생활, 사회생활을 모두 살펴라. 하루를 마칠 무렵에 5~10분을 내서 오늘 자신이 알아차린 좋은 것들을 반추해보라.

- 자신의 모든 성취를 추적해서, 아무리 작은 것이라도 자축한다.

- 자신을 미소 짓게 하거나 기분 좋게 만드는 것들을 모두 파악한다.
- 칭찬을 받아들인다.
- 성취를 깎아내리는 것을 중단한다.
- 어떤 일에서 자신이 한 역할을 기록한다.
- 변명 없이 칭찬을 받아들인다.

좋은 일이 일어난 이유를 반추해보라. 그러면 세상과 자신이 바로 보일 것이다. 자신을 더 긍정적으로 보게 될 것이다. 주말에 그 주의 목록을 다시 살펴서, 적힌 내용에 충분히 주의를 기울여라.

내 클리닉에 방문하는 사람들은 칭찬을 받아들이는 데 어려움을 겪는 경우가 많다. 이것에 대처하는 방법 중 하나는, 누군가 당신에게 칭찬을 했는데 당신이 거부하면 그 사람이 어떻게 느낄지 생각해보는 것이다. 그들이 좋은 말을 해주려고 노력하는데도 당신은 그것이 유효한 의견이 아니라고 생각한다. 당신도 누군가를 칭찬했다가 거부당한 경험이 있지 않은가? 사실 그러면 별로 기분이 좋지 않다. 칭찬받으면 고맙다고 말하고, 잘 적어두라!

힘든 하루를 보낸 후에는 다시 되돌아보고 싶지 않을 수도 있다. 하지만 당신은 어떤 좋은 일이 떠오를 것이므로 더 좋은 기분(분위기)로 하루를 마칠 수 있을 것이다. 기분이 좋은 날에는 그런 순간들을 다시 떠올리면서 생각해보는 것도 좋다.

몸을 이용하라

몸과 마음의 연결 관계를 이용해서 자신감을 높일 수 있다. 특히 몸의 자세는 자신감을 높이는데 밀접한 관계가 있다고 연구되어 있다. 〈유럽사회심리학저널European Journal of Social Psychology〉에 실린 논문에 따르면, 몸을 굽히지 않고 의자에 똑바로 앉아 있는 참가자들은 무언가를 쓰라고 부탁받았을 때, 그들이 적어야 할 것들에 대해 더 자신감을 갖고 있는 것으로 나타났다. 이 연구는 자세가 여러 사회적 상황에 대해서도 용기와 자신감을 심어준다는 것을 발견했다. 강인함과 자신감을 심어준다는 것을 발견했다. 또한 하버드대학교에서 에이미 커디Amy Cuddy가 수행한 연구 덕분에, '파워 포즈(힘 있는 자세 취하기)'는 언론에 많이 보도되었다. 에이미 커디는 실제로 힘 있는 자세를 취하는 사람들이 그렇지 않은 사람들보다 더 힘이 넘치고 모의면접에서도 더 좋은 성적을 거두었다는 것을 발견했다. '실제로 이룬 것처럼 행동하라fake it till you make it'는 생각이 정말로 효과가 있다!

과거의 변명	성공에 대한 새로운 대응 방법
운이 좋았어. 그건 우연이었어.	운 때문에 성공을 부정할 수는 없다. 그러나 행운은 성공의 일부에 불과할 뿐이다. 행운을 가지고 어떻게 하는지에 따라, 성패가 결정된다.

나는 훌륭한 배우야.	항상 연기를 계속 이어갈 수 있을 만큼 연기를 잘하는 사람은 없다. 당신의 능숙함은 자신의 일부이지 그것은 연기가 아니다.
내가 그들을 속였어.	다른 사람들을 과소평가하는 발언이다! 평가, 검토, 목표 설정 같은 구체적인 증거가 존재한다는 것을 잊지 마라. 이런 것들은 속일 수 없다.
그들이 나를 좋아하기 때문이지. 그들이 공손해서 그런 거지.	호감 때문에 성공을 부정할 수는 없다. 그것은 매우 강력한 힘이다. 그러나 당신을 좋아한다는 이유만으로 일자리를 계속 주는 사람은 없다. 호감, 매력, 사람들과 잘 지내는 능력은 성공의 중요한 요소이다. 더 나은 팀원, 상사, 직원이 되게 한다.
별거 아냐. 실제보다 더 인상적으로 들리는걸.	현실적인 기준을 유지해야 한다는 것을 기억하라. 무언가가 인상적이라고 사람들이 생각한다면, 별거 아닐 것일 수는 없다. 부정적인 것들이 아니라 좋은 것들에 초점을 맞추는 것이 중요하다.
도움을 많이 받았어.	자신이 무엇을 하는지 안다는 것이 모든 것을 다 안다는 뜻은 아니다. 일부만 알고 있지만 자신이 모르는 것에 관한 답은 찾을 준비가 되어 있다는 뜻이다.
그냥 아주 열심히 했어.	열심히 하는 것은 하나의 기술이다. 그러려면 끈기, 결단력, 집중력, 학습능력이 필요하다. 대부분 사람은 그것을 쉽게 얻을 수 없다.
내가 할 수 있으면, 누구라도 할 수 있어.	이것은 완전히 틀린 말이다. 당신이 잘했기 때문에 무언가가 잘 되었다는 것을 인식하는 것이 중요하다. 당신에게는 장점과 재능이 있다. 그 사실을 깨닫는 것이 중요하다.
적당한 시간에, 적당한 장소에 있었던 것뿐이야.	(기회가 왔더라도 성공하려면) 행동해야 할 때를 알고, 자신의 장점을 인식한 후 그것을 활용해야 한다. 일이 잘된 후에는 쉬워 보이지만, 그전에는 그렇지 않다. 타이밍을 잘 맞춰서 모든 것이 잘되게 하려면, 많은 노력이 필요하다.

그들은 기준이 낮아.	지원하기 전에도 이렇게 믿었는가? 다른 합격자는 누구이며, 당신의 눈에는 그들이 어떻게 보이는가? 당신을 합격시켰다고, 해당 기관의 기준이 낮은 것은 아니다.
그들이 실수했어.	대학, 교육과정, 직장의 면접 및 심사 절차는 엄격하다.
그들이 나를 측은히 여겼어.	측은해 보인다는 이유로 합격시키지는 않는다.
소수자우대정책 덕분이야.	소수자우대정책이 직무적합성보다 중요하지는 않다. 만약 그렇다면, 직장에서 여성, 소수인종, 성소수자 등의 비율이 지금보다 훨씬 높을 것이다.
하려는 사람이 아무도 없었어.	정말?
내 정체가 발각되는 건 시간문제야.	지금까지 당신의 정체가 발각되지 않은 이유가 있다. 발각될 것이 없기 때문이다. 당신이 느끼는 불편함은 모든 사람이 느끼는 것이다. 그렇다고 당신이 무능력하고 불충분하다는 뜻은 아니다.
인맥 덕분이야.	인맥을 이용했다고 성공의 가치를 부정할 수는 없다. 인맥과 연줄은 성공 가능성을 극대화하기 위한 노력의 일부이며, 일자리를 얻는 데 사용할 것으로 기대되는 잘 알려진 방법이다.
내가 이력서는 좋잖아(내가 스펙은 좋잖아).	지금까지 잘해온 사람들만 이력서가 훌륭하다. 이력서에 써진 것을 받아들여라. 당신이 이 모든 것을 성취했다!
내가 면접은 잘하잖아.	면접을 잘하는 것은 기술이며, 당신은 면접만으로 뽑힌 것이 아니다. 고용주는 당신의 배경, 경험, 자격도 살펴보며, 추천서도 고려한다.
행정 오류야.	이런 일이 생겼다는 얘기를 들은 적 있는가? 나는 없다.

올해는 경쟁률이 낮았을 거야.	증거가 있는가? 이 말은 막연한 상상인가, 사실인가? 당신이 준비를 적게 했는데도 잘했다면, 자신이 똑똑하고 압박 속에서 일하는 데 능하다는 것을 보여주는 증거라고 생각하라.
대기자 목록에 있다가 합격했으니, 그들이 나를 정말 원했던 것은 아니야.	당신은 대기자 목록에 들었다. 대기자 목록은 그들이 원하지만 당장은 자리가 없는 사람들의 목록이다!
채점 오류야.	가능성이 매우 낮다! 당신의 답안지를 채점한 사람이 무슨 얘기를 할 것 같은가? 자신이 잘한다는 것을 상기시켜라.
잘못된 사람을 합격시켰어.	이런 일이 어떻게 가능한가? 그 모든 확인절차를 생각해보라. 당신이 그 일을 할 수 있다는 것과 그들이 운이 좋아서 당신 같은 사람을 얻었다는 것을 기억하라.
인기 없는 교육과정을 골랐어.	교육과정이 뭐든 교육기관은 합격자를 주의 깊게 선발하며, 당신에게는 교육과정을 무사히 수료해야 하는 과제가 아직 남아 있다.

자신의 성취를 자축하라

자신이 성취한 것을 자축하고, 잘한 것에 대해 자신에게 보상하라. 스스로 잘했다는 느낌이 들 때까지 기다리지 말고, 무언가에 성공하면 바로 보상하라. 새로운 계약을 성사시켰다면 선물을 사거나, 좋아하는 사람과 외식을 하거나, 집에 필요한 무언가를 사거나, 마사지를 예약하는 등 자신에게 어떤 대접을 한다는 느낌이 드는 것이면 무엇이든 상관없다. 우리는 우리가 한 일에 대해 보람을 느낄 틈도 없이, 곧장 다음 일로 넘어가는 경우가 너무도 많다. 그러니 이것을 당신의 긍정적인 생각을 강화하는 것이라 생각하라!

자신의 근황을 이야기하라

따라서 당신이 이처럼 긍정적 생각을 보강하는데 익숙해지면, 이제 나는 당신이 스스로 자랑스럽게 여기는 성공을 다른 사람들과 함께 공유하고, 자신의 삶과 일에 대해 더 많은 이야기를 나누었으면 한다. 그렇지만 이것은 어렵다고 느껴질 수도 있는 또 다른 영역이다. 일반적으로 자신을 낮추는 것이 공손한 태도로 간주되므로, 자신에 대해 이야기하는 것이 자랑하는 것처럼 느껴질 수도 있으며, 또는 다른 사람들이 자신에게 부정적인 반응을 보이거나, 자신을 신뢰할 수 없게 만들 까봐 걱정될 수도 있기 때문이다.

그러나 당신이 지붕 위에 올라가서 자신의 성공에 대해 고래고래 떠들라는 것도 아니고, 당신이 알고 있는 모든 사람들에게 말하라는 것이 아니다. 단지 당신이 사랑하는 사람들과 함께 그것들을 논의해보라는 것이다. 이렇게 하면 그들과 더 가까워질 수 있다. 자신의 성공을 부정하는 것이 겸손은 아니며, 무언가에 대해 이야기하는 것이 자랑도 아니다. 당신이 사랑하는 사람들에게 편안하게 이야기할 수 있는 것들을 그냥 생각해보라.

이렇게 하면 더 많은 교훈을 얻을 수도 있다. 잘한 것에 대해 기분이 나빠지거나, 우리가 다른 사람에게 더 잘 받아들여지게 하기 위해 우리 스스로를 깎아내려야 한다고 느끼는 것은 옳지 않다! 자신감을 갖는 것은 좋은 일이다. 잘되고 있어서 스스로도 자랑스러운 일을 이야기하는 것은 우리 모두가 해야 할 일이다. 그렇게 해야만 우리의 성공에 더 편안해질 수 있으며, 더 받아들여진다고 느낄 수 있을 것이다.

받아들여라

이 책을 읽기 전에, 당신은 아마도 당신이 갖고 있는 '가면증후군 정체성'이 없다면 자신이 어떤 사람이 될지에 대한 불안을 느꼈을 것이다. 하지만 이제 당신은 그것이 자신의 정체가 아니며, 당신은 그 이상의 훨씬 더 대단한 존재라는 것을 알 수 있기를 바란다. 스스로 진정 편안함을 느끼기 위해서는 자신이 좋아하는 부분뿐만 아니라, 자신이 확신하지 못하는 부분 등 자신의 모든 것을 보여주는 것에 대해 인식하고 편안해져야 한다.

우리가 우리 자신에 대해 정확하게 판단하지도 않고, 단지 다른 사람들이 좋아하지 않을 것이라고만 판단하지 말고, 다른 사람들이 좋아하지 않을 것이라고 생각하는 부분들을 마음속에 더 이상

감추어 두지 않을 때, 우리는 우리가 누구인지에 대한 보다 긍정적인 감각을 확보할 수 있다. 그러면 우리는 다른 사람들이 모든 것을 제대로 하는 세련된 모습뿐만 아니라 흐트러진 부분도 받아들인다는 것을 알 수 있게 된다. 이것을 인정하면, 당당히 우리 스스로를 자유롭게 할 수 있다. 그리고 이러한 자기 수용과 타인과의 연결은 행복하고 건강한 삶을 살기 위한 열쇠가 된다.

또한, 받아들임은 삶을 신뢰하는 것을 뜻한다. 통제를 내려놓고, 자신이 모든 일을 책임질 수 없음을 인정하라. 아무리 열심히 노력해도, 삶이 늘 순탄하게 진행되지는 않는다. 당신은 잘못될 가능성을 모두 없애려고 노력하다가, 자신에게 훨씬 큰 스트레스를 유발해왔다. 대신 삶이 자연스럽게 흘러가도록 허용하라. 당신이 열심히 통제하지 않아도 삶은 큰 문제없이 흘러간다. 늘 순탄할 것이라고 장담할 수는 없지만, 이렇게 접근하면 삶을 훨씬 더 누릴 수 있을 것이다.

익숙함에서 벗어나라

가면증후군 덕분에 당신은 어떤 분야의 일은 최대한 미루거나, 피하거나, 가능한한 힘들게 노력하지 않는 것에 꽤 익숙해졌을 지도 모른다. 비록 너무 오랫동안 당신이 알고 있는 방식이 잘 작동하지 않았지만 편안함을 느끼게 된다. 이것은 당신이 새로운 도전을 하거나 자신이 진정으로 원하는 일을 하는 위험을 감수하지 않았다는 뜻이다. 사람들의 눈을 피하고 자신에게 도전하지 않아야 삶이 안전해진다고 쉽게 믿을 수도 있지만, 그것은 불안과 죄책감, 후회를 느끼며 사는 것을 의미이다. 그리고 이렇게 위험을 피해서, 도대체 당신이 얻는 것은 무엇인가? 안전한 삶일 수는 있지만, 그것이 과연 행복하고 만족스런 삶인가?

마지막 단계는 당신이 오랫동안 피해온 불편함을 받아들이는 것이다. 안일함의 한계를 이해하고, 밖으로 나가 모험을 하는 것은 지금부터 당신에게 매우 중요하다. 새로운 경험, 새로운 취미, 그리고 정기적으로 자신에게 도전하는 일 등은 정신건강 유지, 개인적 성장, 자존감 향상에 매우 중요하다. 안일함 밖으로 모험을 떠날 때, 비로소 자신을 진정으로 알 수 있다.

스스로에게 도전하기 시작하고, 개인적인 경계를 허물고, 새로운 영역으로 들어서면, 이것은 스트레스 수준이 평소보다 약간 높아지게 된다. 그러면 당신은 편안한 곳에서 벗어나 자신이 하는 일에 대해서 완전히 집중하게 될 것이다. 이를 통해 새로운 것을 배우려는 의욕과 함께 추진력도 자연스럽게 발휘된다. 당신이 이렇게 하면 할수록, 생산적인 불편함에 더 쉽게 익숙해질 수 있다. 이것은 자신의 잠재력을 실현할 수 있고, 자신의 능력을 발견할 수 있는 기회를 줄 것이다.

가면증후군을 극복하려면, 불편함에 편안해져야 한다. 당신의 머릿속의 작은 목소리는 당신이 포기해야 할 이유를 계속 떠들어대겠지만, 이 책을 읽으면서 구축한 새로운 목소리에 귀를 기울여라.

그것을 신뢰해야 한다. 지금까지 피해왔던 것을 마주보아야 하며, 그렇게 해야 자신이 그런 것에 대처할 수 있고 충분하다는 것을 스스로에게 입증할 수 있다. 물론 두려움이 느껴질 테지만, 곧 익숙해질 것이며, 이렇게 할 때의 혜택이 매우 크다는 것도 깨닫게 될 것이다.

시작하기 전에, 몇 가지 목표를 설정하라.

- 자신의 희망과 포부, 하고 싶거나 시도하고 싶은 새로운 일, 방문하고 싶은 장소를 생각해보라.
- 지금까지 미루거나 피해왔던 도전 중 어떤 것을 새로 시도해보고 싶은가?
- 자신의 느낌이 경력 발전의 걸림돌이 되었던 방식을 생각해본 후, 승진을 추구하거나 새로운 흥미로운 일자리를 찾는 것과 같은 신중한 대응책을 취해보라.
- 마음속에서 '하지마'라는 목소리가 들리면, 그 반대로 해보라. 승진을 추구하지 말라고? 당신이 해야 할 일이 바로 그것이다. 목소리를 높이지 말라고? 자신의 생각을 말하고, 다른 사람들이 그것에 반응할 수 있게 하라.

시도해볼 목표를 몇 가지 골라라. 안일함을 느끼는 영역에서 벗어날 때 기꺼이 불편함을 느끼고 두려움을 이겨낼 각오를 하라.

자신에게 다음을 상기시켜라.

- 모든 사람이 새로운 상황에서 불편함을 느낀다.

- 새로운 것을 시도할 때, 자신의 능력 밖에 있음을 느끼는 것은 정상이다.
- 시도해보지 않고 포기하는 것보다는 시도해보는 것이 낫다.
- 스릴을 즐기는 법을 배워라.
- 불편함에 대한 해석을 바꾸면 유익하다.

앞서 살펴본 바와 같이, 자신에게 편안함을 느끼고 자신의 능력에 자신감을 갖는 것이 가면증후군에 대한 궁극적인 방어수단이므로, 스스로 본인의 능력에 대한 자신감과 편안함 제고를 위해 지속적으로 노력을 계속하라. 자신이 '무능하다'고 스스로에게 설득하기 위해 얼마나 많은 노력을 했는지, 당신이 이 일에 같은 노력을 기울인다면 얼마나 큰 진전을 이룰 수 있을지 생각해보라.

자신 있게 앞으로 나아가기

지금까지 당신이 변화를 위해 수행하고 있는 작업은 이제 시작에 불과하다. 우리는 함께 변화의 씨앗을 심었다. 이제 그것을 잘 돌봐서 물을 주고 매년 꽃이 피게 하는 것은 당신의 몫이다. 가면증후군은 당신의 연약한 부분이며, 꽃을 가꾸듯 연민과 보살핌의 마음이 필요하다. 이러한 새로운 사고방식을 더 많이 구축하고 건강한 실천전략을 일상생활에 접목시킬수록, 이 새로운 관점으로 충만되고 실행하기 쉬워질 것이다. 그리고 자신이 계속 성장해 나가면서, 자신에 대한 신뢰를 쌓아가게 될 것이다.

이제 당신이 견지해온 관점에 의문을 제기하고, 앞으로 자신의 삶에서 무엇을 원하는지 생각해볼 수 있기를 바란다. 지금쯤 당신은 시작했을 때와는 매우 다른 감정을 느끼게 될 것이고, 이제 자신이 그렇게 무능한 사람이 아니라는 것을 알 수 있을 것이다. 지금까지의 자신의 사고방식은 자신을 안전하게 하기보다는 가로막는 역할을 해왔다.

가면증후군의 소리에 과감히 맞서면, 자신이 유능하고 성공할 자격이 있으며 자신을 믿을 수 있다는 것도 알게 된다. 자신에 대한 이 새로운 관점은 내면의 침착함과 하고자 하는 일에 대한 자신감을 가져다 줄 것이다. 이제 당신은 원하는 대로 삶을 자유롭게 살 수 있게 된다. 당신은 지금 모습 그대로 충분하다.

당신에게 성공이 어떤 의미인가?

나는 이 질문을 마지막까지 남겨뒀다. 가면증후군의 목소리가 그것에 관해 떠들어대는 것을 원하지 않았기 때문이다. 이 책을 읽기 전에는 성공이 자신에게 엉터리라는 느낌을 잠재우는 해독제였다. 이제는 삶에 관한 당신의 예전 접근법이 제대로 작동하지 않는다는 것이 무척 명확해졌을 것이다. 그것은 당신에게 기쁨과 만족을 전혀 주지 못했으며, 잘한 일에 대한 보상도 하지 않았다. 성공이라는 마지막 목표에 사로잡혀 앞날에 대해 생각하고 희망하고 계획하다 보면, 삶의 모험과 진정한 목적이 과정에 있음을 깨닫지 못한다.

이 접근법의 결함과 가면증후군이라는 마음의 덫을 이해한 지금도 그런 성공을 위해 모든 것을 희생하는 것이 가치 있게 느껴지는가? 당신의 답이 무엇일지 내가 확신할 수는 없다. 하지만 내가 아는 것은 건강하고 행복한 삶을 살려면, 그리고 가면증후군에 영원히 작별을 고하려면 자신과 자신의 삶에서 무엇을 원하는지 생각해 봐야 한다는 것이다. 지금까지 당신은 자신이 진정 원하는 것이 무엇인지 기억나지도 않는다는 사실을 감추느라 너무 바빴다.

이제는 자신을 몰아붙이고 모든 것을 통제하려 애쓸 필요가 없다는 것을 알게 되었을 것이다. 삶이 자연스럽게 흘러가게 하면 훨씬 즐겁다. 자신에게 투자하고 자신의 방식대로 살아야 할 때다.

이 새로운 사고방식을 바탕으로, 일상생활에서 한 걸음 물러나 지금 자신에게 성공이 어떤 의미인지 생각해보길 바란다. 그래야 자신이 어떤 방법으로 나아가야 할지 알 수 있으며, 자신이 올바르게 가고 있는지 확인할 수 있는 로드맵도 생기기 때문이다.

인생에서 진정으로 무엇을 원하는지 생각할 시간을 가져 보아라. 자신이 진정으로 원하는 것은 당신이 해야 한다고 생각하는 것, 혹은 다른 사람들이 당신이 하기를 기대하는 것이 아니다. 자신이 진짜 원하고 바라는 것 말이다. '무엇을 원하는가?' 자신에게 최선의 것이 무엇인지, 삶에서 필요한 것이 무엇인지 자기 연민에 기반한 목소리에 귀를 기울여보아라.

이렇게 자문해보라.
- 지금 내게 성공은 어떤 의미인가?
- 내가 원하는 것은 무엇인가?
- 나의 삶에서 무엇을 원하는가?

- 사람들과의 관계에서 무엇을 원하는가?
- 이 모든 것의 목적은 무엇인가?

내 생각에는 성공이 한 가지 요소에만 국한되는 것은 아니다. 이것은 자신의 삶의 모든 다른 요소들, 즉 가족, 친구, 취미, 관심, 열정을 통합하는 방법을 반영하는 계층화된 경험입니다. 진정한 성공은 당신이 자신에게 중요한 모든 것을 통합시킬 때 온다. 위 질문에 답했다면 노트 등에 성공을 위한 개인의 성공 레시피를 메모해 두어라. 그리고 이를 '성공을 위한 나 개인적 레시피'라고 불러보라.

성공은 모두에게 어렵지만, 자신에게 그것이 무슨 의미인지 파악하면 추구해야 할 이유가 생긴다. 제대로 가고 있는지 확인할 때 사용할 수 있는 것이 생기므로 길을 잃지 않는다.

가면증후군의 목소리가 뒤에 몰래 숨어 있다가, 이 새로운 방식이 제대로 작동하지 않을 이유를 늘어놓을 수도 있다. '기준을 낮추다니 미쳤구나!' '일을 완벽히 해냈을 때의 만족감은 이제 영영 안녕이야.' '넌 목표에 도달하지도 못할 거야.' 등의 이야기를 떠들어 댈 것이다. 가면증후군의 덫에 사로잡히면, 당신의 성공을 위한 개인적 레시피를 다시 살펴본 후, 삶에서 진정으로 원하는 것을 달성하려면 어떤 접근법이 가장 좋은지 물어보라.

진행 상황을 검토하라

이제 지금까지 당신의 모든 진행 상황을 검토할 시간을 가져보라. 이것은 내가 심리치료 때 고객이 자신의 모든 사고방식을 통합하면서 마음을 새롭게 할 수 있도록 돕기 위해 사용하는 방법이다. 당신이 필요할 때 볼 수 있는 정보를 제공해주므로, 이 책을 전부 다시 읽지 않아도 쉽게 책의 내용을 떠올릴 수 있다. 시간을 내어 노트나 쉽게 참조할 수 있는 곳에 기록해두어라.

우선 처음에 한 약속을 떠올려보라. 이 책을 통해 일어나기를 바랐던 변화 중 가장 중요한 세 가지는 무엇인가? 그것들을 달성했는가? 당신이 목표들을 이미 달성했고, 이 책에서 원했던 것도 얻었기를 바란다. 그리고 이러한 전략을 계속 진행하기 위해 무엇을 해야 하는지 자문해보라. 추가 작업이 필요한 부분이 있는가?

다음은 이 책을 읽으면서 노트에 썼던 것들과 각각의 전략을 완성하면서 기록해놓은 모든 것들을 떠올려보기 바란다.

- 이 책을 읽으면서 가장 크게 공감했던 아이디어는 무엇인가?
- 가면증후군 및 그 작동방식을 이해할 때 가장 큰 도움이 되었던 것은 무엇인가?
- 어떤 장chapter이 가장 마음에 와 닿았는가?
- 어떤 기술과 전략이 큰 도움이 되었는가?
- 추구하고 싶은 핵심 전략은 무엇인가?

- 그렇게 하려면 어떻게 해야 할까?
- 누가 당신을 도와줄 수 있는가?

그리고 추구하고 싶은 핵심 전략을 일지에 적어, 향후 몇 달 동안 자신의 진행상황을 쉽게 점검할 수 있도록 하라. 이것은 그것들을 기억하고 계속 실천하는 데 도움이 된다. 아직 시도하지 않았다면 가족과 친구, 동료들에게 당신이 무엇을 하고 있는지 말해보라. 그들의 격려를 받으면 매우 큰 도움이 된다.

어떤 날은 쉬워 보이고 어떤 날은 힘들어 보일 것이다. 힘든 시기야말로 새로운 것들을 가장 많이 떠올려야 할 때다. 새로운 전략을 더 많이 사용할수록, 새로운 길이 더 많이 만들어지기 때문에 더 쉬워질 것이다. 그것은 인내할 가치가 있다고 내가 보증한다. 필요할 때는 노트를 다시 읽어서 이 검토의 내용을 기억해내고 정상 궤도로 다시 복귀할 수 있도록 자신에게 친절해야 한다.

자신에게 기대하는 것에 주의하고, 이를 계속 모니터링하라. 매일 기분이 좋은 사람은 없으며 때때로 긴장을 느끼는 것이 정상임을 기억하기 바란다. 이러한 스트레스로부터 자신이 임무를 감당할 수 없다고 조급히 결론을 내리지 마라.

자신만의 경고음을 인지하라

다음은 경고음을 생각해보라. 당신이 가면증후군에 대해 어떻게 생각하는지는 근본적으로 바뀌었지만, 예전의 두려움이 여전히 불쑥불쑥 솟아나기 때문에 과거의 습관에 다시 빠지기 쉽다. 그것을 막기 위해 당신의 삶에서 가면증후군이 이렇게 작동했는지 생각해보라.

이것은 당신에게 보낸 경고음이다. 이들이 반복되고 있다는 걸 알게 되면, 그건 가면증후군이 돌아왔다는 신호이다. 다음이 그런 신호들일 수 있다.

- 과로
- 완벽주의
- 실패에 대한 두려움
- 회피
- 꾸물대기
- 자기비판
- 자기 의심
- 불안감

가면증후군이 다시 돌아온다면, 그냥 그대로 방치하지 마라. 선제적으로 문제를 해결하고, 이 책을 읽으면서 기록해 둔 노트를 살펴본 후 필요하다면 다시 이 책을 읽어라. 일을 멈추고 자신을 재평가하는 것이 시간 낭비처럼 불필요하게 느껴질 수도 있지만, 그것은 우리 모두가 규칙적으로 해야 하는 일이다. 뒤를 돌아보지도 않고 맹목적으로 앞을 향해 나아가면 아무것도 바뀌지 않는다. 재평가 하고 문제점을 밝혀 해결책을 찾는 것은 보충 활동 혹은 보완 작업 이라고 생각하라. 생각해보라. 가장 좋아하는 부분들을 다시 읽고, 전략들도 다시 사용해보라. 두통이 있을 때 진통제를 먹는 것과 비 슷하다. 진통제를 한 번 먹었다고 해서, 두통이 재발하지 않는다는 보장은 없다. 이 새로운 방식이 더 효과가 있다는 것을 당신은 알고 있다. 그 사실을 일깨워주는 것이 필요할 뿐이다.

당신이 아직도 어려움을 겪고 있고, 이것이 효과가 없다면 당신의 주치의GP를 찾아가라. 이러한 생각들을 실행에 옮기고 당연한 문제 의 극복을 도와줄 심리치료 전문가를 찾아가보는 것도 도움이 될 것이다.

핵심 전략을 기억하라

마지막으로 몇 가지 핵심 전략을 제시한다. 잘 기억하 여 활용하기 바란다.

- 당신만 그런 것이 아니다. 거의 모든 사람이 삶의 어느 시점에 서 무능한 사람처럼 느껴지는 것을 경험한다.
- 인간 존재의 의미를 기억하라.

- 연민, 연민, 연민
- 모든 사람이 불편함을 경험하며, 그것은 개인적 성장의 계기가 될 수 있다.
- 모든 사람이 불안감과 자기 의심을 경험한다.
- 완벽함은 존재하지 않는다.
- 실패는 학습과 회복력 구축의 중요한 부분이다.
- 우리는 여러 가지 다양한 특성을 가지고 있다.
- 항상 모든 것의 최고를 유지하기란 불가능하다.
- 다른 사람들과 가면증후군에 대해 계속 이야기하라.
- 인생은 경주가 아니라 모험이다.

축하한다. 당신은 이 책의 끝에 도달했다. 자신이 지금까지 변화를 위해 수행해온 모든 일에 대해 매우 자랑스럽게 생각해야 한다. 지금까지 이러한 변화를 이루기 위해 여러 어려움이 많았을 것이고 앞으로도 어려움이 계속될 것이다. 그러나 당신이 '얼마나 큰 변화를 이끌어왔는가'를 인식하는 것은 정말 중요하다. 자신이 이룬 것을 과소평가하지 마라.

이제 내게 남은 일은 당신이 최선을 다하기를 바라는 것이다. 이 모든 새로운 전략을 계속 이어가야 한다. 도깨비방망이 같은 마법의 공식은 없다는 것을 깨닫기 바란다. 그리고 무엇이 자신에게 가장 적합한지를 스스로 찾아내야 한다. 자신에게 친절하고, 있는 그대로의 자신을 받아들여라. 그리고 그것에 더 편안해지기 위해 계속 노력해야 한다. 당신이 스스로 부족함이 없이 충분하다는 것을 알게 되면, 모든 것이 바뀔 것이다. 또 이러한 사고방식이 당신이 하는 모든 일에 스며들 것이다.

변화는 종종 불확실성으로 가득 차 있다. 그러니 '무엇이 잘못될 수 있을까'에 집중하지 말고, 한 걸음씩 앞으로 나아가라. 내 좌우명은 '한 걸음씩 계속 가다 보면 큰 변화를 이룰 수 있다'는 것이다. 하루하루를 있는 그대로 받아들여라. 그리고 잘못될 가능성에 신경쓰지 말고 잘된다는 가능 변화는 지속적인 과정이며, 성장과 진화를 멈추지 않는다는 사실을 잊지 말아야 한다.

마지막으로, 지금까지 당신이 수행한 모든 일과 그 과정을 면밀히 살펴보라. 당신이 얼마나 강한지 깨닫기 바란다. 이 생각을 당신의 마음속 깊이 잘 간직해두어라. 그리고 가면증후군은 '특별히' 당신만 경험하는 것이 아님을 기억해야 한다. 이제 당신의 경험을 비밀로 하는 대신, 그것이 일상생활에 어떤 방식으로 작동하고 있는지 당신이 신뢰하는 가족이나 친구, 동료들에게 숨김없이 드러내서 더 이상 우리의 삶에 끼어들 수 없게 하자!

나는 임상심리학자들이 개인적으로 '공감'하는 주제에 끌리는 경향이 있다는 것을 알게 되었다. 그런데 대체로 우리는 훨씬 나중에서야 그것에 끌린 이유를 깨닫는 경우가 많다. 이 책은 그런 주제 중 하나와 관련된 것이었다. 내가 많이 안다고 생각하는 주제였지만, 실제로 나는 자신이 프랑스어를 잘한다고 생각했던 친구와 비슷했다. 나는 이 주제가 얼마나 광범위한지, 모든 문제가 어떻게 연결되어 있는지, 또 그것이 나에게 어떻게 적용될지 깨닫지 못했다. 그리고 혼자서 책을 쓰는 것이 내가 예상했던 것보다 '훨씬' 더 어려웠다!

이 책을 쓰기 시작했을 무렵에는 가면증후군이 나에게 큰 영향을 미친다고 생각하지 않았다. 분명히 강연장에서 일어서서 연설을 할 때나 이 책을 쓸 때도, 일상 업무에서도 항상 자신감에 넘쳤다. 그런데도 나는 이 책을 쓰면서 나 스스로도 많은 가면증후군의 함정에 빠진다는 것을 깨달았다.

나는 내 성공에 대해 생각해볼 시간을 거의 갖지 못했으며, 내가 이룬 성취를 늘 과소평가해왔다. 정말 열심히 일해서 얻은 결과니까 누구나 할 수 있는 일이라고 생각했다. 나는 골대를 자주 옮기며, 얼마 전에 거둔 성공을 받아들이기도 전에 다음 도전에 뛰어들곤 한다. 그리고 너무 바빠서, 모든 것을 멈추고 생각하고 싶어도 그럴 시간이 없었을 것이다!

이 책 『성공한 사람들의 가면증후군』은 기억해야 할 몇 가지 중요한 교훈을 나에게 가르쳐줬으며, 내가 현재 위치에 도달한 방식도 재평가하게 했다. 뜻밖에 얻은 행운 때문이 아니라, 나의 열정적인 노력, 심리학에 대한 사람 그리고 굳은 의지 때문에 잘해나가고 있다는 것을 알게 되어 안심이 되었다. 그리고 내가 이룬 성취를 받아들이고 운과 인맥의 역할은 크지 않았음을 깨닫는 데 큰 도움이 되었다.

책을 쓰면서 힘들 때에는 글을 쓰는 것이 원래 어려운 일이기 때문에 내가 어려움을 겪고 있는 것은 자연스러운 일임을 상기시킬 수 있었다. 그 덕분에 각 장을 쓸 때 더 현실적이고 보다 유연한 접근법을 취할 수 있었다. 포기하고 싶은 기분이 들 때마다, 그것을 극복하는 데에도 도움이 되었다!

완벽주의에 대한 글을 쓸 때는 그것이 나와 관련될 것이라는 걱정이 없었다. 아무것도 완벽하게 해내지 못하는 내가 완벽주의자일리는 없었기에, 내게 적용되지 않을 것이라 생각했다. 하지만 곧 내가 틀렸음을 깨달았다. 내 스스로가 완벽주의가 아니라서 어차 피 일을 완벽하게 하지 못하니, 한 프로젝트를 열심히 하는 것에서 모든 프로젝트를 열심히 하는 것으로 일하는 방식을 바꿨다는 것을 알게 되었다. 완벽주의는 끊임없이 더 많은 일을 하라고 몰아붙임으로써 내 삶을 제한하고 있었다. 무엇보다도 나는 모든 일을 '충분히' 잘하려고 시도하느라 기력을 소진하고 있었다.

결국 이런 생각이 들었다. '아무리 열심히 해도 결코 충분치 않다면, 가장 좋아하는 일을 몇 개 골라서 좀 적게 일하면 어떨까?' 지금 나는 이것을 실천하기 위해 노력 중이다. 이런 것이 재평가의 좋은 점이다. 모든 것을 더 명확히 보고 선택할 수 있기 때문이다. 그것은 당신이 하고 있는 일이 더이상 작동하지 않을 수도 있다는 것을 결코 살펴보지도 않고 계속하는 것보다, 모든 것을 더 명확하게 보고 선택을 할 수 있도록 도와준다.

이 책을 쓰면서 내 삶을 반추해볼 수 있었다. 마침 중학생인 아이가 이제 학교에 다니기 시작해서, 막내와는 처음으로 단둘이 집에 있는 시간이 생겼기 때문이다. 나는 시간의 흐름을 느끼면서 계속 스스로에게 묻는다. '나의 삶을 어떻게 기억하고 싶은가?' 이것은 내가 대답하기 쉬운 질문이다. 나는 가족과 함께 보낸 시간들, 내 인생에서 가장 중요한 것들, 그리고 친구들과 보낸 시간을 기억하고 싶다. 나는 내 경력을 자랑스럽게 여기고, 내 일을 즐기고 싶다.

간단해 보이지만 쉽지만은 않다. 남들의 기대는 가급적 무시하고 자신에게 맞는 일을 해야 한다. 무엇보다도 누군가가 이렇게 묻는 목소리를 무시해야 한다. '정말로 그렇게 할 수 있는 사람이 있을까?' 그 목소리는 마치 당신이 누릴 자격이 없는 사기꾼이라도 되는 것처럼 이야기하는 것이다. 이 책을 쓰면서 알게 된 것은 이런 질문을 하는 사람이 바로 사기꾼이라는 것이다. 자신에게 맞는 삶을 살고 싶다면, 그 목소리가 답을 주지 않는다는 것을 알아야 한다. 당신이 바뀔 준비가 되어있고 당신이 원한다면, 당신은 변화를 만들 것이다. 또 이것을 할 수 있는 방법을 찾게 될 것이다. '당신을 가로막는 유일한 것은 바로 당신뿐'이라는 것을 기억하기 바란다.

이 책의 후기를 쓰기 전날 밤, 폴 사이먼의 상징적인 앨범 〈그레이스랜드 Graceland〉*를 '런던 아프리카 복음 성가대London African Gospel Choir'가 공연하는 것을 TV에서 봤다. 이상하게도 나에게 모든 조각이 맞춰졌다. 이것은 내가 평생 가장 많이 들었던 앨범이다. 처음에는 부모님과 형제자매와 함께 차 안에서 들었다. 그런 다음 어른이 된 후에는 남편과 함께, 그리고 아이가 한 명, 그리고 두 명, 그리고 또 세 명이 있는 차 안에서 들었다. "기적과 경이로움의 날들이네These are the days of miracle and wonder"**라는 노랫소리가 들리자 이런 생각이 들었다. '지금이 바로 그런 날들이야.' 인생은 너무

● 폴 사이먼이 1986년에 발표한 앨범. 남아프리카공화국에서 아프리카 뮤지션들과 함께 녹음했다.

●● 폴 사이먼의 앨범 〈그레이스랜드〉에 수록된 곡 〈거품 속의 소년(The Boy In The Bubble)〉의 가사 일부이다. 가사의 내용은 당시의 시대상을 담은 기아와 테러리즘에 대해 이야기하지만 재치와 낙관주의가 혼합되어 있다. "희망과 공포(두려움)… 그것이 내가 세상을 보는 방식입니다. 그 둘 사이의 균형이지만 희망의 한쪽으로 기울어져 있습니다."-폴 사이먼.

나 많은 잠재력과 도전으로 가득 차 있다. 도전에 대해 선택권이 많지 않을 수도 있지만, 우리가 어떻게 하루를 보내는가는 선택할 수 있다.

이 책이 당신에게도 유익한 역할을 해주길 바란다. 과거의 왜곡된 사고패턴에서 벗어나 새로운 사고방식을 갖게 되고, 당신의 실력을 모두 발휘할 수 있기를 진심으로 바란다. 자신을 믿어라!

내 인생의 사랑인 잭, 맥스, 에디, 비비. 우리 가족들이 함께하면 모든 것이 더 좋아집니다. 최고의 내편들, 우리가 이 모험을 함께 하게 되어 정말 기쁩니다. 당신들은 나의 하루하루를 밝게 만들어주고, 어려운 시기에는 이 모든 일의 가치를 일깨워줍니다.

집에서 원고를 다듬어준 나의 남편 잭, 이 책을 쓰도록 도와줘서 고마워요. 당신은 탁월한 아이디어를 제공했고, 지칠 줄 모르는 인내로 원고를 읽고 또 읽어주었어요. 나를 안심시켜주고, 무엇보다도 나를 항상 믿어주고, 어떤 일이 있어도 항상 사랑해줘서 고마워요.

훌륭한 나의 부모님, 두 분은 조용하고 확고한 안정감으로 내가 흔들리지 않게 해주었어요. 아이를 낳고 나서야, 두 분이 하는 모든 일에 진정으로 감사하게 되었어요. 두 분께 늘 전화할 수 있고 방문할 친정이 있다는 것이 얼마나 행운인지 깨닫고 있어요.

내 멋진 동생 수잔나, 나의 모든 질문을 견뎌줬어요. 좋은 자매일 뿐만 아니라 좋은 친구이기도 합니다. 내가 일하는 동안 모든 일과 모든 사람(나를 포함하여!)을 챙겨주었던 앨리스. '더닝 크루거 효과'[*]를 일깨워준 내 동생 마이클. 그리고 나의 친구들과 대가족, 항상 함께 해준 것에 감사합니다.

나의 훌륭한 에이전트 제인, 내가 보낸 아이디어나 글이 책의 소재가 되기에는 많이 부족했음에도 불구하고 그동안 나를 도와줘서 고마워요! 당신이 없었으면 오래전에 포기했을 거예요. 당신의 솔직한 조언과 격려 덕분에, 조금씩 나아갈 수 있었어요.

나의 환상적인 편집자 케이트, 나에게 책을 쓰게 하는 모험을 감행해줘서 고마워요. 당신의 놀라운 아이디어와 열정, 지식은 전염성이 강했어요. 옥토푸스Octopus 출판사의 훌륭한 팀에게도 고마워요. 특히, 이 책을 믿을 수 없을 정도로 상세하고 사려 깊게 편집해준 엘라에게 고마움을 전합니다.

지금까지 내가 함께 일하면서 배웠던 심리학자들과 의료인들에게도 감사드려요. 탁월한 아이디어를 가진 사람들이 가득한, 끊임없이 진화하는 이 흥미진진한 분야에서 일하게 되어 정말 행운입니다.

마지막으로, 내 클리닉에서 함께 일하는 놀라운 분들께도 감사드려요. 당신들의 강인함과 용기는 저를 늘 겸손하게 하며, 당신들의

● Dunning-Kruger effect: 능력 있는 사람은 자신을 과소평가하고 능력 없는 사람은 자신을 과대평가하는 경향.

삶 속으로 들어갈 수 있어서 영광입니다. 이 책에 영감을 준 사람이 있다면, 바로 당신들입니다!

성공한 사람들의 가면증후군

초판 1쇄 발행 2021년 11월 11일

지은이 제사미 히버드(임상심리학자)
옮긴이 청송재 편집부

펴낸이 장종표
책임편집 양성숙   디자인 씨오디

펴낸곳 도서출판 청송재
등록번호 2020년 2월 11일 제2020-000023호
주소 서울시 송파구 송파대로 201 테라타워2-B동 1620호
전화 02-881-5761   팩스 02-881-5764
홈페이지 www.csjPub.com
페이스북 www.facebook.com/csjpub
블로그 blog.naver.com/campzang
이메일 sol@csjpub.com

ISBN 979-11-91883-03-9 03180